身体技法と社会学的認識

Kurashima Akira

倉島 哲

世界思想社

身体技法と社会学的認識

目　次

実証編

はじめに

われわれは日常生活のあらゆる局面において、そのつど「何か」を身に付けている。労働においては、運転の「技能」を習得し、商売の「勘」を鍛え、料理の「コツ」を摑み、仕事の「ノウハウ」を吸収し、人間関係の「呼吸」を捉え、コミュニケーションの「スキル」を磨き、社会生活の「マナー」を身に付ける。学習においては、勉強の「要領」を呑み込み、語学の「実力」を培い、受験の「テクニック」をマスターする。のみならず、余暇を楽しむさいにも、スポーツの「技術」を練り、ダンスに必要な「身体」を作り、楽器演奏の「腕」を磨き、音楽鑑賞の「耳」を鍛え、絵画を観る「眼」を養い、料理を味わう「舌」を肥やし、文学の「趣味」を開拓し、ファッションの「センス」を磨く[1]。

このように、労働・学習・余暇にまたがる多様な生活の局面において、われわれがそのつど「何か」を身に付ける実践に携わっていることは、異論の余地がないように思われる。実践を通して身に付けられる「何か」の名前は、実践の行われる局面に応じて様々であるが、本書では、これらすべてを「技（わざ）」という簡潔な名前で代表することにしたい[2]。そうすることで、前掲の様々な実践は、それぞれの局面で必要とされる技を身に付けるための実践として、統一的に理解することができるはずである。

本書では、技を身に付ける実践という視点に立つことで、日常生活の諸局面を新たな相貌のもとに捉え直すための方法を探究したい。もっとも、日常生活でたえず技の習得が行われているという視点それ自体は、社会学とその周辺分野で多くの研究の蓄積があり、それほど新しいものではない。だが本書では、技が人間と世界の関係を取り結ぶという事実を踏まえて、技を身に付けることがどのような帰結をもたらすかを十分に突き詰めて考えたいのである。

技が人間と世界の関係を取り結んでいることは、たとえば、子供が自転車に乗る技を身に付けることに伴う変化に見て取ることができる。自転車に乗れるようになることで、子供の行動半径は何倍にも広がり、それまではその存在さえ知らなかった遠くの川や池も遊び場になる。また、お金があっても欲しいおもちゃが近くで売っていないときには、遠くの商店街にまで自力で買いに行くことができる。自転車を持つ友達どうしで過ごす時間が長くなることで、親離れは急速に進む。買い食いしないことや門限を守ることなど、家の決まりを頻繁に破るようになり、じきに、破っても何とも思わなくなる。このように、自転車に乗る技を身に付けることで、子供にとっての世界は一変してしまうのである。

技を身に付けることで行為者の世界が変化することは、日常生活を技の習得という視点から捉える従来の研究も着目してきた。これらの研究の鍵概念である、「ハビトゥス」(ピエール・ブルデュー)・「エスノメソッド」(ハロルド・ガーフィンケル)・「暗黙知」(マイケル・ポランニー)・「熟練のアイデンティティ」(ジーン・レイヴとエティエンヌ・ウェンガー)はいずれも、技を身に付けることが行為者にとっての世界の変化を伴うことを捉えている。だが問題は、これらの概念が捉えている世界の変化が、行為者の主観的な意味世界の変化だということである。

はたして、技を身に付けることで変化するのは、主観的な意味世界なのだろうか。そうではないはずである。というのも、自転車に乗れるようになった子供が池まで遊びに行くのは、本当は遠くにある池を、近くにあると主観的に思い込んでいるためではないからである。実際に自転車をこいで、その日のうちに行って帰って来ることができる距離に池が存在するようになったからこそ、そこに遊びに行くのである。同様に、自転車をこいで欲しいものを買いに行けるようになった子供にとって、貯金箱のお金の価値は上がったように見えるのではなく、実際に上がったのである。また、家にいて親に褒められるよりも、自転車で遊びに行って友達に認められるほうが重要になった子供にとって、家の決まりは、無視すべきものとして主観的に信じられているのではなく、身体的な振る舞いにおいて無視されるのである。このように、自転車に乗る技を身に付けることで変化するのは、子供の主観的な意味世界ではなく、子供の身体が存在する世界そのものなのである。

だが他方で、子供の身体が存在する世界とは、客観的世界ではない。なぜなら、その世界は、すべての身体にとって存在するのではなく、自転車に乗れるその子供の身体だけにとって存在するからである。すなわち、遊び場の池が近くなったのは、池が動いて客観的に近くなったためではなく、貯金箱のお金の価値が上がったのも、客観的な物価が下がったためではないのである。いずれも、その子供が自転車に乗る技を身に付けたためにこそ起こった、その子供の身体だけにとっての変化である。そして、その子供が毎日遅く帰ってくるのは、門限がなくなってしまったためではなく、その子供にとって門限を守ることよりも大事な身体的活動ができたためなのである。対照的に、まだ三輪車にしか乗れないその子供の弟の身体が存在する世界では、池はこのうえなく遠く、貯金は近所の駄菓子屋で使うほかなく、門限は毎日守るべきものなのである。

自転車に乗れるようになって見えてくる世界とは、不特定の方法で経験されるのをただ待っている受動的な世界ではない。それは、自転車に乗る技が発揮できるようお膳立てがしてあり、自転車に乗ることでこそ経験されるべき世界、自転車に乗ることを子供に誘いかけてくる能動的な世界である。すなわち、自転車に乗れる子供にとって、池は自転車に乗って遊びに行くのにちょうどよく、貯金箱のお金は商店街で前に見つけたおもちゃを買うのにちょうどよく、友達は乗ってきた自転車を停めて今まさに玄関先で待っているのである。こうして表情を帯びた世界に誘われるままに自転車に乗ることを、世界の「経験」と呼んでも間違いではないが、より正確には、世界の「享受」と呼ぶべきだろう。こうして享受される世界は、身体が存在する点で主観的な幻の世界とは異なり、その子供にとってのみ存在する点で身体一般にとっての客観的世界とも異なる。このような世界を、「身体的リアリティ」と呼ぶことにしたい。子供にとって自転車に乗る技は、遊び場に行ったり、欲しいものを買ったり、友達と遊んだりなど、様々な意味で有効であるが、もっとも根源的には、これらすべての有効性を包括した新たな身体的リアリティを享受するためにこそ有効なのである〈3〉。

技を身に付ける実践という視点から日常生活の諸局面を捉えたなら、本来ならば、こうした身体的リアリティの変化をもたらすうえでの技の有効性が捉えられてしかるべきである。すなわち、行為者が技を身に付けることで、日常生活における様々な客観的構造から享受される身体的リアリティが変化する様子が見えてこなければならないのである。ところが、日常生活における技の習得に着目した従来の研究は、身体的リアリティの変化を、客観的構造の意味のラベルの貼り替えとして主観化するか、客観的構造そのものの変化として一般化するかしかできなかったのである。

だが、従来の研究を前進させて、世界から享受される身体的リアリティの変化を捉えようとしたとき、ある方法論的な困難に突き当たる。まず、身体的リアリティは主観的でも客観的でもないため、これを主観的方法あるいは客観的方法によって直接捉えることはできない。これが最初の困難である。

この困難を切り抜けるための方法として、技から間接的に身体的リアリティを捉える道が残されているかに見える。つまり、身体的リアリティを技の関数として捉えて、「三輪車に乗る技を身に付けたなら身体的リアリティはAのように変化し、自転車に乗る技を身に付けたなら身体的リアリティはBのように変化する……」のように記述するのである。先述の兄弟の例ではこれを行ったが、しかし、この方法は技がもたらす身体的リアリティを経験的に記述するための方法ではありえない。

たとえば、先述の子供の弟が、新たに自転車に乗れるようになったときの変化を考えてみたい。弟はそれまで三輪車にしか乗れなかったため、自転車に乗れるようになることでまったく新しい身体的リアリティが享受されるようになるはずである。だが、それによって兄と同じ身体的リアリティが享受されるようになるのだろうか。兄と弟では、体格も、体力も、自転車に乗ってきた経験年数も異なるだろう。それに加えて、好きな遊びの種類も、欲しいおもちゃの種類も、友達の数も、両親に対する態度も異なるとすれば、兄弟が同じ身体的リアリティを享受するようになることはほとんど考えられない。

このように、自転車に乗る技を身に付けることは享受される身体的リアリティを何らかの方法で変化させるとはいえるが、それを具体的にどのように変化させるかはいえない。いいかえれば、身体的リアリティを変化させるうえで、技を身に付けることが具体的にどのように有効かは一概にいえないのである。

技の有効性が一定ではないことを、理論的に説明することもできる。その根本的な原因は、技が客観的世界の一部だということである。すなわち、技は、同一的な名前を持ち、秩序づけられた一連の動作を持ち、道具や機械そして人体の構造に依存しているなどの点において、客観的世界に存在する構造のひとつなのである。そうである以上、技を身に付けることで客観的世界から享受される身体的リアリティが変化したとき、同時に、技そのものから享受される身体的リアリティも変化せねばならない。これは、新たに身に付けられる技の有効性が、それまでに身に付けられたすべての技の有効性の相乗効果という文脈においてのみ捉えられることを意味する。したがって、技が名目的に同一であっても、それを身に付けたときの実質的な有効性は同一ではないのである。

名目的な同一性の背後にある実質的な有効性を論理的に遡及する試みは失敗に終わるほかないだろう。なぜなら、「ある技を身に付けたときの有効性を知るためには、それ以前に身に付けられた技の有効性を知らねばならず、それを知るためには、そのまた以前に身に付けられた技の有効性を知らねばならない……」というように、無限後退に陥るからである。

このように、主観的でも客観的でもなく、そして、技の名前の関数でもない身体的リアリティは、どのように捉えるべきだろうか。本書では、技の有効性の変化という問題を解きほぐすことがもっとも有望なアプローチであるという展望のもと、武術の技を身に付ける実践における身体的リアリティの変化を考察することにしたい。

序

武術教室S流は、会員数約三〇名、指導者一名の京都市にある武術教室である。私は、この教室の参与観察を一九九九年五月より二〇〇三年十月まで約四年半行ってきた。週に二回の練習と年に二回の合宿に参加することで、他の会員とともに武術の技を身に付けるべく努めてきたのである。ところが、自分自身がそれを経験してきたにもかかわらず、S流の実践において技が身に付けられる過程を記述することは難しい。

この困難には、表面上の理由と真の理由があるように思われる。表面上の理由は、S流の会員の間で技がほとんど表象されていないことである。いいかえれば、S流には技の土着の表象（native representation）が少ないのである。

まず、S流には会員が身に付けた技を客観化するための基準や制度がほとんど見あたらない。これは、多くの武道・武術の流派や連盟とは異なっている。というのも、これらの組織は一般的に、構成員が身に付けた技を客観化するための段級制度（級外・二級・一級・初段・二段など）や称号制度（教士・錬士・範士など）、さらに、帯の色や道着の種類を区別する制度（有段者のみ黒帯・有段者のみ袴など）を備えているからである。

それに加えて、S流の会員は、自分が技をどれだけ身に付けているかについてほとんど語らない。これは、未熟さを恥じているためか、熟練していても謙虚なためか、あるいは、技の誤った理解を話すことによる周囲への悪影響を恐れているためかもしれない。いずれにせよ、練習中の休憩時間にも、練習後に立ち話をするときも、S流の会員は自分の技について語ったり、自分と他人の技を比較したりすることはほとんどないのである。

S流の唯一の指導者のM先生は、会員どうしの技を比較することも、それぞれの会員の技を評価することも非常に少ない。練習中に歩き回って指導するさいも、それぞれの会員の動作を直すだけで、会員どうしを比較しない。そして、会員の技の状態についてコメントするときも、「よくなった」や「柔らかくなった」など曖昧《あいまい》な表現が使われる。そのうえ、同時に全員についてコメントするのではなく、ときどき思い出したように特定の会員についてだけコメントするため、技がどれだけ身に付いたかを体系的に知ることは難しい。また、基本練習と応用練習など、技を身に付けるための諸段階について説明することがあるが、それぞれの会員を特定の段階に当てはめることはしない。

このように、S流には技を身に付ける過程についての土着の表象はきわめて少ないといえるが、これはS流で技が身に付けられる過程を記述することが困難な本当の理由ではない。たとえ、土着の表象が豊富にあったとしても、それらを集めることで創り上げられた全体的な表象は、技を実際に身に付ける過程の表象とは区別されねばならないはずである。なぜなら、このような表象のもとでは、実際に有効な技と、有効だと信じられているだけの技とを区別できないからである。

ハンス・クリスチャン・アンデルセンの童話『裸の王様』は、衣服を身に付けることをめぐる行為者たちの土着の表象を収集することが、必ずしも、実際に用をなす衣服を表象することにはならないことを教えてくれる。この物語では、行為者たちは王様が新しい衣服を身に付けていることについて集合的な自己欺瞞に陥っているため、土着の表象を収集することは、この自己欺瞞をそのまま掬い上げることにしかならない。技の表象についても同じことがいえるはずである。すなわち、技を身に付ける過程をめぐる土着の表象を収集し、精密な全体像を創り上げたなら、行為者たちが有効だと信じている技はすべて表象されるに違いないが、それは実際に有効な技と必ずしも一致しないのである。したがって、私がなすべきは、技をめぐる土着の表象を集めることではなく、有効な技が身に付けられる過程そのものを、私自身が直接描き出すことである。そのためには、行為者の主観的視点とは異なる視点に立つことが必要である。行為者のものではない視点、すなわち、客観的視点に立とうとしたとき、真の困難の原因に突き当たる。それは、技を身に付ける過程を描き出すために適切な、つまり、技の習得過程にとってレリヴァントな視点に立つことの困難である。これが見かけほど容易ではないのは、S流の練習が型稽古を主としており、型稽古をめぐっては様々な客観的視点が可能だからである。

型稽古とは、武道・武術で長く行われてきた伝統的な練習方法で、一人あるいは二人の練習者が決められた手順で決められた動作を行うものである。二人で行う型稽古の場合は、動作は向かい合って交互に行われる。このように一見して単純な練習方法でありながら、様々な流派は型稽古にまったく異なった意義を認めている。つまり、型稽古とはどのような技を、どのような過程を経て身に付けるための練習方法であるかについて、流派ごとの視点は大きく相違するのである。そのため、各流派は型稽古のありかたをめぐって（たとえ、あからさまではないにせよ）相互に評価や批判を繰り返している。ある視点が他の流派に適用されたとき、その視点は適用された流派の土着の視点ではないという意味で、客観的視点であるといえるだろう。したがって、型稽古の意義をめぐっては、相互に矛盾する客観的視点がひしめき合っているのである。

まず、型稽古と実戦的な練習を相互に排他的なものと見なす視点と、両者をまったく重なり合うものと見なす視点がある。前者の視点によれば、型稽古によって身に付くのは見せかけだけの技であるため、実戦的に有効な技を身に付けようと思うならスパーリングや乱捕りなどの自由に動いて技をかけ合う練習をせねばならない。それに対して後者の視点によれば、型とは実戦において有効な技の集大成であるため、型稽古は実戦的な練習そのものである。

だが、これらの視点は両極端であり、その中間には、型稽古を実戦的な練習とある程度重なり合うものと見なす多様な視点がある。すなわち、実戦的な練習のための基本を身に付けるのに役立つとする視点、実戦的な練習の前のウォーミングアップやストレッチに役立つとする視点、実戦的な練習に必要な根性や精神性を身に付けるのに役立つとする視点、実戦的な練習に必要な特殊な身体性を身に付けるのに役立つとする視点などである。

また、何をもって実戦とするかによっても、型稽古による技の習得は異なった視点から評価されることになる。ルールのある試合を実戦とする視点からは、先述のようなスパーリングや乱捕りのほうが型稽古よりも有効であるとされることが多い。それに対して、相手が刃物や拳銃を持って襲いかかってきたときの護身を実戦とする視点からは、型稽古のほうが有効であるとされることもある。さらに、相手と対峙する場面に陥らないための日常的な用心こそが実戦であるとする視点からは、型稽古で平常心を養うことが有効であるとされることがある。

他方、実戦的な有効性とは一見して無関係な有効性を型稽古に認める視点がある。健康増進や疾病治療に役立つとする視点、忍耐や努力など精神的価値を身に付けるのに役立つとする視点、愛国心や郷土愛そして文化知識など社会文化的価値を身に付けるのに役立つとする視点、宗教性や超能力を身に付けるのに役立つとする視点などである。これらの多様な視点はしばしば相互に重なり合うのみならず、実戦的な有効性を認める視点と重なり合うことが多い。たとえば、先述したような根性や平常心はしばしば、型稽古によって身に付く精神的かつ実戦的な価値であるとされる。

行為者の主観的視点の外に出ることは、これらの相矛盾する客観的視点の海のなかに飛び込むことである。相対性を踏まえたうえでどれかひとつの客観的視点に与することは、あたかも藁をつかむようであり、まったくの無根拠な振舞いである。

特定の視点に与せざるをえないならば、S流を創出したM先生の視点に与するのがもっとも適切であると考えることも可能だろう。つまり、M先生の視点から表象された技の習得は土着の表象にすぎないかもしれないが、私がM先生の視点に立って表象した技の習得は客観的記述であると考えるのである。

仮に、このような区別が可能だとしても、別の、実際的な問題が待ち構えている。なぜなら、型稽古において技が身に付けられる過程を表象するM先生の視点は、おおまかに次のようなものだからである。

型稽古は実戦的な技を身に付けるうえで有効であるが、それは、実戦的な技に必要な基本的な身体の使い方を身に付けるという意味が大きい。それは、手先足先だけを使って動くのではなく、腰や背中など、身体の全体をうまく使って動くことである。このような身体の使い方が自然にできるようになれば、反射的な動きがすべて技になるため、とっさのときに役立つかもしれない。

試合に出ようとするなら、相手が試合で有効な技を相当に練習しているため、こちらも試合で有効な技を出すための練習によって型稽古を補う必要がある。さらに、試合ではある程度打たれ慣れていないと何もできないので、スパーリングや散打（さんだ）の練習は不可欠であり、型稽古だけで試合に出るのは心もとない。だが、どのような自由に動く練習であろうと、それは型稽古で身に付けた基本的な身体の使い方の応用としてなされるべきで、たんなる小手先の技の練習であってはならない。型稽古と自由な練習を橋渡しするために、推手（すいしゅ）など、ある程度の動きの制約をつけたうえで自由に動いて技をかけ合う練習が必要である。

身体の全体を使って動けるようになることは、身体と心のこわばりやこだわりが取れることであるため、型稽古は健康増進にも有効である。だが、試合に勝つため、護身のため、健康のためなど、何か別の目的のために型稽古をすることを突き詰めたなら、たいへん窮屈な練習になってしまう。そのため、型稽古そのものの面白さがわかるようになることも大切である。〈4〉

このように、M先生が技の習得過程を表象するさいの視点はひとつではなく、ときには相互に矛盾するような複数の視点が複雑に入り組んでいる。そのため、M先生の視点から技が身に付けられる過程を記述することは経験的問題として難しい。

そのうえ、M先生の視点といえどもS流のすべての会員が技を身に付ける過程を記述するうえで適切であるとは限らない。S流の会員はそれぞれ型稽古の実践の仕方が異なっており、同じ会員でも一回ごとに型稽古の実践の仕方は異なっている。これらの多様な型稽古の実践がすべて、指導者が有効であるよう意図した仕方で有効であると考えることは、観念がそのまま現実のありかたを決定すると考えることである。

型稽古についての土着の表象を集めても有効な技が捉えられるとは限らないため、主観的視点とは異なる視点に立つことの必要性は明らかである。だが、この視点はどのようにして措定できるのだろうか。その根拠はどこに求めるべきなのだろうか。この問題を解決することなしには、S流の実践において技が実際に有効なものとして身に付けられている過程を表象することはできないのである。

本書では、有効な技が身に付けられる過程を描き出すためにはどのような視点が必要かを考えてみたい。実証編の考察はS流の武術の技を題材として行うが、「はじめに」で掲げたような、日常生活の諸局面における様々な技を身に付ける実践を描こうとするさいにも、原理的には同じ視点が必要になるはずである。それは、日常的な起居動作から各種の専門的技能に至るまで、あらゆる局面において技が身に付けられる過程を、新たな相貌のもとに表象することを可能にするだろう。

技を身に付ける過程を捉えるための視点は、直接的には、マルセル・モースの論文「身体技法論」を読解することで導き出される。だが、社会学・人類学における通説に従えば、この読解は屋上屋を架すがごとき作業に見えるはずである。なぜなら、通説では、「身体技法論」は着想こそ優れているものの、すでにピエール・ブルデューをはじめとする身体的実践の理論家によって乗り越えられた、過去のものとされているためである。そのため、身体的実践を表象するための理論がすでに数多く存在するなか、あえて過去の論文を取り上げ、これに新奇な解釈を施す必然性はどこにあるのか、という疑問が本書に対して投げかけられるのを避けられない。

このような疑問に答えるために、「身体技法論」の検討は理論編の最終章で行うことにし、それに先立つ各章で身体的実践をめぐる四つのパラダイムを検討しておきたい。検討するのは、ピエール・ブルデューの実践理論、ハロルド・ガーフィンケルのエスノメソドロジー、ジーン・レイヴとエティエンヌ・ウェンガーの状況的学習論、そして、マイケル・ポラニーの暗黙知理論である。いずれの理論も、身体的実践を社会学的に考察するための枠組みとして大きな影響力を持っており、それに則った数多くの理論的・実証的業績を生み出している。この点で、これらの理論は「一般に認められた科学的業績で、一時期の間、専門家に対して問い方や答え方のモデルを与えるもの」という、トマス・クーンのパラダイムの定義にかなうものである。

検討したパラダイムがいずれも技を身に付ける過程を十分に表象できないことが示されたのち、理論編の最終章では、いよいよ「身体技法論」の読解を行う。それによって導き出されるのは、有効な技を身に付ける過程を身体的リアリティの変化として捉えるための視点、すなわち、相互身体的視点である。しかし、この読解からは、相互身体的視点が経験的に可能になるための条件は十分に明らかにはされないため、この課題は実証編に持ち越されることになる。

実証編では、S流のフィールドワークにもとづき、相互身体的視点の可能性の条件が解明される。また、この条件を満足することで、技を身に付ける過程が具体的にどのように記述できるかが示される。最後に、相互身体的視点をS流以外の技の習得過程を記述するために用いる可能性が検討される。

本書の構成

本書は、理論編（全四章）と実証編（全四章）の二部構成をとり、最後に全体の結論が提示される。

理論編第1章「ブルデューにおける実践」では、現代フランスの社会学者ピエール・ブルデューのハビトゥス概念が技の有効性を表象しえているかを検討する。ブルデューは、構造決定論を克服するために実践に着目し、実践する身体をハビトゥスとして概念化する。ハビトゥスは無意識のうちに習得された習慣的な技であるとされるため、一見してこの概念によって有効な技を表象しうるかに見える。だが、彼のいう実践とは、行為者が無意識下に資本を追求する行為であり、このような実践を生成する原理がハビトゥスである。ハビトゥスは資本によって特徴づけられている限り、有効性の欠如した、恣意的な形式として表象されるほかないのである。

第2章「エスノメソドロジーにおける実践」では、現代アメリカの社会学者ハロルド・ガーフィンケルの提唱するエスノメソドロジーが検討される。ブルデューはエスノメソドロジーの理論的立場を自分の立場と相容れないものとして批判しているため、一般的な社会学の理論的文脈では、両者の方法論の内的連関が指摘されることは少ない。だが、客観的認識を可能にするあらゆる枠組みを離れて実践そのものに迫ろうとするエスノメソドロジーの関心は、ブルデューの関心ときわめて近いといえる。エスノメソドロジーの方法は実践にひたすら内在することであるため、技の有効性を表象できるかに見える。しかし、この方法は実践が静態的な意味の網目で覆われているという前提に立っているため、技の有効性を表象できないのである。

第3章「わざ言語と実践」では、技の教授と習得という実践を主題化した、現代日本の教育学者の生田久美子の「わざ理論」と、現代アメリカの人類学者のジーン・レイヴとエティエンヌ・ウェンガーの正統的周辺参加論が検討される。これらの理論家は、カリキュラムや時間割などの様々な客観的な構造が学習のありかたを決定しているという、近代学校教育に特徴的な学習観を乗り越えようとした。この点で、これらの理論家にはブルデューとガーフィンケルに共通した、実践そのものへの関心を認めることができる。だが、本書の検討によって、生田とレイヴらは、客観的なカリキュラムなどの構造を克服したものの、共同体の意味という別の構造を実践に読み込んでしまったことが示される。考察の過程で、実践に読み込まれる共同体の意味がいかに恣意的にしか措定されえないかを示すために、ハンガリーの科学哲学者マイケル・ポランニーの暗黙知理論が批判的に検討される。

第3章では、技の習得における「わざ言語」の役割の解明も目指されている。わざ言語とは生田の造語であり、技法の指導にさいして用いられる比喩的言語を指す。S流ではわざ言語が頻繁に使用されるため、その役割が解明されることは、S流の技の有効性を表象するうえで役立つはずである。だが、生田は、わざ言語の重要性を指摘しながらも、観察者によって読み込まれた構造の内面化の過程にこれを回収してしまうため、その役割を解明できなかった。本章では最後に、オーストリアの哲学者ルートヴィヒ・ヴィトゲンシュタインの言語ゲーム論に依拠して、わざ言語が、日常的な動作における有効性を技における有効性に変換することで技の習得を促すという視点を示した。だが、この視点は、わざ言語の原理的な役割を解明しているものの、特定のわざ言語によって具体的にどのような変換が行われるかは表象できないのである。

第4章「身体技法としての実践」では、フランスの社会学者・人類学者であるマルセル・モースの論文「身体技法論」が検討される。身体技法についてのモースの着想は、一般的には、ブルデューの実践理論によって批判的に継承され、すでに過去のものになったと考えられている。だが本書は、「身体技法論」に新しい読解を施すことで、モースが暗黙のうちに依拠していたはずの相互身体的視点を体系的に提示し、これが技の有効性を表象することに成功していることを示す。

モースは、技法を伝承的かつ有効な行為として定義する。だが彼は、行為の有効性を科学的方法によって測定することはしない。かわりに、行為における身体的な振る舞いに着目し、この振る舞いにおいて追求されている有効性を直観的に判断するのである。これが可能なのは、モース自身が、自分の振る舞いとそれによって追求される有効性の関係を身体的に理解しているためである。そのため、彼は行為者の振る舞いに、自分自身の追求すべき有効性を見て取ることができた。のみならず、モースは自分自身の技法がもたらす身体的リアリティを無意識のうちに踏まえているため、行為者の振る舞いに、自分が潜在的に享受すべき身体的リアリティをも見て取ったのである。

モースの判断は、有効性を追求するさいの振る舞いにおいて等しい身体——これを「相互身体」と呼ぶことにする——が共有されているという前提に立っているため、これを「相互身体的判断」と呼び、このような判断を行うことで技の有効性を表象しようとする視点を「相互身体的視点」と呼ぶことにする。この視点は、行為者によって信じられている技の有効性ではなく、技の有効性そのものを表象する。また、技の有効性を恣意的な記号に還元せずに、身体的リアリティを変化させるものとして表象することができる。

だが、「身体技法論」からは、相互身体的判断の可能性の条件、すなわち、相互身体を行為者のうちに認めることが、どのような条件のもとで可能であるかを、直接的に知ることはできない。この条件の解明は実証編に持ち越される。

実証編では、相互身体的判断の適用例を考察することで、この判断の可能性の条件を探究するとともに、その方法論的性格を明らかにすることを試みる。具体的には、武術教室S流の参与観察において、私がどのような機会に相互身体的判断を行うことが可能になり、どのような記述が可能になったかを検討する。そのため、実証編の記述はS流についての記述であると同時に、私自身についての記述でもある。

第5章「参与観察の開始」では、S流というフィールドを選択するまでのいきさつと、S流の位置づけられた社会的文脈、ならびに、S流の主要な活動が紹介される。私がS流を調査対象として選択したのは、相互身体的判断によってS流の技に有効性を認めることができたためである。これが可能だったのは、S流の技の有効性が、その技の具体的な振る舞いにどのように反映されているかを私が身体的に理解していたためである。そして、私がこの理解を獲得したのは、S流の技を身に付けようとする過程で、私が追求していた技の有効性が、漠然とした観念的なものから、より詳細に定義された具体的なものへと変化したときであった。この変化を、技の「有効性の微分」と呼び、それによって獲得されるより詳細に定義された振る舞いを「身体的ディテール」と呼ぶことにする。したがって、技の有効性を相互身体的に判断するための可能性の条件とは、観察者が、行為者と同じ技を身に付けようと努力する過程で、追求すべき有効性の微分を経験し、身体的ディテールが特定されていることである、と仮定することができる。

第6章「身体の同一性の解体」では、典型的な土曜日の練習内容が紹介されたのち、太極拳の技のひとつと、その指導のさいに用いられる「線」という言葉が考察される。この技の有効性は、一度だけ微分するのではなく、練習の過程で幾度も異なった仕方で微分し、そのたびに、身体的ディテールが新たに特定される。そして、「線」という言葉は、そのつど特定された身体的ディテールに当てはめることができた。したがって、記号としての「線」の同一性は、身体的ディテールとしての「線」の多様性へと解体されるといえる。

私自身が有効性を追求するさいに依拠すべき身体的ディテールとしての「線」が新たに特定されるたびに、M先生や他の会員の振る舞いにも同様の「線」を探すことができるようになった。そして、それを発見できたか否かによって、相手が自分と比較してどの程度技を身に付けているかを相互身体的に判断できるようになった。これは、生身の身体の同一性が、相互身体の多様性へと解体されることである。

第7章「道具の同一性の解体」では、典型的な火曜日の練習内容が紹介されたのち、杖術の技のひとつが考察される。太極拳の技と同様に、この技の有効性も練習の過程で幾度も微分し、そのつど新たな身体的ディテールが特定されるが、同時に、杖という道具も新たに身体的ディテールとして特定される。これは、杖の物体としての同一性が、身体的ディテールの多様性へと解体されることである。

第8章「構造の同一性の解体」では、太極拳と杖術の区分・S流と他流の区分・表象と実践の区分が考察される。太極拳と杖術という客観的に異なった実践において、名目的に異なった技を身に付けようとする過程で、私は同一の身体的ディテールを特定することができた。また、私がS流において特定できた身体的ディテールと同じものを、他の流派の技の振る舞いにも認めることができ、さらに、写真に表象されている振る舞いにも認めることができた。これは、客観的構造の同一性が、身体的ディテールの多様性へと解体されることである。

「結論」では、相互身体的判断の可能性の条件が確認されるとともに、この視点の一般化可能性が検討される。第5章での仮定に反して、観察者と行為者が同じ技を身に付けるべく努力することは、相互身体的判断の必要条件ではないといえる。なぜなら、客観的な同一性は身体的ディテールの同一性を含意しないためである。そのため、観察者自身がなんらかの有効性を追求するさいに依拠すべきものとして特定している身体的ディテールと同じものを行為者の振る舞いに認めることができさえすれば、相互身体的判断は可能なのである。

モースの「身体技法論」が多様な身体的実践を捉えるための視点を提供したように、相互身体的視点もS流の考察に限られない一般性を持っていると思われる。日常生活の諸局面にこの視点を適用したなら、客観的構造が多様な身体的ディテールに解体され、これらの身体的ディテールのまとまりとしての身体的リアリティが構成される過程を記述できるはずである。そのためには、観察者が技の有効性の微分に対して開かれてあることが有効なはずである。

理論編

第1章　ブルデューにおける実践

社会学において、技の重要性を唱えた理論家のうちもっとも重要な一人としてピエール・ブルデューがあげられる。彼は、無意識のうちに身に付けられた習慣的な技によって実践する身体を「ハビトゥス（habitus）」として概念化し、これをみずから構築した実践理論の中心に置く。実践理論とは、社会学における客観主義と主観主義の対立を止揚するという壮大な目的のもとに構築された理論であるが、この画期的な理論の中心に、技を身に付けた身体としてのハビトゥスが置かれるのである。そのため、実践理論は身体的実践を分析するための主要なパラダイムのひとつになっている。価値や規範などの精神的な諸概念によって社会現象を説明しがちであった社会学にあって、技を身に付けた身体の一般的意義を示したことは、疑いなくブルデューの功績のひとつだろう。

しかし、技の有効性の表象という本書の関心からすれば、ブルデューの実践理論そしてハビトゥス概念はこれに成功しているとはいえない。むしろ正反対であり、技の有効性をまったく捨象し、完全に恣意的な存在としてこれを表象してしまうのである。ここでは、どのような論理的必然性によってこのような理論構成が帰結することになったかを検討したい。

その方法として、まず、ハビトゥス概念が提出された必然性を理解するために、ブルデューの最初の理論的著作を読解し、ハビトゥスが客観的な資本の追求によって規定されていることを明らかにする。次に、技の有効性が潜在的に表象されうる領域としてのスポーツにおける技を、ブルデューがどのように表象しているかを検討したい。

1―1　ハビトゥスの両義性

ブルデューによるハビトゥスの定義は、きわめて両義的である。それは、(1)「構造化された構造であると同時に、構造化する構造」のごとく同じ語が幾度も反復され、(2)一方では「戦略的」であり、他方では「規則的」である、のごとく相互に矛盾した断片よりなり、(3)社会構造を再生産するのではなく、「再生産する傾向」を持つにすぎない、のごとく留保をつけた形容にとどまるのである。禅の公案めいた定義しか与えられていないハビトゥスの理解を少しでも容易にするために、ブルデュー理論の入門書ではしばしば、「ハビトゥスとは知らず知らずのうちに身に付いた習慣である」、「スポーツで反射的に身体を動かすことができるのはハビトゥスのためである」など、ハビトゥスを日常経験になぞらえた説明がなされている。これらの説明はブルデューによるハビトゥスの矛盾的・断片的な形容を感覚的に総括しているにすぎず、科学的ではない。

だが、ブルデュー自身もハビトゥスの定義を曖昧なままにとどめることについてある種の開き直りを見せている。彼は、社会学的実践において重要なのは概念の厳密な定義よりも言語化不可能な社会学者の「メチエ(métier, craft, 職業的な技芸)」であるとし、著作のあちこちで曖昧さの有用性を強調する。

たとえば、「習慣(habitude)」ではなく「ハビトゥス(habitus)」という術語を用いた理由について、ブルデューは次のように述べる。

習慣ということでおのずと考えられているのは、反復的、機械的、自動的なもの、生産的であるよりむしろ再生産的なもの、といったことだからです。ところが、私が強調したいのは、ハビトゥスとは何か強力な生成母胎であるという発想です。
［Bourdieu 1980＝1991：170］

このような意図の告白は、ブルデューの著作やインタビューの随所に現れる。概念の客観的な定義よりも、概念に自分が込めた意図を強調する立場は、科学的な方法論としては問題があるが、これを一概に非難するわけにはいかない。なぜなら、ブルデューはハビトゥスの曖昧さを縦横に駆使することで、教育論・芸術論・国家論など、多様な分野でめざましい成果を生み出しているからである。

たとえば、ブルデューによれば、ハビトゥスと「界（champ, field）」は相互に「共犯関係」にある。つまり、行為者のハビトゥスはそれだけでは機能することができず、そのハビトゥスに客観的に適合した界のなかに行為者が置かれることではじめて喚起され、機能することができる。同様に、界はそれ自体で存在するような物理的実体ではなく、その界に客観的に適合したハビトゥスを持つ行為者によって能動的に参加されることではじめて存在するようになるものである。だが、ブルデューの描く「象徴闘争」とは、特定のハビトゥスが、それがなければそのハビトゥス自体がそもそも機能しなかったはずの界を新たに形成する過程なのである。また、ブルデューの描く「象徴暴力」とは、特定の界が、それがなければその界自体がそもそも存在していなかったはずのハビトゥスを新たに形成する過程にほかならない。このように、ブルデューの真骨頂は、ハビトゥスや界の定義の曖昧さによって、マクロな社会構造の再生産のみならず、そのダイナミズムを描き出すことにある。

だが、本章の関心は、マクロな社会的事象を説明するうえでのハビトゥス概念の有効性にではなく、技の有効性を表象するうえでのこの概念の有効性にある。前者の有効性はブルデューの諸研究から明らかであるが、後者の有効性は、本章が新たに解明せねばならない。そのためには、まずハビトゥスの全体像を描き出し、その客観的性格を特定することが必要だろう。これは、ブルデューの構築した実践理論という全体のなかでハビトゥス概念が占める位置を解明することに等しい。

実践理論の構成要素はハビトゥス概念だけではない以上、ブルデューがこの概念に与えている断片的な定義や形容をいくら集めても実践理論の全体は見えてこない。そのため、本章では、いったんハビトゥスについてブルデューが述べていることを追うのをやめ、まずブルデューのテクストから実践理論の全体像を抽出したのち、その構成要素としてのハビトゥスの性格を検討するという手順をとる。

実践理論の全体を描き出すにあたって、本章では、ブルデューの数ある著作のなかから、『実践理論の概要――カビール民族学の三つの研究を経て――』(*Esquisse d'une théorie de la pratique: précédé de trois études d'éthnologie Kabyle*, 1972, 本邦未訳、以降「仏語版『概要』」と呼ぶ)が増補改訂のうえ英訳された、『実践理論の概要』(*Outline of a Theory of Practice*, 1977, 本邦未訳、以降「英語版『概要』」と呼ぶ)を取り上げ、そのテクストを内在的に読解する。

英語版『概要』を選択した理由は、次の三つである。そのうち二つは、『概要』という著作そのものを選択した理由であり、三つ目は、『概要』の仏語版ではなく英語版のテクストを選択した理由である。

第一に、『概要』がブルデューの最初の理論的著作であり、その意味で、彼の理論的立場のマニフェストと見なすことができるからである。

ブルデューは、アルジェリアの現地調査の成果を一九五〇年代末より公表し始め、六〇年代を通して精力的に公表し続けた。とりわけ六〇年代中葉以降の業績にはブルデューの基本的な理論的視点の多くを認めることができるが、これらの視点がひとつの実践理論として体系的に提示されるためには一九七二年まで待たねばならなかった。この年、ブルデューは仏語版『概要』を上梓して、自分の理論的立場が既存のどの立場とも異なることを体系的に明らかにした。『概要』には、ハビトゥスをめぐる主要概念がすべて出揃っているうえ、マニフェストとしての性格上、それらの関係が比較的簡潔に整理されている。そのため、このテクストはハビトゥス概念を実践理論のなかに位置づけるために最適であるといえる。

第二に、『概要』以降のブルデューの理論的立場が本質的に変わっておらず、その英語版が上梓された直後の大著――『ディスタンクシオン』(*La distinction. Critique sociale du jugement*, 1979)、『実践感覚』(*Le sens pratique*, 1980)――のみならず、現在に至るあらゆる著作を、『概要』で展開された理論の具体化・精密化、もしくは応用として位置づけることができるからである。そのため、たとえば「社会空間」のように、『概要』の理論構成において重要な位置を占めつつも十分に展開されていない概念を本章が考察しようとするとき、論理的矛盾を気にすることなくブルデューののちの著作に依拠することができる〈5〉。

第三に、本章が『概要』仏語版ではなく英語版を取り上げるのは、英語版が仏語版よりも理論的側面に重点を置いた増補改訂版になっており、その作成には英訳者のリチャード・ナイスのみならずブルデュー自身も参与しているためである〈6〉。

両版のもっとも明らかな相違点は、仏語版『概要』がアルジェリアのカビール族に関するエスノグラフィー的研究で始まり、その後に理論的研究が提示されるのに対し、英語版では構造主義・現象学をはじめとする先行諸理論の批判的な乗り越えが前面に押し出されており、エスノグラフィー的記述は理論的視点を裏付けるためのエピソード的事例として理論的文脈のなかに挿入されていることである。また、ハビトゥスと象徴資本の理論的位置づけは英語版のほうがより徹底している。

以上の理由より、理論的コンテクストにおけるハビトゥス概念の検討を目的とする本章では、英語版『概要』のテクストを読解することにする。そのため、以降の記述では、特に断りがない限り、『概要』は英語版『概要』を指すこととする。また、全四章よりなる『概要』のなかでも、理論的・認識論的考察が集中している最初の二つの章、つまり、第一章「客観主義の客観的限界」と第二章「構造とハビトゥス」に焦点を当てたい〈7〉。

1―2　レヴィ=ストロースからブルデューへ

ブルデューは実践理論を、社会科学における現象学（主観主義）と構造主義（客観主義）の認識論的対立を止揚するものとして位置づけるが、具体的な理論は主として構造主義との対決のなかで形成された。『概要』第一章「客観主義の客観的限界」では、贈与交換の解釈をめぐるクロード・レヴィ=ストロースのマルセル・モース批判が引き合いに出されることで構造主義の問題点が指摘され、それを克服するために「戦略」の概念が提出される。

モースは「贈与論」において、贈与交換の原因を行為者の心理のなかの道徳的義務の意識に求める。その直接の手がかりは、マオリ族のインフォーマントが提供した「ハウ」という概念である。インフォーマントによれば、ハウとは、贈り物に備わっている霊であり、一人の所有者のもとに長期間とどまったときにはその所有者に病や死をもたらすので、贈り物を受け取った者は、早く他の者に贈り物をしてハウがとどまらないようにせねばならない。モースはこのような土着の理論に依拠して、社会を構成する人間の心理のうちに贈与・受容・返礼の義務の意識が共有されていることを導き出し、その原因を、デュルケム的な意味での全体的事実が各個人に影響していることに求める。したがって、モースによれば、「物が与えられ、返されるのは、まさしく、〈敬意〉――われわれはさらに、〈礼儀〉と呼びうるかもしれない――が相互に取り交わされるからである」［Mauss［1950］1968＝1973：323］。

この解釈を、レヴィ=ストロースは批判する。彼によれば、「社会的なものは、システムに統合されないかぎり実在的ではない。そして、これこそが全体的事実という概念のもつ第一の面」［Lévi＝Strauss［1950］1968＝1973：16］である。

事実、「社会生活を諸関係のシステムとして理解しようという「贈与論」のなかに一貫して流れている努力は……モースの著作活動の初期から、明確に示されている」[ibid：32]。しかし、「贈与論」においては「交換が検出されたのではなく、かれ自身述べているように、ただ三つの義務、すなわち、与える義務、受け取る義務、返礼の義務のみが検出されたにすぎない」[ibid：29]。

モースにおいては、三つの義務の意識は贈与交換をめぐる土着の理論のなかの概念であるハウを手がかりに導かれた。だが、レヴィ＝ストロースによれば、「理論は理論でしかない」[ibid：31]。つまり、「当事者たちが信じていることは、かれらが実際に考えたり行ったりしていることといつもかなりの隔たりがあるから、理論というものはせいぜい入り口を明らかにするものでしかない。原住民の概念作用を引き出したあとで、それに対して客観的な批判を加えてもういちど煮つめなければならず、これによってはじめて下に隠れた実在に到達することができる」[ibid：31]。その実在は、土着の認識に表れない以上、「無意識的な精神構造」[ibid：31]と考えるべきである。

つまりレヴィ＝ストロースは、経験的研究によって採取された土着の主観的認識の断片をいくら集積しようと、全体としてのシステムを復元することは不可能である以上、科学者はそれらの断片に主観的認識を読み取ることをやめ、いわば、主観的認識と手を切ることで、断片どうしの客観的な論理的関係にもとづいて全体としてのシステムを構築せねばならないと考えるのである。このような観点からすれば、モースは「諸部分を集めて全体を再構成することに熱中し、しかも、これが明らかに不可能であるがゆえに、この集成に一つの補足的な水増しを行って、そこから回答が出てくるような幻想を与えている」段階にとどまっていることになる。そして、「この水増しこそがハウである」[ibid：29]。

レヴィ＝ストロースのいう客観的構造は、次のようにまとめることができるだろう。つまり、行為の断片を素材としつつも、論理的整合性の観点から欠けている部分を観察者が補うことで構築した全体である。論理は無時間的であるから、構造とは、一望のもとに見渡せる無時間的な図式として表現されることになる。そして、いったん構造が構築されたなら、それが素材としていたあらゆる行為の断片は、その構造が機械的に実行された個々の事例として認識されるほかない。ここに、本書が乗り越えようとする構造決定論の原像を認めることができるだろう〈8〉。

レヴィ=ストロースの行ったこと、つまり、土着の主観的認識と手を切り、客観的構造を構築することを、ブルデューは「第一の切断」と呼び、これを、「実践の科学的認識のためには不可欠の段階」であると評価する。だが、ブルデューによれば、このような客観的構造を構築するための操作そのものが、実践の重要な性質を見失わしめてしまう。

ブルデューによれば、構造主義者は「書きとめることや、その他の様々な記録技術によって与えられた永続化する力と、分析のために用いうる長い時間」[Bourdieu 1972=1977: 106] によって、「いかなる一人のインフォーマントによっても獲得されることがない、またはつねに獲得可能とは限らない情報を集積すること」[ibid: 106] ができる。だが、このような「全体化の特権」[ibid: 106] には、必然的に、時間のなかで行われた行為の「無時間化」[ibid: 109] が伴う。それが問題なのは、「時間のひらきを排除することは、戦略を排除することでもある」[ibid: 6] からである。ブルデューは、排除されてしまった戦略を客観的構造に再導入してやることで実践をありのままに捉えることができると考え、これを、客観的構造からの切断としての「第二の切断」と呼ぶ。

「第二の切断」の論理を検討するために、引き続き贈与交換を題材として、この現象の認識をめぐるレヴィ=ストロースとブルデューの対立を取り上げたい。

ブルデューによれば、レヴィ=ストロースは贈与交換を客観的かつ無時間的なシステムとしてのみ捉えるため、それが行為者にとって時間のなかでどのような意味を帯びるかを捉えることができない。つまり、贈与と返礼からなる交換システムとしての無時間的な構造に照らせば、ある贈与に対して返礼がなされることは一目瞭然である。しかし、行為者の主観的認識にとっては、自分の行った贈与に対して返礼がなされる可能性は高いとしても、それが確実になされるとは限らないし、いつなされるかも定かではない。

そのため、現実の贈与交換では返礼そのもの以上に、そのタイミングが重要になる。たとえば、贈与を受けた直後に返礼をすることは、礼儀をわきまえずに返礼の負担をできるだけ早くなくそうとすることであるため、贈与者を軽んじていると見なされてしまう。逆に、贈与を受けてからあまりに長い時間を経てから返礼をすることは、返礼したくてもそうするだけの時間や財力がないことの表れか、あるいは、返礼にも値しないほど贈与者を軽んじていることの表れと見なされてしまう。

贈与交換を行うタイミングがもたらす印象は、その時々の贈与交換のたびに消え去ってしまうことはなく、蓄積されて行為者に対する一定の社会的評価を形成する。たとえば、つねに適切なタイミングで返礼をする行為者は、細やかな気遣いができるうえ、時間的・経済的余裕のある人間としての威信を蓄えるはずである。逆に、早すぎたり遅すぎたりする返礼を繰り返す行為者は、いい加減で、時間的・経済的余裕のない人間としてのレッテルを貼られてしまうだろう。

社会的評価が高いほど、その行為者は人望を集めていることになる。そして、人望を集めている行為者は社会的な影響力が大きく、コネクションも広いため、人望のない人間よりも物質的資本を獲得しやすい。このような、人望の物質的資本への転換可能性はどのような社会にも認めることができるが、ブルデューが調査対象としたアルジェリアのカビール族の伝統的社会のような農耕社会においてとりわけ顕著である。なぜなら、農耕社会では作物の収穫時など一度に多くの人手が必要になる時期があり、この時期にどれだけの人数を動員できるかが直接的に物質的資本の多寡にかかわってくるためである。

ただし、どのような社会においても、他人を動員するだけの行為者は人望を失ってしまうだろう。人望を維持するためには、他人との贈与交換をつねに適切なタイミングで行うほか、頼まれたときは他人のために働いたり、あるいは、物質的な見返りを与えたりせねばならない。

もっとも、ただ労働の対価として機械的に物質的な見返りを与えただけでは、最低限の義務を果たしたことにしかならない。贈与交換における返礼の場合と同様に、たとえば、働いてもらった人々とともに飲食するために時間を費やしてから見返りを与えるなどして、行為のタイミングを戦略的に見計らうことでより多くの人望を集めることができるのである。

このように、人望が物質的資本に転換可能であるように、物質的資本も人望に転換可能である。両者が相互転換可能である限り、人望もれっきとした資本の一形態と見なすことができるはずである。こうして、ブルデューは、人望をはじめとして、名誉・威信・正当性など、物質的資本に転換可能な社会的評価をまとめて「象徴資本」として概念化する。象徴資本の概念によって、贈与交換をはじめとするあらゆる儀礼的行為を象徴資本の獲得のための労働と見なすことができるようになる。なぜなら、どれほど手順が厳密に定められた儀礼であろうと、行為者はそれらの手順を実行するタイミングを戦略的に操作することで自分の社会的評価を高め、象徴資本を獲得することができるからである。このような、象徴資本の獲得のための労働をブルデューは「象徴労働」と呼ぶ。

伝統的なアルジェリア社会では貨幣経済が未発達であったため、家畜や土地など現物の物質的資本として蓄積されうる以上の資本は、経済資本（貨幣）としてではなく象徴資本として蓄積されるほかなかった。さらに、物質的資本を蓄積しすぎることは強欲として指弾されるのに対し、象徴資本は社会的な賞賛そのものであるため、いくら蓄積しても批判されることはない。そのため、伝統的なアルジェリア社会においては、象徴資本を獲得するための象徴労働の重要性は近代社会におけるそれとは比較にならないほど高い。にもかかわらず、アルジェリアを研究する人類学者のほとんどは、経済資本だけを資本と見なし、経済資本を生産する労働だけを労働と見なす、「経済主義のエスノセントリズム的純朴」［ibid: 177］に陥っていた。そのため、いわゆる「儀礼的行為」の象徴労働としての重要性や、象徴資本の流通による「善意の経済」［ibid: 173］はまったく見逃されてきたのである。

ブルデューからすれば、レヴィ＝ストロースも経済主義的エスノセントリズムの一翼を担っている。なぜなら、レヴィ

＝ストロースは儀礼的行為を経済活動から切り離された無時間的な象徴構造のうちに押し込めたのみならず、伝統社会そのものを、経済活動など差異を生産する諸活動から切り離された「冷たい社会」というオリエンタリズム的な他者のイメージのうちに押し込めてしまうからである。

1―3　誤認とドクタ・イグノランティア

第二の切断とは、レヴィ＝ストロースが無時間化によって構築した象徴構造を再び時間のなかに引き戻すことで、象徴構造の決定論を乗り越えることであった。象徴構造の機械的実行のかわりに見えてきたのは、最大限の象徴資本の獲得という関心のもと、タイミングを戦略的に見計らいつつ象徴構造によって規定された行為を実行すること、つまり、象徴労働である。

このように、第二の切断における時間は、行為を象徴労働として認識することを可能にする点できわめて重要であるが、もうひとつの重要な役割を持つ。つまり、時間は一方で象徴労働を観察者にとって認識可能にするが、他方で、象徴労働を行っている行為者自身にとって、自分たちが行っていることを認識不可能にするのである。なぜなら、象徴労働が象徴資本を生み出しうるのは、その資源である象徴構造が行為者によって意識されていない限りにおいてだからである。

たとえば、贈与交換を行っている当事者たちが、自分たちの行為を象徴構造によって規定されたものとして認識していたならば、行為のタイミングがいかに操作されようとも、同じ行為が異なった印象をもたらすことはないはずである。というのも、象徴構造に照らせば贈与には必ず返礼が伴うことになっているため、返礼がどれほど遅れようとも贈与者が焦らされることはありえないからである。同様に、返礼がいくら早くとも、どのみちなされるべきことがなされたにすぎないため、贈与者は自分が軽んぜられた気持ちになることもないだろう。このように、贈与交換がいかなる象徴資本も生み出さないとき、これを象徴労働と呼ぶことはできない。したがって、象徴構造に規定された行為が、実行されるタイミング如何で異なった社会的評価を下されうるのは、その行為が象徴構造によって規定されていることが行為者たち自身から隠蔽されている限りにおいてなのである。〈9〉

ブルデューは、行為者による時間の操作によって象徴構造が隠蔽されており、それが象徴労働の成立にとって不可欠であることを次のように述べる。

> 贈与交換は、交換の客観的「メカニズム」（＝象徴構造―引用者）という現実の（個人的、集合的な）誤認（méconnaissance, misrecognition）を前提とするのである。……すべては、行為者の実践、とくに彼らの時間の操作が、自分たちと他者から実践の真実――つまり、時間のなかで、そして時間を通してのみ作用する図式を、人類学者がたんに無時間的なモデルで代替することによって明らかにする真実（＝象徴構造―引用者）――を隠蔽する目的を持っているかのように作用する。［ibid: 5-6］

贈与と返礼を時間によって隔てることで、行為者たちは贈与交換を規定する象徴構造があたかも存在しないかのように振る舞い、この自己欺瞞つまり「誤認」が存続する限りで贈与交換も存続するといえる。前節で述べたように、贈与を受けた直後に返礼することは礼儀をわきまえないこととされるが、それは、贈与と返礼の時間の隔てがなくなることによって、贈与には必ず返礼がなされなければならないという象徴的規則が暴露されてしまうからなのである。

象徴労働の資源である象徴構造が行為者によって誤認されているということは、象徴労働の全過程が行為者によって誤認されているということである。ブルデューは、象徴労働が行為者にとってすべからく無意識的なものにとどまらねばならないことを次のように説明する。

> 行為者たちが自分自身の実践について提供しうる説明は、実践についての疑似理論的な反省のために、自分の実践的な習熟の真のありかたを――つまり、それが学習された無知（ドクタ・イグノランティア）、すなわち、それ自身の原理についての知識を含まない実践的な知識の様態であることを――自分自身の目から隠蔽してしまう。［ibid: 19］

誤認と「ドクタ・イグノランティア」の概念の画期性は、レヴィ＝ストロースの「無意識」の概念と比較したなら明らかである。

贈与交換の全体を整合的に説明できる象徴構造は、現地人自身による説明には表れることがなく、観察者によって構築されてはじめて見えてくる。そのため、レヴィ＝ストロースは象徴構造を、現地人の「無意識的な精神構造」として位置づける。このとき、贈与交換についての現地人による意識的な説明は、「理論は理論でしかない」［Lévi = Strauss［1950］1968＝1973: 31］と片づけられることになる。これは、観察者の手になる「真の理論」と現地人の手になる「偽の理論」というエスノセントリズム的知識観を容認することである。

ブルデューは、象徴構造が観察者によって構築されねばならないとする立場を、第一の切断という形でレヴィ＝ストロースから引き継ぐが、誤認とドクタ・イグノランティアの概念によってエスノセントリズムを巧みに回避する。すなわち、現地人の理論が贈与交換という現象の表面をなでるだけに終始しているのは、象徴構造という真実を認識する能力が現地人に欠如しているためではなく、集合的な自己欺瞞によりこの真実を認識しないことによってのみ維持できる象徴的な経済関係のなかに現地人が生きているためなのである。

『概要』第一章の後半では、無意識の象徴構造を対象に行われる無意識の象徴労働が、カビール族における婚姻をめぐる実践のフィールドワークにもとづき考察される。

カビール族における婚姻は、現地人のインフォーマント（情報提供者）によれば「父方平行イトコ婚」という象徴的規則に従ったものとされる[10]。それに対し、ブルデューは、婚姻をめぐる象徴的規則が機械的に実行されるのではなく、物質的・象徴的利益を最大化するために戦略的に使いこなされること、そして、日常的に行われているこのような「婚姻戦略」が、それを行っている当人たちには「誤認」されていることを示す。つまり、行為者が象徴的規則に従うのは、そうすることによって獲得される象徴的利益が、そうしないことによって温存される物質的利益より大きいと判断されたときだけなのである。しかも、この判断の全過程は、行為者の無意識のうちに進行するか、少なくとも、インフォーマントによって観察者に語られうる公認の言説には表れない非公式的なレベルで進行する[11]。象徴的規則に従うことがたんなる時間や物質的資本の消費ではなく、象徴資本を獲得する象徴労働でもあることが明らかにされていなければ、このような認識はとうてい不可能であったはずである。

ブルデューによる構造主義の批判は次のように要約される。

構造主義的伝統が、経済的要因に対して多かれ少なかれ完全な自律性と、それに伴う完全に近い内的整合性を持つと見なす親族の論理的関係（＝父方平行イトコ婚という象徴構造―引用者）は、実際は、行為者によって公式・非公式な用途に用いられることを通して、そしてそのためにのみ存在する。それらの関係を機能する状態に維持し……集中的に機能させることに対する行為者の努力は、それが彼らにとって不可欠な機能を現実に、または潜在的に果たす度合いにつれて上昇する。曖昧さをなくすなら、それらの関係が行為者にとって不可欠な物質的・象徴的利益を実際に、または潜在的に満足する度合いに応じているのだ。[Bourdieu 1972＝1977：38][12]

象徴構造は「行為者によって公式・非公式な用途に用いられることを通して、そしてそのためにのみ存在する」ということ、いいかえれば、象徴構造の規定するところを実行しようとする行為者の努力は、「行為者にとって不可欠な物質的・象徴的利益を実際に、または潜在的に満足する度合いに応じて」[ibid：38] いるということは、構造主義とブルデューの実践理論の転換点を示すものである。

つまり、構造主義的認識論のもとでは行為を一方的に制限する規則とされていた象徴構造は、ここに至って、行為者によって一方的に利用される限りにおいてのみ存在する資源へと転換されるのである。行為者が象徴構造を利用するさいの目的はただひとつ、利益の追求であり、この目的のためにのみ存在する象徴構造は、利益の追求にいかなる制限も課すことはないのである。実践を規定する要因は、象徴構造から利益へと完全に入れ替わったといえるだろう。この入れ替えを、ブルデューは「規則から戦略へ」と簡潔に表現する。

1―4　ハビトゥスと歴史

『概要』第一章では、実践を規定する要因が象徴構造から利益へと入れ替えられた。だがこれは、象徴構造の決定論が克服されることであると同時に、利益の決定論に陥る危険性が生じることでもある。

なぜなら、すべての行為が利益を最大化するという前提のもとでは、いったん追求されるべき利益の全体像が構築されてしまったならば、すべての行為は、この構造の機械的な実行として、決定論的に認識されるほかなくなってしまうからである。これを回避するひとつの方法として、モースにおけるように個々の行為者の主観的意識を重視し、レヴィ=ストロースがしてしまったように主観的断片を全体化しないことが考えられる。

だが、ブルデューにしてみれば、追求されるべき利益が行為者の主観的認識によって捉えられることはありえないはずである。なぜなら、行為者は象徴構造を誤認しており、また、象徴構造を資源として何かを獲得しようとしているこども、ドクタ・イグノランティア（学習された無知）のために知らないからである。個々の行為者の主観的認識に利益が表れないとき、観察者は、複数の行為者の主観的認識の断片を集めて、足りない部分を補うことで、客観的構造として利益を認識するほかないだろう。

したがって、ブルデューには、利益を客観的構造として認識しつつも、利益の決定論を回避するという難題が課せられていることになる。これは、第一章で実践を象徴構造の決定論から解放したことの代償であるといえるだろう。だが、ブルデューは第二章以降でこの課題を解決しようとする。すなわち、ハビトゥスと客観的状況という独創的な概念のセットを提出することで利益の構造を相対化し、それによって利益を志向する実践を決定論から救い出そうとするのである。実践を認識するための概念装置の全体像について、ブルデューは次のように述べる。

「規則」に頼る（ことで実践を認識する―引用者）必要性を排除するためには、それぞれの場合において、社会的に構成された認知的・動機的構造としてのハビトゥスと、それによって行為者にとっての利益が定義され、さらに、行為者の実践の客観的機能と主観的動機も定義されるところの社会的に構成された状況の間の関係についての完全な記述が必要である。これが行われたなら……法的あるいは慣習的な規則は、実践を決定するうえで、第一の原理である利益が不可能になったときに介入する二次的な原理にすぎないことが明らかになるだろう。[ibid: 76]

実践は、「社会的に構成された認知的・動機的構造としてのハビトゥス」と、「それによって行為者にとっての利益が定義され、さらに、行為者の実践の客観的機能と主観的動機も定義されるところの社会的に構成された状況」という二つの構造の関係性として記述される。レヴィ＝ストロースの構造主義は実践を単一の構造によって記述していたのに対し、ブルデューは二つの構造の相関において実践を記述するのである。

ただし、ハビトゥスと状況は、相互にまったく異質な構造ではなく、共通の構造から派生した構造である。そして、共通の構造からの派生という事実が、実践においてハビトゥスと状況がそれぞれどのような特徴を発揮するかを規定することになる。

最初に、ハビトゥスの派生を考察することにしたい。ハビトゥスが最初に紹介されるのは第二章第一節の冒頭であるが、そこにおいてすでに、ハビトゥスの生成過程と実践におけるハビトゥスの性格が不可分のものとして描かれている。ブルデューは次のように述べる。

特定の環境を構成する構造……は、ハ・ビ・ト・ゥ・ス・を生産する。それは持続的で、転調可能なディスポジションのシステムであり、構造化する構造として、つまり、いかなる意味でも規則に従った結果ではないにもかかわらず、客観的に「規則化」されていて「規則的」な実践や表象の生成と構造化の原理として、機能するようにあらかじめ傾向づけられた構造化された構造である。［ibid：72］

「持続的で、転調可能なディスポジションのシステム」としてのハビトゥスは、「規則的」な実践が生成できるよう、「特定の環境を構成する構造」によってあらかじめ「規則化」されているのである〈13〉。だが、ここでいう「規則的」・「規則化」とは、規則に従うことなき「規則的」・「規則化」である。この意味は、ハビトゥスが生成される過程をより詳しく考察することで明らかになる。ブルデューは次のように述べる。

厳密な計算の規則に則って実験のたびごとに修正される科学的推測とは異なり、実践的な推測は、初期の経験を不相応に重視する。特定の存在の条件に特徴的な構造は……ハビトゥスの構造を生産し、それがそれ以降のすべての経験における認識と評価の基礎になる。［ibid：78］

ハビトゥスは、行為者の置かれた状況の変化に応じて臨機応変に変化するのではなく、行為者の「初期の経験」が刷り込まれているためにこれを「不相応に重視」する、持続的なものなのである。このような、状況の変化に対するハビトゥスの変化の時間的な遅れこそ、ハビトゥスの規則性の正体である。

ブルデューはこの現象を「ヒステレシス効果」[ibid: 78]と呼び、これをハビトゥスに備わっているディスポジション(disposition, 傾向)の「持続性」によって説明する。ディスポジションについて、ブルデューは次のように述べる。〈14〉

客観的条件によって持続的に教え込まれたディスポジション……は、それらの客観的必要性に客観的に対応した努力と実践を生み出し、もっとも実現可能性の低い実践は、考えられないものとしてまったく考慮されずにか、もしくは、行為者に必要から美徳を創り出させること、つまり、どのみち拒否するほかないものを拒否することによって不可避なものを愛すること、によって排除される。[ibid: 77]

ディスポジションとは、行為者が実践によって獲得すべき利益を行為者の無意識のうちに特定したうえで、それを獲得すべく実践を生成するものである。だが、獲得される可能性がきわめて低い利益については、それを求めるディスポジションが形成されない。そのため、そのような利益がたとえ客観的に存在していても、それは行為者にとって「考えられないもの」にとどまるか、あるいは、「二重の否定」の対象になるのである。このように、あらかじめ思考から排除され、自明の前提とされた領域を、ブルデューは「ドクサ」[ibid: 164]と呼ぶ。

すべての確立された秩序は……みずからの恣意性の自然化を生産する傾向がある。この効果を生み出す傾向のあるすべてのメカニズムのなかで、もっとも重要でありもっとも巧妙に隠蔽されているのは、疑いなく、客観的可能性と行為者の努力の弁証法であり、そこから、境界感覚が生ずる。それは、通常、現実感覚と呼ばれるところもの、つまり、客観的階級と内面化された階級、社会的構造と心理的構造の対応である。それは、行為者を確立された秩序に固執させるもっとも根絶しがたい基盤になる。[ibid: 164]

したがって、ハビトゥスのディスポジションは、行為者にとってのすべての客観的な利益のなかから、行為者が実践を生成するうえで直接関与すべき利益を抽出する一種のフィルターの役割を果たすといえる。日常的な表現を用いるなら、ディスポジションの働きによって、行為者はたとえ客観的な利益を前にしていても、「見れども見えず」の状態に陥るかもしれず、あるいは、客観的な利益について「あのぶどうは酸っぱい」と思い込むことになるかもしれないのである。

このように、全面的に状況被規定的なハビトゥスを行為者に認めたなら、行為に戦略性と無意識性を同時に帰属させることが可能になる。すなわち、行為者のハビトゥスにとっての利益は状況によって定義されているため、行為者は利益を最大化すべく戦略的に行為するさいにも意識的に利益を特定する必要はない。また、特定の行為の客観的機能と主観的動機はともに状況によって定義されているため、行為者は自分の行為がどれほどの戦略的な有効性を持つかを意識的に計算する余地もなければ、この計算の結果にもとづいて動機づけが強化されたり減少したりする余地もない。したがって、行為者は自分が何を行っているかまったく意識せずに、利益を獲得するため戦略的に行為することができるのである。ブルデューは行為者の無意識の起源がハビトゥスにあることを、次のように述べる。

> 「無意識」とは、歴史が生み出す客観的構造をハビトゥスの第二の自然のなかに組み入れることで、歴史それ自体が創り出す歴史の忘却にほかならない。[ibid：78–79]

1―5　身体化と客観化の弁証法

ヒステレシス効果あるいはディスポジションの持続性を認めることで、観察者はハビトゥスの生成する実践に客観的な傾向を認めることができるようになる。ブルデューは次のように述べる。

持続的なものとして形成された、規則化された即興の生成原理としてのハビトゥスは、それを構成する認知的・動機的構造によって規定される状況の客観的可能性の要求に合わせつつ実践を生成するが、これらの実践は、その生成原理が形成されたさいの客観的条件における規則性を再生産する傾向のある実践である。[ibid: 78]

ハビトゥスの生成する実践が、そのハビトゥスが形成された当初の「客観的条件における規則性」を「再生産する傾向」を持つことを観察者が予測できるのは、ハビトゥスのヒステレシス効果が過去に遡れるように、未来にも延長できるからである。

したがって、特定の行為者のハビトゥスが形成された当時に、この行為者がどれだけの物質的資本と象徴資本を持っていたかを客観的に認識することで、その行為者の実践の傾向と将来における資本の状態を予測することができる。たとえば、物質的資本を大量に持ち、象徴資本の少ない行為者は、贈与交換において返礼のタイミングを多少間違えても失うものは少ない。そのため、この行為者には返礼のタイミングに気を遣わないディスポジションが形成されるだろう。逆に、象徴資本を大量に持ち、物質的資本の少ない行為者は、返礼のタイミングによっては持てる資本の多くを失ってしまう。そのため、この行為者には返礼のタイミングに細心の注意を払うディスポジションが形成されるはずである。いずれの場合にも、行為者に形成されたディスポジションは行為者の持っていた資本の割合を再生産すべく機能するのである。また、象徴資本も物質的資本も少ない行為者は、返礼のタイミングに配慮するだけの時間の余裕も、返礼そのものを可能にするだけの財力も欠いているため、贈与交換によって資本を増加させる望みはほとんどない。その結果、この行為者の資本は少ないままにとどまるだろう。

このように、たとえハビトゥスの生成する実践が象徴的・物質的資本を最大化するような戦略性を備えていても、戦略そのものが持てる資本の性質と量の関数であるために、その実践はハビトゥスが形成された時点に存在していたとおりの資本の状態を再生産する可能性が高いのである。

ただし、先の引用部分における「その生成原理が形成されたさいの客観的条件における規則性を再生産する傾向（強調は引用者）」という表現に注意する必要がある。そこには、ハビトゥスの生成する実践が、それ自身の形成された当初の客観的条件を変化させてしまう可能性が留保されているからである。つまり、環境を共有する行為者どうしの贈与交換であってもつねに成立するわけではないように、環境を共有するハビトゥスもまったく同一というわけではなく、ハビトゥスのヒステレシス効果も絶対的なものではないのである。ブルデューは次のように述べる。

実践の客観的調和と世界観の共有は個々の実践や世界観の完全な非人格性と互換性によって根拠づけることが可能である。しかし、これは同一の図式から生産されたすべての実践や表象を非人間的で代替可能と考えることにはならない。実際は、同一の階級内の異なる成員たちの個々のハビトゥスは、相同性の関係つまり、均一性のなかの多様性の関係として統一されるのだ。……個人の歴史は彼の属する集団または階級の集合的歴史の、ある特定化にすぎないので、個々の個人的なディスポジションのシステムはその個人を取り囲む集団または階級のハビトゥスの構造的ヴァリアントと見なすことができる。

[ibid：86]

ハビトゥスの形成、すなわち、「規則化」あるいは「構造化」は客観的構造によって行われるが、そこには「均一性のなかの多様性」を認めることができる。なぜなら、客観的構造によって直接的に規則化されるのは、実際に実践を生成する個人的ハビトゥスではなく、集合的ハビトゥスだからである。そして、個人的ハビトゥスは集合的ハビトゥスの「構造的ヴァリアント」であるため、「均一性のなかの多様性」を認めることができるのである。

ブルデューはまた、ハビトゥスが形成された当初の客観的状況と、ハビトゥスが実践を生成する時点における行為者にとっての客観的な利益を定義する状況を区別する。

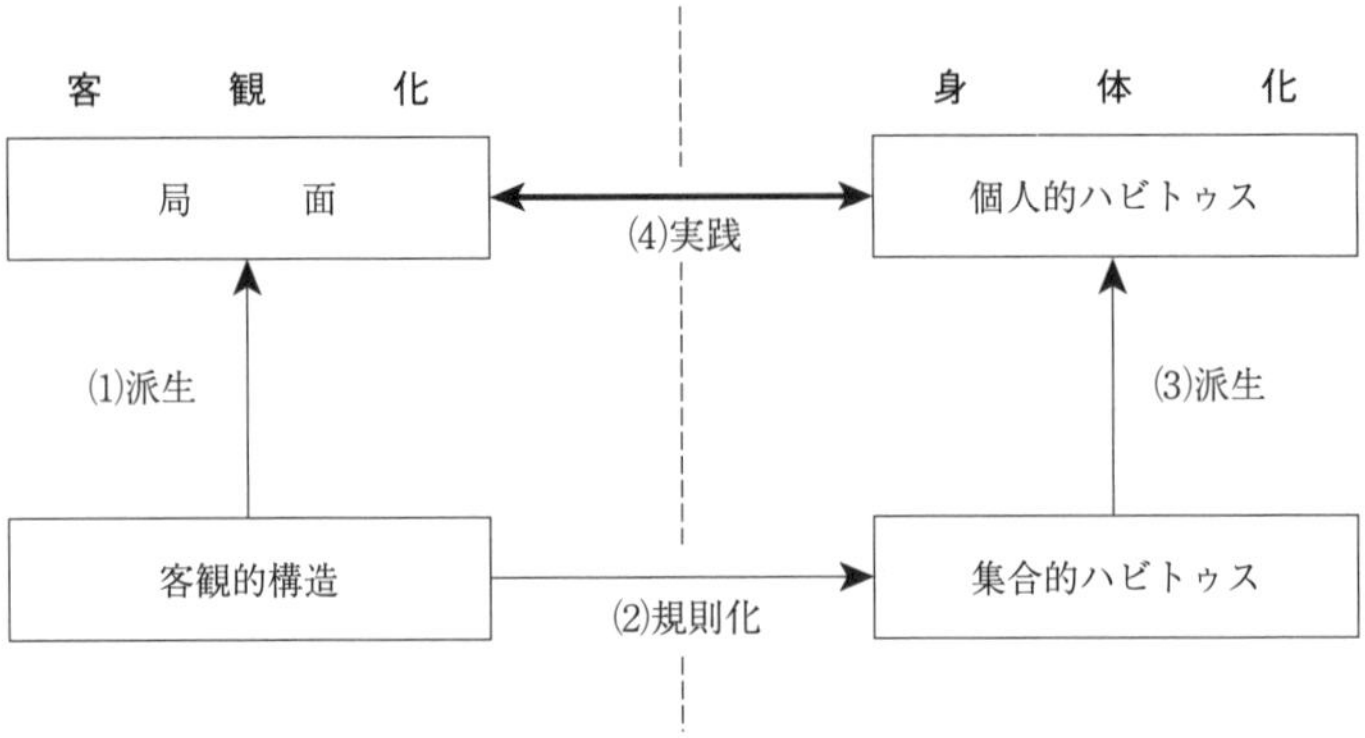

図1　客観的構造と構造的ヴァリアント

客観的構造（ハビトゥスを取り巻く状況を規定する社会的条件）からは、一方で、(1)その構造的ヴァリアントとしての局面が派生し、他方で、(2)その規則性を再生産する傾向のある集合的ハビトゥスが規則化される。さらに、集合的ハビトゥスからは、(3)その構造的ヴァリアントとしての個人的ハビトゥスが派生する。そのため、(4)実践とは、局面と個人的ハビトゥスの弁証法として記述されることになる。

実践は、ハビトゥスを形成した社会的条件を規定する客観的構造と、このハビトゥスが作用するときの条件、つまり、この構造の根本的な変化を除くが、特定の状態を表象する局面、を連関させることによってしか説明できない。［ibid: 78］

こうして、ブルデューは実践を、集合的ハビトゥスと「客観的構造」の関係にではなく、個人的ハビトゥスと「局面」の関係に定位することで、実践に「身体化と客観化の弁証法」を認めるのである。[15]

個人的ハビトゥスと局面は、ともに同じ客観的構造に起源を持つ。だが、それぞれが客観的構造に直接規定されるのではなく、客観的構造の構造的ヴァリアントであるため、実践の場では、個人的ハビトゥスと局面は予定調和的に一致するとは限らない。そのため、実践は個人的ハビトゥスあるいは局面のいずれかによって決定されたものとして記述されるのではなく、両者の弁証法的関係として記述されねばならないのである。これを図示すると図1のようになる。

こうして、ブルデューは、単一の客観的構造を認識するのみならず、そこから派生した三つの構造をも認識することで、客観的構造の決定論を回避しているといえる。決定論的な実践のかわりに認識されるのは、ハビトゥスと局面の弁証法的関係としての実践である。〈16〉

これまでの考察で、ブルデューの実践理論の全体像と、そのなかでハビトゥスの占める位置が解明されたといえる。ハビトゥスとは、象徴構造の規定するところの行為を実行するタイミングを操作したり、あるいはまったく実行しなかったりすることで、物質的・象徴的資本を最大化する戦略的な実践を無意識のうちに生成する身体的原理なのである。ただし、この戦略は、行為者がすでに所有している物質的・象徴的資本に依存しているため、ハビトゥスがどのような実践を生成する傾向にあるかは、物質的・象徴的資本の分布の客観的構造において行為者が占めている位置に依存していることになる。これはハビトゥスが客観的構造によって厳密に決定されるということではなく、客観的構造の二重の構造的ヴァリアント（客観的構造から派生する集合的ハビトゥスとそこから派生する個人的ハビトゥス）として派生するということである。

1―6　スポーツにおける技の表象

実践理論のもとでは、技の有効性はどのように表象されるのだろうか。潜在的に技の有効性が表象されうる領域として、スポーツを取り上げたい。ブルデューは研究対象としてスポーツを本格的に取り上げることはなかったが、実践理論のスポーツへの応用がどのような成果を生み出しうるかについて、学会報告を二度（'Comment peut-on être sportif ?' 国際スポーツ史学会議（ＨＩＳＰＡ）での基調報告、1978；'Programme pour une sociologie du sport' 実践的教育手法訓練センター（ＣＥＭＥＡ）「身体的生とゲーム」研究グループの報告、1980）行っており、これらはいずれも論文集（Bourdieu, 1980, 2ème ed., 1984＝1991；1987＝1988）に収められている。

実践理論のもとでは、実践は、ハビトゥスと局面の弁証法として分析された。二度の講演においてブルデューは、スポーツ実践も同じ弁証法によって、すなわち、ハビトゥスとスポーツ的局面の弁証法によって分析されうるとする。〈17〉ただし、スポーツ的局面とは実体としての特定のスポーツを指すのではないことに注意せねばならない。なぜなら、ハビトゥスが客観的構造から派生した構造的ヴァリアントであるように、スポーツ的局面も同じ客観的構造から派生した構造的ヴァリアントでなければならないからである。したがって、スポーツ的局面は、客観的構造における物質的・象徴的資本の分布と「相同的」［ibid：281］な、「スポーツ実践の差異的分布」、すなわち、「スポーツ実践の諸々のプログラムとして理解される諸々のスポーツからなる空間」［ibid：281］として分析されねばならない。

この空間を構築することがスポーツ実践を表象するうえで不可欠であることを、ブルデューは次のように述べる。

> スポーツの社会学が形成されるためには、まず第一に、個々のスポーツをスポーツ実践の総体から切り離して分析することはできないということを、自覚しなくてはなりません。諸々のスポーツ実践からなる空間を、その個々の要素が弁別的価値を受けとる一個のシステムとして考える必要があります。別の言い方をするなら、どんなものであれ、一つのスポーツ種目を理解するためには、それがスポーツの空間の中に占める位置を識別する必要があるのです。……こうして構築されたスポーツの空間を、今度はそこに表現されている社会的空間と関係づける必要があります。［Bourdieu 1980, 1987＝1988：273］

ブルデューは、こうして構築された「スポーツの空間」と社会的空間の関係を、需要と供給の関係として理解可能であるとする。すなわち、スポーツの空間において供給される個々のスポーツは、客観的構造に位置を占めるそれぞれのハビトゥスの需要に応えるものとして理解できるのである。

> 私は……それぞれ社会的属性を担った人びとに提供されたスポーツの実行と消費の全体を――つまりラグビーやサッカ

ー、水泳、陸上競技からテニスやゴルフにいたるまでのすべてを――何らかの社会的需要に応えるために用意されたある供給としてかんがえてみたいと思います。［Bourdieu 1978＝1991：245］

ブルデューは、需要と供給の関係の具体例として、「レスリングと民衆階級の成員たち、もしくは合気道と新・小ブルジョワジーとの間に確立している特権的な関係」について、次のように述べる。

　レスリングの場合、組み打ちが重要な位置を占める……ところから、手強い直接の肉体的接触というものが出て来ますが、一方、合気道においては、接触は瞬間的で距離をおいており、寝技は存在しない、ということになります。こうして、レスリングと合気道の対立というものの意味は、きわめて容易に理解されてしまうわけですが、それと言うのも、「地面すれすれ（野卑な）」、「男性的」、「組み打ち（肉体対肉体）」、「直接的」等々と、「空中の」、「軽やか」、「距離をおいた」、「優美な」といったものとの対立は、スポーツの領域を越え、二つの格闘技の対立関係というものを越えているからです。ようするに、より好みの体系の中で決定力を振るう要素というのが、この場合では、肉体への関わり方、肉体の接触への関わり方であり、それが社会的地位、および社会的出身に基づく物理的・社会的世界の経験に結びついているわけです。こうした肉体への関わり方は、世界への関わり方の全体と連動します。卓越化（distinction，弁別―引用者）を志向するスポーツ実践とは、やはり相手の間に距離をおいた関わり方を保証するような実践でもあり、また、暴力が婉曲化され、形式と形態が力や機能に勝るがゆえに、審美化された実践でもあるわけです。社会的距離は、スポーツの論理の中にまことに見事に訳し直されて姿を現わします。［Bourdieu 1980，1987＝1988：274］

合気道の実践を捉えるためには、合気道という種目だけではなく、たとえば合気道とレスリングという二つの異なった種目を比較することでスポーツ空間を構築せねばならないのである。この空間のなかで、合気道のレスリングに対する関係は、「地面すれすれ（野卑な）」に対する「空中の」・「男性的」に対する「軽やか」・「組み打ち（肉体対肉体）」に対する「距離をおいた」・「直接的」に対する「優美な」など、様々な弁別的価値によって表現されることになる。合気道の実践とは、これらの弁別的価値によってみずからを弁別すること、すなわち、「卓越化」(＝弁別)を志向し実現することにほかならない。

しかし、このようなスポーツ実践の分析は、スポーツ実践における技の有効性を表象しているとはいえない。それは、次の二つの理由による。

第一に、このような表象が、現実のレスリングや合気道の技を過度に単純化しており、これらを正確に反映していないためである。たとえば、レスリングでは相手と距離をとっている時間は相対的に短いが、この間にフェイントをかけて一瞬のうちに相手の後ろに回り込むことが、組み打ちや寝技を有利に運ぶうえできわめて重要である。そのため、レスリングでは組み打ちや寝技が距離をとった技よりも重要であると一概にいうことはできない。他方、合気道では一瞬の投げ技のみならず、相手の関節を固めたり相手を床に押さえ込んだりする技が多数ある。また、投げ技においても、腰が引けていると技がかからないため、相手の懐に入り込んで技をかけるよう指導されることが多い。これは、合気道の技が必ずしも肉体どうしの距離のみによって特徴づけられるわけではないことを意味する。

だが、このような批判はブルデューに公平ではない。前掲の引用はレスリングと合気道の本格的な分析としてではなく、あくまで実践理論の応用の一例として提示されているにすぎないからである。この分析が登場する講演自体も、「スポーツ社会学のための計画表」と名付けられており、スポーツ社会学の本格的な実践をうたってはいない。

そのうえ、ブルデューはスポーツの本格的な分析のためには、スポーツ種目どうしを比較してスポーツ空間を構築するのみならず、特定のスポーツ種目を実践する複数のスタイルどうしを比較して、より精密なスポーツ空間を構築することが必要であるとしている。たとえば、ブルデューによれば、スキーの分析は、山スキー、ゲレンデスキー、ゲレンデを外れたスキーなどのスタイルどうしの比較によってはじめて可能になる。そのため、レスリングや合気道の様々なスタイルや流派、さらには、個別の教室や道場ごとの技の特徴をより正確に反映した分析の可能性は開かれているのである。

だが、実践理論によるスポーツ実践の分析が技の有効性を表象できないことには、第二の、より本質的な理由が存在する。それは、スポーツどうしを比較することで構築されたスポーツ空間のなかでは、スポーツの技の有効性も弁別的価値に還元されてしまうからである。たとえば、レスリングにおける寝技が「空中の」に対する「地面すれすれ（野卑な）」として表象されたとき、この技が柔道の寝技と比較してどれほど有効か、あるいは、試合で勝つうえでどれほど有効かは表象できない。同様に、合気道における投げ技が「地面すれすれ（野卑な）」に対する「空中の」として表象されたとき、この技が柔道の投げ技と比較してどれほど有効か、護身術としてどれほど有効か、あるいは、精神の修養にどれほど有効かは表象できない。レスリングや合気道のスタイルをどれほど細かく分けてスポーツ空間を構築しようとも、事情は本質的には変わらないはずである。スポーツ空間は、潜在的に多様な表象を許す技の有効性を、特定の弁別的価値としての有効性に還元してしまうといえる。

スポーツの技の有効性が弁別的価値に還元されたとき、弁別的ではない有効性は真の有効性ではないものとして、いいかえれば、本来的に恣意的なものとして表象される。これは、ブルデューの次の記述からうかがえる。

> あらゆるスポーツは、「身体的」素質や肉体的能力だけを要求するものですし、この素質や能力を若いうちから身に付けるための条件は、どのスポーツにもほとんど同じぐらい整っているものですが、どのスポーツでも、まずは自由時間のゆとりがある限り、そして第二に、使える身体的エネルギーがある限り、ひとしくやってみることができるという点では、当然ながら皆同じはずです。［Bourdieu 1978＝1991：245］

「自由時間のゆとり」と「使える身体的エネルギー」という最低条件さえ満たせば、あらゆるスポーツと身体の関係は、恣意的なのである。この恣意性は、フェルディナン・ド・ソシュールのいう「縦の恣意性」であり、これを前提としてはじめてスポーツ空間はスポーツどうしの純粋な差異の体系として描くことができる。ブルデューは、スポーツの技の有効性を他のスポーツの技との弁別的価値に還元したことの論理的要請に従って、スポーツにおける技と身体の関係を恣意的なものとして、つまり、技の身体に対する有効性を事実上無視できるものとして表象したといえる。

だが、スポーツの技の身体に対する有効性は、他のスポーツの技との弁別的価値に還元できるのだろうか。仮に、合気道の技の有効性が、レスリングのみならずボクシングや柔道など様々な格闘技の技の有効性との比較において、さらに、合気道の様々な実践のスタイルの技の有効性との比較において表象されたとしても、それだけでは合気道の技の有効性を十分に表象したことにはならないだろう。たとえば、護身術としての有効性や、精神修養における有効性、健康法としての有効性など、合気道の技は潜在的にきわめて多様な有効性を身体に対して発揮しうるからである。これらの有効性は、スポーツどうしの弁別的差異よりなるスポーツ空間の内部では表象することができないが、にもかかわらず、行為者の主観的な思い込みでもなければ、取るに足らない副次的なものでもない。これらはいずれも、行為者の身体と世界の関係性を変化させ、新たな身体的リアリティを生成する有効性なのである。

一方で、スポーツ的ディスポジションを持ち、スポーツにおける卓越化を志向するハビトゥスとしての技であれ、他方で、この需要に応えるためにスポーツ空間に分布している供給としての技であれ、いずれも、差異の体系における弁別的価値によって——必然的に、身体に対する恣意性によって——特徴づけられる限りでの技であることに変わりはない。したがって、ブルデューのいうスポーツ実践、すなわち、ハビトゥスとスポーツ空間の弁証法とは、身体に対する多様な有効性を捨象された技どうしの弁証法にほかならず、そこに行為者の身体的リアリティの生成や変化は認めるべくもないのである〈18〉。

ブルデューの実践理論でもっとも評価すべき点は、象徴構造の決定論とは一線を画し、実践の理論を打ち立てようとするその基本的な方向性だろう。この方向性に導かれた、規則から戦略への移行、そして、戦略的行為の生成原理としてのハビトゥスと局面の弁証法という精巧な理論枠組みは、きわめて刺激的である。だが、ハビトゥスと局面はともに客観的構造から派生したものとされており、客観的構造はレヴィ=ストロースの象徴構造と同じく、観察者によって構築された客観的な差異の体系にほかならないのである。そのため、スポーツに限らず、実践におけるあらゆる技の有効性が弁別的価値に還元されてしまうことは、実践理論にとって本来的な問題だといえるだろう。

本書は身体的リアリティを変化させられるだけの有効性を持つものとして技を捉えることを目指しているが、それは、ブルデューの方向性を継承し、発展させるものとして位置づけることができる。具体的には、実証編で展開される、技の有効性の微分という視点、そして、客観的構造の同一性の解体という視点によって、構造決定論を乗り越えた実践の理論化を試みる。だが、その詳細に立ち入る前に、ブルデューとは対照的な方法で構造決定論を抜け出そうとした社会学者の理論を検討しておくこととしたい〔19〕。

第2章　エスノメソドロジーにおける実践

身体的実践を分析するうえで有力なパラダイムとして、ブルデューの実践理論と並び称されるのがハロルド・ガーフィンケルのエスノメソドロジーである。ガーフィンケルは、身体的実践そのものに接近するという関心をブルデューと共有するが、その方法として提出するエスノメソドロジーは実践理論と似つかない独自のアプローチである。

それは、端的に、実践にひたすら内在するアプローチである。すなわち、ガーフィンケルは、方法論・先行研究・パラダイムなど、通常は科学的研究に不可欠の条件とされているあらゆる客観的枠組みを排除し、徹底的に実践に内在するアプローチとしてエスノメソドロジーを構築するのである。

その背後には、人間の実践についての独特の認識がある。人間の実践は、固有の解釈の枠組みをそのつど発生させ、意味を創り出しているという認識である。だが、この土着の枠組みは、実践を解釈するための客観的枠組みを外部から持ち込んだとたんに上塗りされ、見えなくなってしまう。だからこそ、エスノメソドロジーはあらゆる客観的枠組みを排除して実践に臨むのである。したがって、エスノメソドロジーはいかなる方法論も持たないし、準拠すべき先行研究もないし、研究のためのパラダイムも存在しない。エスノメソドロジーについては、方法論・先行研究・パラダイムという呼び名は、純粋に便宜的なものとして理解せねばならないのである。

実践に内在するエスノメソドロジーに照らせば、ブルデューの実践理論が技の有効性を表象できなかったのは、その高度に入り組んだ方法論が足枷になっていたことが見えてくる。すなわち、最初に、複数の異なった実践における技を比較し（第一の切断）、次に、そのように構築された供給の空間と、行為者のハビトゥスの位置づけられた需要の空間とを比較する（第二の切断）という方法論に従う限り、実践における技の有効性は弁別的価値に還元されざるをえないからである。

実践の観察された諸断片から客観的構造をいったん構築し、そのあとでそれを相対化しようとする実践理論と異なり、エスノメソドロジーは、そもそも実践を諸断片として観察することはなく、それを集めて客観的構造を構築することもない。そうではなく、実践をその全体性において直接認識しようとするのである。このような直接的認識は、ブルデューが「それ自体の可能性の条件についての問いかけを排除している」［Bourdieu 1972＝1977：3］としていましめるところであるが、彼の方法では技の有効性を表象できない以上、別の方法を試すことに躊躇する必要はないだろう。だが、結論を先取りすれば、エスノメソドロジーは実践が静態的な意味の網目で覆われているという前提に立っているため、技の有効性を表象できないのである。

2－1　ガーフィンケルの思想の軌跡

ガーフィンケルの最初に出版された著作は、「カラートラブル」（'Color Trouble,' 1940）という小説である。それ以来、エスノメソドロジーの名を一躍有名にした『エスノメソドロジー研究』（*Studies in Ethnomethodology*, 1967）を経て、最近出版されたばかりの『エスノメソドロジーのプログラム――デュルケムのアフォリズムを展開する――』（*Ethnometh-*

odology's Program: Working Out Durkheim's Aphorism, 2003）に至るまでの数多くの著作を通して、ガーフィンケルの立場は驚くほど整合的で、基本的には変わっていないが、多少の緩やかな変化も認められる。それはおおまかに、「解釈的エスノメソドロジー」から「記述的エスノメソドロジー」への変化と呼ぶことができる。[20]

本章は、ガーフィンケルの思想の熟成という点からのみならず、もっとも実践に肉薄しているという点で、二〇〇三年の著作におけるエスノメソドロジーを検討したい。だがその前に、ガーフィンケルの思想の軌跡を概略的に辿り、本章でいう解釈的エスノメソドロジーと記述的エスノメソドロジーの相違点を示しておくことにする。

最初期のガーフィンケルの立場は、一九四〇年の「カラートラブル」にうかがうことができる。浜日出男の指摘するように、これは学術論文ではなく小説であり、また、エスノメソドロジーという名前も登場しないにもかかわらず、その後エスノメソドロジーの名のもとに展開されることになる基本テーマが鮮明に描き出されている［浜 1998］。小説のあらすじを、浜の整理に従って要約すれば次のようになる。

ワシントンDCからノースカロライナ州に向かう長距離バスが、バージニア州のある町に到着したとき、黒人女性とその同伴者の黒人男性が白人席のすぐ後ろの空席に移動した。バージニア州法の人種隔離法によれば、黒人はバスの後ろの空席から順に着席せねばならないことになっていたため、白人男性の運転手は女性に席を移動するよう促す。だが、女性は様々な理由を述べて移動を拒否する。バスに空席はたくさんあること、自分は憲法で自由を保障されたアメリカ市民であること、しかも、病気であり、後ろの座席は故障していることなどである。運転手は、自分が法律に従った日常的業務として移動することを要求しているだけだと反論する。双方は一歩も引かず、他の乗客は静かに成り行きを見守っている。運転手はバスを降りて詰め所に戻り、警官二人を連れてくる。警官は女性を説得しようとするが、女性は泣き出してしまう。警官は二人を逮捕することをあきらめ、バスを降りる。運転手は女性に、同伴者と一緒に一列だけ座席を下がるという妥協案を示す。

女性はそれを受け入れるが、かわりに、これまでのことを謝罪するよう運転手に要求する。運転手は憤慨し、バスを降りて警官たちを再び連れてくる。警官たちは女性とその同伴者を逮捕し、バスから降ろしてパトカーで連行する。

浜の指摘するように、この小説におけるエスノメソドロジー的な核心は、黒人女性と運転手の対立が、「利害の対立」としてではなく、「知覚の対立」として描かれていることである［浜 1998：32］。これは、小説のメタ・ナラティヴという形をとって、ガーフィンケル自身が解説しているところである。すなわち、一方で、合衆国憲法を「解釈図式」とした黒人女性は、この事件を「自由な市民の権利と特権」の否定と見なす。他方、バージニア州の人種隔離法を「解釈図式」とした運転手は、この事件を「カラートラブル」、つまり、黒人が起こすいざこざによる日常的業務への支障と見なす。黒人女性と運転手は、それぞれ、合衆国憲法と人種隔離法という異なった解釈図式に明示的・暗黙的に言及することで、刻々と変化する状況のなかで意味を創り出しているのである［Garfinkel 1940＝1998：28］。

だが、この小説に登場する限りの解釈図式の概念は、行為者に内面化された心理的な図式であるかのような印象を拭いきれない。もし、このような図式の適用によって実践の意味が知覚されると考えるならば、実践の意味の源泉は実践そのものにではなく、この図式にもとづく状況の心理的な解釈過程に求めねばならなくなる。

実践の意味を内面的・心理的な解釈過程に求める点で、一九四〇年におけるガーフィンケルはいまだ実践そのものに内在しきれていないといえる。このようなエスノメソドロジーのありかたを、「解釈的エスノメソドロジー」と呼ぶことにする。

ガーフィンケルが一九四五年に創造した「エスノメソッド（ethnomethod）」の概念、そしてその学としての「エスノメソドロジー（ethnomethodology）」の概念は、彼がもはや行為者の内面性に依存した説明に頼る必要がなくなったことを示すものである。なぜなら、エスノメソッドとは、行為者が実践そのもののなかに意味を創り出す方法にほかならないからである。この概念は、解釈図式の概念が要請したような内面的・心理的な契機を完全に排除したうえでなお、実践における意味創出を捉えうる点で画期的である。

だが、ガーフィンケルが内面性の呪縛から完全に逃れるには、いましばらく時間が必要だった。それをうかがわせるのが、一九六四年の論文「日常活動の基盤——当り前を見る——」('Studies of the Routine Grounds of Everyday Activities') において、ガーフィンケルがエスノメソドロジーの立場を明らかにするさいの記述である。

> 多くの研究者で次のような知見が示されている。つまり、共通理解が社会的に標準化されているので、その標準化の内容がなんであれ、この事実ゆえに、成員たちはその場その場の出来事に応じて行為することができるようになる。……しかし、一般的に言って、社会科学者たちは、次の事実をたしかに認めてはいるものの、つねに軽んじてきた。つまり、成員たちは、他ならぬこの行為をするといったことにより、まさに当の標準化を発見・生成・保持するのだとの事実である。このことを無視してしまうならば、社会科学者は、成員の安定した行為の性格やその条件を見誤ることになる。現に、彼らはそのような見誤りを招いており、その結果、社会の成員を、文化的もしくは心理学的な、あるいは両方の判断力喪失者 (judgmental dope) と見なしているのである。[Garfinkel 1964＝1995: 76]

ここでは、人々がエスノメソッドを用いて実践の意味をたえず創出していることが、多くの社会学者によって見逃されていることが批判されている。すなわち、多くの社会学者は、「共通了解」が「標準化」されていること、すなわち、複数の行為者間で共通の価値や規範が内面化されていることが社会秩序の成立にとって不可欠であることを認めている。だが、この標準化は、社会学者によって読み込まれるまでもなく、社会の成員たち自身によって、「行為をする」ことを通してたえず「発見・生成・保持」されるのである。

ただし、エスノメソッドによって標準化された共通理解は、実践そのものの意味ではないことに注意せねばならない。

「その場その場の出来事に応じて行為」するためには、行為者は、内面的な共通理解に照らしてその場その場の状況を解釈せねばならないからである。この点で、一九六四年におけるガーフィンケルも、実践そのものに内在しているとはいえない。

二〇〇三年の著作『エスノメソドロジーのプログラム――デュルケムのアフォリズムを展開する――』では、ガーフィンケルが完全に解釈的エスノメソドロジーから抜け出したことがうかがえる。そこでは、人々のエスノメソッドは、内面的な共通理解を標準化するための方法ではなく、実践そのものに内在する自明性を、いかなる解釈作業もなしに直接的に現実化するための方法であるとされる。また、社会科学者の方法論は、それが共通理解を行為者の頭越しに標準化してしまうために批判されるのではなく、実践そのものに内在する自明性を行為者の頭越しに上塗りしてしまうために批判される〈21〉。

次節以下では、ガーフィンケルの現在までの到達点である記述的エスノメソドロジーを詳しく検討したい。煩雑さを避けるため、これより、「記述的エスノメソドロジー」を、たんに「エスノメソドロジー」と表記することにする。

2―2　土着の秩序の不滅性と固有性

エスノメソドロジーの第一の特徴として、通常の社会学的立場におけるような方法論を持たないことがあげられる。なぜなら、エスノメソドロジーの実践とは、特定の方法論に則った研究、つまり「形式的分析（formal analysis, FA）」からこぼれ落ちてしまうものを特定し、記述することだからである。したがって、エスノメソドロジーは方法論によって特徴づけられるのではなく、ちょうど連字符社会学のように、研究対象によって特徴づけられる。だが、連字符社会学が特定の限定された実践を対象とするのに対し、エスノメソドロジーは形式的分析の及びうる範囲のすべての実践を対象とする。なぜなら、形式的分析は、それがなんらかの方法論に則った考察である限り、つねに対象とする実践から何かを取り逃がさざるをえないからである。

形式的分析は、厳密に定義された概念や、それらを組み立てた理論、さらに、これらの概念や理論の用い方に関する方法論に従って、実践に抽象的レベルの秩序を与える。これは、実践の具体的レベルの多様性のなかには秩序が存在しない（there is no order in the plenum）ことを前提としている。

世界的な社会科学ムーブメントとそれによって蓄積された文献のコーパスによれば、事物の具体性のうちに秩序は存在しない。社会科学ムーブメントの研究の企図は、一見して絶望的な、状況依存的かつ圧倒的な量の日常的活動のディテール……によってたえず打ち負かされる。これに対抗するために、社会科学は形式的分析のポリシーと方法を生み出した。これらは、通常の活動の具体的ディテールを、分析装置とこれらの分析装置の適用可能性を保証する方法論のディテールとして規定し直す。それらは日常的活動の状況依存性を規定し直し、分析的レベルで秩序を提示する。［Garfinkel 2003：95］

だが、ガーフィンケルによれば、実践とは、概念・理論・方法によって抽象的レベルで秩序化される以前から、その当事者によって具体的レベルで秩序化されている。実践のただなかの行為者が、その実践が何についての実践か、実践によって自分や相手が何をしようとしているか、等々を微細なディテールにわたってつねに秩序づけることなしには、実践そのものが成立しないはずだからである。

日常生活のもっとも平凡な諸活動には、その完全な具体性において――つまり、実体的で、秩序だった現象的なディテールの、進行しつつ、手続き的に、しかも、一般性を失うことなしに実行される整合性において――秩序が存在する。そして、これらはすべて自明性のうちに行われるのである。［ibid：96］

このような実践の「土着の秩序（autochthonous order）」あるいは「秩序*（order*）」は、社会学者みずからが社会学の方法論を用いて実践を抽象的レベルで秩序化してしまったなら、上塗りされ見えなくなってしまう。この土着の秩序を記述するためにこそ、エスノメソドロジーは固有の方法論を持たないのである。

したがって、エスノメソドロジーの対象は、形式的分析が特定の方法論に依拠しているというその事実からして不可避的に分析から取り逃がしてしまう「より以上の何か（what more）」［ibid：125］である。それはまた、方法論によって構成された抽象的レベルの一般化された実践ではなく、その実践をその実践たらしめている「個性原理（haecceity）」［ibid：99］である。

以上の整理を踏まえるなら、エスノメソドロジーは方法論を持たないため科学的ではない、という批判は当たっていないことになる。なぜなら、エスノメソドロジーは方法論を持たないことによってはじめて見えてくる個性原理を対象とするからである。

また、エスノメソドロジーはミクロの相互作用における主観的意味に拘泥するだけで、マクロ構造によるミクロの相互作用への客観的な制約を捉えることができない、という批判も当たっていない（このような批判を行う論客の一人としてブルデューをあげることができる）。なぜなら、マクロ構造とは科学的方法論によって構築された抽象的レベルの秩序において位置を占めるにすぎず、実践における具体的レベルの秩序においてはそれ自体としてはどこにも位置を占めないからである。

したがって、エスノメソドロジーの立場からすれば、マクロ構造が具体的レベルの秩序においてどのような「より以上の何か」を呈するかは問題になっても、マクロ構造が具体的レベルの秩序をどのように制約するかは問題にならない。同様に、社会構造の科学的認識と主観的意味の認識の対立は、科学的客観性としての社会構造が実践において呈する「より以上の何か」の経験的な特定・記述の問題へと回収されるのである。

個性原理を追求するためには、エスノメソドロジストは社会学の方法論的関心のみならず、理論的関心、自然科学的客観性への関心など、当事者のものではない関心をいっさい排除せねばならない。ガーフィンケルはこのような態度を、「エスノメソドロジー的無関心（ethnomethodological indifference）」［ibid：170］と呼ぶ。

だが、エスノメソドロジー的無関心は、エスノメソドロジストが実践の土着の秩序を捉えるための必要条件であるとはいえ、十分条件ではない。実践の当事者と同様に土着の秩序とかかわるためには、エスノメソドロジストはたんに当事者に由来しない関心を放棄するのみならず、当事者の関心を積極的に身に付けることが必要なのである。これを、「独特の様式への適合性要件（unique adequacy requirement）」［ibid：175］と呼ぶ。この要件（煩雑さを避けるため、これ以降はたんに「適合性要件」と呼ぶことにする）のために、ある実践を調査するエスノメソドロジストはしばしば、調査以前にその実践に長期にわたって参加し、当事者と同様の能力を習得せねばならない。

土着の秩序は実践の当事者たちが協働して創り上げるものであるが、にもかかわらず、その場限りの不安定で流動的なものではなく、「不滅かつ平凡な社会（immortal, ordinary society）」［ibid：91］をなしている。そのため、土着の秩序に目を向けたなら、それが当事者たちによってそのつどアドホックに達成されているのではなく、特定の反復可能な方法、つまり、エスノメソッドに則って達成されていることが発見されるはずである。したがって、実践の土着の秩序を記述することは、特定の反復可能な方法としてのエスノメソッドを記述することに等しいのである。

では、なぜ土着の秩序がつねに不滅かつ平凡な社会をなしているといえるのだろうか。ガーフィンケルは、ロサンゼルスのハイウェイの車の流れを例にとる。ドライバーたちはまったく日常的な能力をもって、その場に固有の車の流れを、なめらかに、目立たずに、しかも、微細なディテールにわたって協働的に創り上げている。彼らはほかならぬ自分たちがこの車の流れを創り上げたことを知っているが、まったくゼロから創り上げたのではないことも知っている。さらに、彼らはこの固有の車の流れが、自分たちが来る以前から存在し、自分たちが去ったあとも残ることを知っている。

また、彼らは、後続するドライバーたちが、自分たちが用いたのと同じ、固有の方法でもってこの流れを存続させることを知っているのである［ibid：92］。

車の流れに見られるような土着の秩序の不滅性と固有性について、ガーフィンケルは次のように説明する。

> 不滅の(immortal)とは、ローカルなメンバーが、組織的な物のただなかにあって、まさに自分たちがそのただなかにあるところのこれらの組織的な物を知り、それが自分たち以前に存在しており、自分たちが去ったあともそこに残ることを知る人間の営為について語るために用いられる。不滅の（immortal）とは、「個性原理の集合」のなかで、かつ、この集合そのものとして、人員配置され、準備され、生産され、観察され、観察可能で、ローカルにかつ自然にアカウンタブルな平凡な社会の大規模な反復のメタファーである。［ibid：92］

ガーフィンケルは、土着の秩序の不滅性と固有性を経験的に示すのみならず、デュルケムに依拠してこれらを理論的に位置づける。彼は、「社会的事実の客観的現実性は社会学の根本原理である」というデュルケムのアフォリズムを、「社会的事実の客観的現実性は社会学の根本現象である」と読み替える。具体的には、次のことを行う［ibid：66］。

> エスノメソドロジーのプログラム的理解によれば、社会的事実の客観的現実性とは、知識の歴史におけるすべての論理・意味・理性・合理的行為・方法・真理・秩序のトピックについて語ることを意図してデュルケムが近似的に用いた言葉であった。これらのトピックは、あらゆる実際の場合に、集合的に生産され自然にアカウンタブルな内生的な秩序生産コーホートの、集合的に可視的で認識される理解可能な経験的な、不滅かつ平凡な社会の現象として特定される。［ibid：93］

デュルケムの『宗教生活の原初形態』の主題は、時間・空間・分類・力・因果関係・全体性などの理解の一般的カテゴリーの経験的かつ集合的な起源であった。彼はこれを、オーストラリア・アボリジニの宗教的実践についてのエスノグラフィーに依拠して論証したのである。デュルケムは、これに続く研究を行うべき分野として社会学を位置づけた。だが、社会学固有の対象としての「具体的な社会的事実」は、デュルケムの意図に反し、九〇年もの間ずっと、抽象的・概念的なレベルの秩序として誤解されてきた。その結果、この秩序を形式的分析によって構成しようとする「世界的な社会科学ムーブメント」が展開された。エスノメソドロジーの登場によってはじめて、社会的事実はデュルケムの本来の意図において主題化されるに至ったのである。

したがって、エスノメソドロジーとは、正しく理解されたなら、「デュルケムの無視されてきた遺産」[ibid: 94] の相続者である。『エスノメソドロジーのプログラム——デュルケムのアフォリズムを展開する——』の副題には、このような自負が込められている [ibid: 65]。

形式的分析とエスノメソドロジーは、同じデュルケムの社会的事実を対象としながら、それを抽象的レベルの秩序と見なすか、具体的レベルの秩序と見なすかに応じてまったく異なったものを発見する。そのため、形式的分析はつねに「エスノメソドロジー的代替 (ethnomethodological alternate)」を持ち、両者は「共約不可能かつ、非対称的に代替関係にある社会分析の技術 (incommensurable, asymmetrically alternate technologies of social analysis)」としてペアをなしている [ibid: 122]。

ガーフィンケルはこのように主張しつつも、形式的分析が発見した抽象的レベルの秩序は、空想された秩序やまがいものの秩序ではなく、まぎれもなく現実の秩序だということに注意を喚起する。そのため、エスノメソドロジーは形式的分析の批判や皮肉ではなく、また、それに取って代わることもできない [ibid: 68]。したがって、エスノメソドロジーは形式的分析と同じ分析的目的を達成するための別の選択肢 (alternative) ではなく、形式的分析の対象とするのと同じ対象を異なった方法で扱うことのできる代替 (alternate) の分析技法なのである [ibid: 122]。

2−3　会話分析とプラクセオロジー的有効性

エスノメソドロジーから派生した研究プログラムのなかで、実証的研究のプログラムとしてもっとも成功し、着実な蓄積を重ねているのは会話分析（conversation analysis, CA）である。会話分析は、実践の個性原理を、インデクシカリティ（indexicality, 指標性）とリフレクシヴィティ（reflexivity, 反映性）として定式化する。

インデクシカリティとは、「私」・「彼」・「ここ」・「昨日の出来事」・「例のもの」などの言葉に認められる性質である。これらの言葉は、辞書的な定義から理解できる以上の何かを指示しているために、実践的な状況を踏まえることなしにはその意味が十分に伝わらない。これらのインデクシカルな表現は、形式的分析にとっては、会話の曖昧さの元凶であり、修復すべき問題点とされる。そのため、会話の場所・時間・話者などの客観的条件を補うことで、この発話の科学的に厳密な意味や、哲学的な「真理条件」を明らかにしようとする。

だが、エスノメソドロジーは、このようにインデクシカルな表現を抽象的レベルの秩序に組み込むことには関心がない。かわりに、会話の当事者にとっては、インデクシカルな表現がそれ以上言葉を補うまでもなくそのまま直接的に理解可能（intelligible）であることに着目する。それは、適合性要件を満たした当事者たちが協働的実践によってインデクシカルな表現を具体的レベルの秩序に組み込んでいるからである。このとき、インデクシカルな表現は具体的レベルの秩序を構成する他の要素と相互に反映し合う関係、つまり、リフレクシヴな関係にある。そして、どの言葉がどのようなインデクシカリティによって、どのようなリフレクシヴィティの網目に組み込まれるかは、実践のための適合性要件を満たした人間ならば「誰にでも」自明である。このようにして形成されるリフレクシヴィティの網目こそ、インデクシカルな表現を理解可能にしていたものであり、形式的分析をこぼれ落ちてしまう個性原理としてのエスノメソッドにほかならない。

リフレクシヴィティの網目のなかでは、インデクシカルな表現は即座に理解可能であり、この意味で、他の表現となんら変わりはないことになる。逆に、一見したところインデクシカルではなく客観的意味を持っているかのように見える固有名詞や科学的術語といえども、そのような客観的意味は特定の方法論にもとづいて構成された抽象的レベルの秩序のなかでこれらの言葉が占める位置に由来するものにすぎない。実践のなかで理解されるとき、これらの言葉はつねに抽象的レベルの秩序からはこぼれ落ちてしまう具体的レベルの秩序、つまり、リフレクシヴィティの網目のなかで位置を占め、そこで固有の意味を獲得するのである。

結局、指示語や代名詞をインデクシカルな表現の例として持ち出したのは説明上の便宜のためにすぎなかった。本来は、実践のなかのあらゆる言葉がリフレクシヴィティの網目のなかに位置を占めており、その限りで、あらゆる言葉はインデクシカルなのである。ただ、そのインデクシカリティが誰にでも自明であるために通常意識されることがないだけなのである。

したがって、エスノメソドロジストは、特定の言葉がインデクシカルであることを指摘し、それを抽象的レベルの秩序に回収することでインデクシカリティを修復する必要はない。かわりに、あらゆる言葉がインデクシカルな表現であるという前提のもと、インデクシカリティの質をその自明性において特定し記述するために、実践の適合性要件を満たさなければならないのである。

会話分析のアプローチは、直接的な相互行為としての会話のみならず、間接的な相互行為としての「手順説明にもとづく行為(instructed action)」にまで拡張することができる。つまり、適合性要件を満たした実践の当事者にとって会話のインデクシカリティが自明であるように、マニュアル・説明書・矢印・楽譜・地図など、あらゆる手順説明は、それが実践のなかに位置を占めている限り、適合性要件を満たした実践の当事者にとっては自明なインデクシカリティを持つはずなのである。したがって、手順説明はそれ自体として実践を生み出しうる。この意味で、手順説明は「プロダクション・センテンス（production sentence）」と呼ぶことができる。

エスノメソドロジー的記述が形式的分析の代替であるということは、手順説明がプロダクション・センテンスとして実践を生み出すことと深くかかわっている。すなわち、手順説明が実践を生み出すのと同様に、エスノメソドロジー的記述も実践を生み出すことができるのである。そして、エスノメソドロジー的記述を評価する基準も、プロダクション・センテンスを評価するさいの基準に対応したものである。これは、形式的分析にもとづく記述を評価するさいの基準とはまったく異質であることに注意せねばならない。

まず、エスノメソドロジー的記述は客観性を目指さない。そもそも、形式的分析の記述の客観性を問題にできるのは、それが、実践を特定の方法論のフィルターを通すことで、抽象的レベルの秩序のなかに実践を位置づけたものだからである。抽象的レベルの秩序のなかでその実践が占める位置に応じて、その記述は客観的描写であったり主観的印象にすぎなかったりする。かたや、エスノメソドロジー的記述が捉えようとする個性原理とは、実践にあって抽象的レベルの秩序からこぼれ落ちてしまうものである。したがって、エスノメソドロジー的記述の客観性は測定することができない。

かわりに、エスノメソドロジー的記述は、読者がその記述を客観的描写としてではなく手順説明（instruction）として「誤読（misread）」したとき、同じ実践が再現されるような「注意深い*（careful*）」記述を目指す。というのも、エスノメソドロジーが記述する実践の個性原理とは、抽象的レベルの秩序のなかに位置づけられた限りでの実践と、具体的な実践そのものとの間の空白を補うものだからである。したがって、十分に個性原理が記述されたならば、誰であろうとそれにもとづいて実践そのものが再現できるはずである。

「注意深い*記述」とは、実践的状況において、大きな間違いやその他の不整合なしに手順説明された行為としての代替的な

読みを促すために必要なだけの自然言語が尽くされた記述である。[ibid: 100]

逆に、エスノメソドロジー的記述を真に理解するためには、この記述をたんなる客観的描写としてではなく、手順説明として「誤読」せねばならない。つまり、そこに書かれていることを読者が実際にやってみることではじめて、エスノメソドロジー的記述が十分なものであるか否かが判断されるのである。エスノメソドロジー的記述は、このような「プラクセオロジー的有効性(praxeological validity)」という観点から評価される。

このように、エスノメソドロジー的記述は方法論によって形成される抽象的レベルの秩序に照らして評価されるのではなく、実践そのものに照らして評価される。そのため、エスノメソドロジーの諸研究は、相互に反証・批判・補強し合うような先行研究の蓄積としてのコーパスを持たない。かわりに、研究どうしが緩く結びついた在庫目録としての「カタログ」あるいは「コレクション」としてのコーパスをなしているのである。

プラクセオロジー的有効性を満たしている「注意深い記述*」をするためには、エスノメソドロジストは当然のこと、その実践の適合性要件を満たしている必要がある。逆に、必要とされる能力を十分に身に付けたエスノメソドロジストによる「注意深い記述*」は、実践の当事者自身が適合性要件をその実践の初心者に教育するために役立ちうるもののはずである。このように、特定の能力を教育するための方法として読むことのできるエスノメソドロジー的研究を、特に「ハイブリッド的研究」と呼ぶ[ibid: 101]。

ガーフィンケルによれば、エスノメソドロジーのカタログから欠くことのできないハイブリッド的研究は、デイヴィッド・サドナウの『鍵盤を駆ける手』(*Ways of the Hand*, [1978] 2001)である。なぜなら、これはジャズ・ピアノの個性原理の記述であると同時に、ジャズ・ピアノの実践を再現できるようになるための能力を初心者に教育することができるからである[ibid: 102, 126]。また、M・D・バッカスによるトラック・タイヤのホイール整備における事故の研究（'Multipiece Truck Wheel Accidents and Their Regulations', 1986）も、現場における事故防止のマニュアルとして活用され、効果を上げていることをガーフィンケルは指摘する［ibid: 102］。

だが、ハイブリッド的研究は、当事者が実践に要請される能力を教育するうえで本当に十分なのだろうか。というのも、ガーフィンケルは「注意深い記述*」についての脚注で次のように述べているからである。

＊をつけられた注意深い記述*とは、学問的な美徳を指しているのではない。私が注意深い*と書くのは、手順説明された行為として代替的に読まれうるように書かれた、ということを意図してである。注意深い*にアステリスクを付けるのは、このような代替的な読みの偶発的な事実性を強調するためである。事実上代替的な読みと見なしうるものは非常にしばしば見られる。実際に代替的な読みと呼べるようなものは希求の的である。これらは、いずれも無視された主題である。［ibid: 98］

ハイブリッド的研究に、実際に代替的な読みが施されることはきわめて稀であることを、ガーフィンケルも認めているのである。「注意深い記述*」に代替的な読みが実行される可能性がほとんどないとき、ガーフィンケルが注意深い記述*の特徴として、「代替的な読みを促す」ことや「代替的に読まれうる」ことをあげることに意味はあるのだろうか。そして、代替的な読みを実行した行為者がほとんどいないとき、その行為者が代替的な読みに成功したか否かはどのようにして判断されるのだろうか。

ハイブリッド的研究の注意深い記述*への疑問は、エスノメソドロジー全体に対する疑問でもある。なぜなら、ハイブリッド的研究とは、すべてのエスノメソドロジー的記述が目指すべきプラクセオロジー的有効性を、行為者の能力に焦点を当てて記述したものにほかならないからである。エスノメソドロジー的記述のプラクセオロジー的有効性に疑問が投げかけられたとき、この記述が抽象的レベルの秩序と具体的レベルの秩序を橋渡しするものであるという主張も疑わしいものになってしまうだろう。

プラクセオロジー的有効性の概念に依拠して研究を進めつつも、結果的にこの概念の問題性を示すことになったのは、ガーフィンケルの弟子のジョージ・ジャートンである。彼の論文、「カンフー――武術のプラクセオロジー的解釈学に向けて――」('Kung Fu: Toward a Praxiological Hermeneutic of the Martial Art', 1986) は、ガーフィンケル編『ワークのエスノメソドロジー的研究』(*Ethnomethodological Studies of Work*, 1986) に収録されているため、おそらくガーフィンケルも目を通したことと思われる。ジャートンの研究が明らかにエスノメソドロジーを誤解していたなら、その掲載をガーフィンケルが許すことは考えにくい。そのため、ジャートンの研究はエスノメソドロジーの論理的帰結のひとつを、武術という題材によって展開して見せたものといえるだろう。

この論文はまた、中国武術の型稽古が行われている武術教室のフィールドワークにもとづく点で、本書全体の問題関心である技の有効性の表象にもきわめてレリヴァントである。したがって、第2章の関心と本書全体の関心という二重の関心にもとづいてジャートンの研究を検討することにしたい。

2-4 ジャートンのカンフー研究

ジャートンが研究するのは、ロサンゼルスのチャイナタウンに一九六四年に創設されたカンフーの「ワ・ク・スタジオ(Wah Que Studio)」である。この教室を創設し、ジャートンの調査時点でも主宰していた中国移民のアーク・ウォン(Ark Wong) は、中国系以外の生徒に門戸を開いた最初のカンフー指導者の一人であり、彼は「ワ・ク」とは中国語で「みんなのための」という意味であると好んで口にした [Girton 1986: 60]。彼はチャイナタウンの名士であり、また、ワ・ク・スタジオは薬草と武道具も扱っていたため、生徒以外にも多くの来客や患者があった [ibid: 68]。ジャートンはこの教室に執筆時点で二年間通っており、うち三カ月間を体系的なフィールドワークにあてた。

ワ・ク・スタジオの考察に先立って、ジャートンはまず、八〇年代当時に流行していたカンフー映画と、市販のカンフーのマニュアルについて概観する。ワ・ク・スタジオに通っているカンフーの実践者は、娯楽のためのフィクションとして制作されたカンフー映画からさえもカンフーの技を学び取ろうとし、実際にそうすることができる。そのようにして習得された動作は、教室では「映画から来た」動作と呼ばれる。

娯楽として制作されたカンフー映画からさえもカンフーの実践者は技を習得することができるのだから、明確な教育的意図をもって制作された市販のカンフーのマニュアルから技を習得することはさらに容易なはずである。だが、カンフーのマニュアルのほとんどは、たとえ写真がたくさん掲載されているものでも、一読して意味不明である。このようなマニュアルから実践者がいかにして技能を習得しうるかを、ジャートンは次のように説明する。

> それら（カンフーのマニュアル―引用者）はきわめて謎めいてパラドクシカルな言葉の使い方をする。たとえば、「すべての動作はなめらかに、連続的に行われるべきである。それらは固くあってはならず、しっかりしつつも柔らかくなくてはならない」は言語的に手に負えないプロダクション・センテンスである。それらは文法的におかしいために手に負えないのではない。たしかに、それらはしばしば文法的におかしいが。さらに、それらが手に負えないのはそれらの制作者が学校に行ったことがないためにマニュアルの作り方を知らないためではない。そうではなく、それらは「言語的」な問い方にとっては手に負えないのである。なぜなら、そのように読むことでそれに含まれており、また含意されている本質を根本的に取り逃がしてしまうからである。それらは報告として読まれることはできず、かわりに、カンフーの実践者のみならず誰にでも、プラクセオロジー的に、つまり、ハウツーとして読まれることができる。［ibid：62］

このようなマニュアルの理解は、ガーフィンケルの手順説明にもとづく行為の分析の立場をそのまま継承している。つまり、手順説明は実践のなかにある限り、その実践の適合性要件を満たした当事者たちにとって自明であり、それ以上補ったり注釈したりする必要はないのである。しかしながら、カンフーのマニュアルは「当然のこと、次の疑問を引き起こす。これらのマニュアルのひとつから学べるものは、本当にカンフーなのだろうか?」[ibid: 62]。ジャートンはこの問題を次のように整理する。

ここには、カンフーのマニュアルをめぐって同時に出現しつつも、分析上は区別される二つの問題が存在する。第一の問題は、誰にでもプラクセオロジー的に読まれることができるマニュアルの使用としての手順説明された行為である。第二の問題は、その読みの結果が「本当のカンフー」であるか否かという問題である。第二の問題は一般的レベルでは解決することができない。解答は、カンフーの実践者がその読みを行ったか否か、そして、それをいかにして行ったかにかかっている。実践者はマニュアルから、実践者以外の人間では得られないものを得るということは事実である。いずれにせよ、マニュアルがプラクセオロジー的な読みをされると、それは言語的に読まれたときにはなかったような意味と統一性を示すようになる。[ibid: 63]

ここには、ガーフィンケルの手順説明にもとづく行為の分析の枠組みに対するジャートンの両義的な態度が読み取れる。つまり、ジャートンは、一方で、カンフーのマニュアルは「誰にでも」プラクセオロジー的に読まれうるとしながらも、他方で、プラクセオロジー的な読みがもたらすものは、読み手が実際にカンフーを実践しているかいないかで異なるとしているのである。ワ・ク・スタジオのフィールドワークは、「本当のカンフー」を特定することでこの矛盾を解決するための方法として位置づけられている。

ジャートンは、教室ではカンフーの流派がそれ自体としては問題にならず、つねに、自分あるいは他人の能力の観点から流派について言及されることを指摘する。そのうえ、ワ・ク・スタジオのメンバーは、他の流派の技や、映画に登場する技、さらに、未知の技についても、自分がいつか学習しうるものとして関心を持っている。ジャートンは次のように述べる。

流派についての肝心な点は、メンバーにとっては、流派のコレクション、あるいは、ガーフィンケルの用語を用いれば流派のスウォームは、次のありかたで水平に与えられている、ということである。すでに知っており見たこともあり、いつか自分が学習するようになる諸流派、知ってはいるが見たことはなく、いつか自分が知り、見て、学習するようになる諸流派、知りもせず見たこともないが、それが存在することは疑う理由がない諸流派、などである。つまり、諸流派は、人生がそうであるように、開かれて境界づけられていないコレクションとして与えられるのである。[ibid: 78]

ジャートンは、流派についてと同じことが、流派ごとに存在する様々な動作についてもいえるとするが、その準備として、彼は動作について二つの概念化が可能であるとする。

第一の動作の概念は、先生の真似として、通常の意味でのプロダクション・センテンスによって生み出されたものである。たとえば、アーク・ウォンはある型の動作を終えるときの腕の正しい位置を示すために、自分の手を足に近づけたり遠ざけたりしながら、「このとおりにしなさい、あまり近すぎてはいけない、あまり遠すぎてはいけない、蹴られてしまうよ」と言う[ibid: 81]。「この第一の概念によって捉えられる動作は、比較可能であるだけでなく、明瞭に再現可能である。それらは意味の『縁』ではなく『核』として言及されることで認識可能であり、比喩的で曖昧であるよりも文字通りで明示的である」[ibid: 81]。ジャートンは第二の動作の概念について次のように述べる。

動作が順序づけられたシーケンスのなかで次々と行われる限りで、他の点では似ている動作でも、異なった最終的な位置を持つ動作のあとに続けて行われるために、実際は異なっていることがわかる。だが、第二の動作の概念の本質は、もともと大変な苦労をして動作のシーケンスとして学習されたものを、連続的に中断しないで行うこと、そして、このようにして型の動作が行われたとき、最終的な位置の問題は消滅するということのうちに存在する。というよりもむしろ、より微妙な形で表れるのである。つまり、この身体化された計算では「最終的な」位置はひと続きの型のどこに置いてもよく、その直前の動作について護身術の動作としての価値と適用可能性を調べることができるのである。それがカンフーの動作であることは疑いない。しかし、主題化されていないため、その適用可能性は隠されているのである。[ibid: 82]

ジャートンは、マルティン・ハイデガーの「計算的思考」と「瞑想的思考」の区別を援用し、第一の動作の概念を「計算的動作」、第二の動作の概念を「瞑想的動作」と名付ける。流派と同様に瞑想的動作も、「スウォームとして扱われるべきであり、コレクションとして扱われるべきではない」[ibid: 83]。ジャートンによれば、動作の行い方についても、同じことがいえる。

龍の型は激しさと軽やかさによって知られる、と教室の壁に書いてあるのを読んだ実践者が、実際にどのような意味において龍の型がそのような性質を持つのかを知りたければ、実際に龍の型を激しく、軽やかに演ずるほかない。壁の標語にもとづいて龍の型を演ずるとき、実践者は龍の型を第二レベルのプロダクション・センテンスとして扱っていることになる。第一レベルのプロダクション・センテンスは、明示的動作としての龍の型が最初に学習されたときの手順説明である。第一レベルのプロダクション・センテンスの肝心な点は他人が龍の型を演ずることであった。（つまり、このプロダクション・センテンスをめぐる最終的な評価基準は、先生など他人が龍の型を演じるように自分も龍の型を演じることができるか否かであった。―引用者）第二レベルのプロダクション・センテンスの肝心な点は、実践者自身が龍の型を演ずることである。これらの壁に書いてある言葉は、流派・動作の行い方・動作のいずれについても、これらのコレクションが手順説明のコレクションとして読まれるべきこと、さらに、メンバーによってこそそのように読まれるべきことを勧めていることが理解されねばならない。こうして、動作そのものが手順説明として与えられることになる。それは、計算的な動作のなかではバラバラに与えられる

が、瞑想的な動作のなかでは動作の質として立ち現れるのである。［ibid: 86-87］

2−5　暗黙知としての不可知論

以上のように、ジャートンの中心的な主張とは、プロダクション・センテンスによって習得された武術の動作それ自体が第二のレベルのプロダクション・センテンスとして機能するということである。では、第二のレベルのプロダクション・センテンスによって何がもたらされるのだろうか。ジャートンは、これを科学哲学者マイケル・ポラニーの暗黙知理論によって説明する。

カンフーに限らず、定式化された形態でひとまとまりの知識がアクセス可能な領域では、それが特定され反復可能な身体的動作としてであろうが、なんらかの口承の祈禱や一連の物語としてであろうが、あるいは、雑誌論文の形で入手できるひとまとまりの科学的知識としてであろうが、ある種の区別がなされねばならない。つまり、整合的な統一体としてのひとまとまりの知識と、それが開発し、改善し、あるいはたんに維持すべきアートの区別である。科学的研究の分野では、この区別はマイケル・ポラニーの次のような観察に反映されている。つまり、科学の発見は世界的に広まり、その定理は世界中の中学校に溢れているが、真正の生産的な科学的研究は科学革命が起こった地理的範囲におおまかに限定されてきたという観察である。もしこれが事実なら、重視すべきことだろう。カンフーの研究（なぜなら、同様の区別がここでも妥当するから）のための含意は比較的多岐にわたる。

第一に、アートと、それを学ぶための様々な方法の体系化された定式化には違いが存在する。……

第二に、これは、アートがおそらく特定可能な動作の連続とは異なった何かであることを意味する。それはおそらく、能

力や質、それと、これらに似た目に見えないもののなかに存在しているのだろう。[ibid: 64-65]

したがって、第二レベルのプロダクション・センテンスによってもたらされるのは、暗黙知としての「アート」であることになる。ジャートンによれば、このようなアートとは、「武術（martial art）をたんなる戦いのシステムではなくアートたらしめているもの」であり、これを捉えることによってはじめて、「武術の達人たちの主張に敬意を払いこれを真面目に受け取る」ことができるとする。したがって、カンフーのマニュアルから「本当のカンフー」を学びうるかというジャートンの冒頭の問いは、カンフーのマニュアルからアートとしてのカンフーを学びうるかという問いに置き換えられることになる。

しかしながら、暗黙知としてのアートは定義上、実践者本人によって非言語的なやり方で知られることができるだけであり、言語的に表現されることはありえない。そのため、アートとしてのカンフーつまり「本当のカンフー」を特定し記述することは、たとえエスノメソドロジストでもまったく不可能であることになる。「本当のカンフー」の不可知論は、ジャートンが次のように論を閉じるとき顕著である。

読者の一部は動作の瞑想的側面についてあまり触れていないことについて失望するかもしれない。だが、瞑想的動作の「本質」について教育しようとするあらゆる努力が、実践者がタオの上にとどまろうとする関心の問題として隠された形でのみ痕跡を残す限りにおいて、このアポリアは避けられない。

タオを知っている者は
それについて語る必要はない。
それについていつでも語れる者は

それを知らない。［ibid：87］

文脈からすると、「タオ」とは暗黙知のヴァナキュラーな表現と見なすことができるだろう。「タオ」が言語と相容れないように、「本当のカンフー」も言語と相容れないため、それを表象することは不可能なのである。

2—6　実践の無時間的な自明性

ジャートンは、カンフーのマニュアルのプラクセオロジー的有効性を評価するという問題設定から出発した。しかし、彼は、マニュアルという抽象的レベルの秩序が埋め込まれているところの具体的レベルの秩序が一枚岩ではなく、行為者のカンフー経験に応じて異なったものになることを認めざるをえなかった。

次の段階として、彼はワ・ク・スタジオ内に目を転じ、そこで指導のさいに用いられる言葉や動作のプラクセオロジー的有効性を特定しようとした。しかし、これらの言葉や動作が埋め込まれているところの具体的レベルの秩序も一枚岩ではなかった。すなわち、流派・動作の行い方・動作はいずれも、技術的に些末な部分だけを対象化する限りにおいては無時間的に自明であるが、より本質的な動作の質を対象化しようとしたとき、それは、行為者のそれぞれが流派・動作の行い方・動作に見出す意味に依存しているという事実、そして、この意味は時間的な実践のなかでたえず流動するという事実に彼は直面せざるをえなかったのである。

ここに、プラクセオロジー的有効性の概念が持つ本質的な問題点を認めることができるだろう。すなわち、この概念は、抽象的レベルの秩序が埋め込まれているところの実践の具体的レベルの秩序が、無時間的・静態的な自明性を持っていることを前提しているのである。他方、ワ・ク・スタジオの実践における具体的レベルの秩序は、流動的であるうえ必ずしも自明ではなかった。これは、ワ・ク・スタジオの実践に埋め込まれているあらゆる抽象的レベルの秩序について、プラクセオロジー的有効性の概念を適用することが不可能であることを意味する。

これは、次の二つの帰結をもたらすだろう。第一に、ワ・ク・スタジオにおける流派・動作の行い方・動作が、行為者にとってどのようなプラクセオロジー的有効性を持っているかを特定するというジャートンの問題設定が無効になる。第二に、この問題設定にもとづくジャートンの記述それ自体が、それを「誤読」する読者にとってどのようなプラクセオロジー的有効性を持っているかを特定するという問題設定も無効になる。

これらの帰結のために、ジャートンは実践の不可知論に陥ってしまったといえる。すなわち、エスノメソドロジストとして実践の無時間的な自明性を前提していたジャートンは、ワ・ク・スタジオにおける流派・動作の行い方・動作のプラクセオロジー的有効性を記述する方法は持っていたが、これらが実際に演じられるさいの目も眩むばかりの多様性を記述するための方法を持たなかった。彼はまた、流派・動作の行い方・動作についての記述がプラクセオロジー的有効性を持った、十分に注意深い*記述を目標とすべきことを知っていたが、この目標は到底達成できそうになかった。そのため、彼は、実践の無時間的な自明性という前提から、一足飛びに、実践の不可知性という前提へと飛躍せざるをえなかったのである。

実践における具体的レベルの秩序の無時間的な自明性という前提が突き崩されることは、プラクセオロジー的有効性が焦点化されるハイブリッド的研究のみならず、エスノメソドロジー全体にとって重大な帰結をもたらす。なぜなら、実践におけるエスノメソッドの存在とその経験的な記述可能性を保証していたのは、実践の不滅性と自明性という二つの前提にほかならないからである。この前提が問い直されるとき、エスノメソドロジーの主要概念や問題設定もすべて問い直されねばならないだろう。たとえば、土着の秩序（秩序）*・個性原理・リフレクシヴィティとは、実践の具体的レベルにおける無時間的に自明な秩序を指す概念にほかならないため、これらを経験的に記述するという問題設定は根本から揺らぐことになる。また、インデクシカリティ・手順説明された行為・誤読・注意深い記述[*]も、抽象的レベルの秩序が無時間的に自明な具体的レベルの秩序に埋め込まれていることを前提とした概念であるため、再検討の必要があるといえる。

だが、性急な一般化によってエスノメソドロジー全体について評価を下すことは控えたい。本章の目的からすれば、カンフーの技の習得という複雑な現象を前にしたとき、エスノメソドロジーは技の有効性を表象するどころか、不可知論に陥ってしまうことが示されたということが重要である[22]。

技の有効性の表象という本書全体の関心からすれば、様々な型の演じ方の多様性を捨象せずに、これに真摯に向かい合ったジャートンの方法的態度は高く評価できる。ひとつの型も、演じ方次第でまったく異なったものになりうるということは、ワ・ク・スタジオの型のみならず、実証編で検討するS流の型についても当てはまることである[23]。

だが、エスノメソドロジストとして実践の無時間的な自明性を前提していたジャートンは、型の演じ方が実践においてどのように流動するかを丹念に記述するかわりに、実践の本質的な不可知性というポラニーの前提へと退避してしまった。このような飛躍のうちには、技の多様な有効性が表象される余地はない。自明性も不可知性も前提することなく、実践そのものと向かい合うための方法こそ探究されねばならないのである。

第3章　わざ言語と実践

実践理論とエスノメソドロジーが技の有効性を表象できなかった理由のひとつは、実践における言語と身体の関係性を、相互排他的なものと見なしたことに求められるだろう。

すなわち、実践理論においては、ハビトゥスとは行為者の無意識のうちに実践を生成する、言語的反省とは完全に相容れない身体的原理として定義される。そのうえ、誤認、ドクタ・イグノランティア、ドクサの諸概念のために、行為者が自分自身のハビトゥスを言語化する可能性は幾重にも閉ざされていることになる。このような方法的制約のために、技の有効性についての行為者の語りや表象は非本質的なものとして切り捨てられるほかなかったのである。

エスノメソドロジーは、実践の具体的レベルにおける無時間的で自明なリフレクシヴィティの網目を前提し、これを記述しようとする。だが、カンフー教室で練習される技の有効性は刻々と変化するため、これを不変かつ自明なリフレクシヴィティの網目のなかに位置づけることはできない。このような方法的制約のために、ジャートンは自分自身の身体において多様な技の有効性を感得しつつも、それらを暗黙知の名のもとに捨象するほかなかったのである。

実践理論とエスノメソドロジーは、言語と身体の関係を最初から相互排他的なものと決めつけてしまったために、表象可能な範囲をみずから狭めてしまったといえるだろう。そのために、実践における技の有効性という、言語と身体の二つのレベルにまたがる現象は対象化を逃れてしまったのである。

本章は、このような制約をみずからに課さない方法論の可能性を探りたい。その方法として、最初に、現代日本の教育学者である生田久美子の「わざ理論」を考察する。生田は、学習を抽象的知識の内面化と見なす近代学校教育における学習観を乗り越えるために、武道や芸道における技の教授と習得のありように着目し、新たな学習モデルを提出する。生田のモデルにおいてとりわけ重要な役割を与えられているのが、技の指導のさいに用いられる比喩的言語としての「わざ言語」である。この概念は、次の三つの点で重要である。第一に、わざ言語は、ハビトゥスや暗黙知のように、実践における身体を表象不可能な領域に閉じ込めてしまうのではなく、実践における言語と身体の相互浸透的な関係を表象する可能性を開くものである。第二に、指導におけるわざ言語の意義を表象することは、それを介して習得される技の有効性を表象することにつながる。第三に、わざ言語はS流において頻繁に用いられているため、S流の実践を記述するために有用であると思われる。以上の三点において、わざ言語は本書の目的にとってきわめて重要である。そのため、生田理論の検討は、実践におけるわざ言語の役割の解明として行いたい。

わざ理論は、二つの理論的パラダイムのなかに位置づけることができる。すなわち、現代アメリカの教育学者ジーン・レイヴとエティエンヌ・ウェンガーの状況的学習（situated learning）パラダイムと、ハンガリーの科学哲学者マイケル・ポランニーの暗黙知（tacit knowledge）パラダイムである[24]。

状況的学習パラダイムは、実践理論パラダイム、エスノメソドロジー・パラダイムと並んで、身体的実践を研究するうえで有力なパラダイムである。レイヴとウェンガーは、西アフリカの仕立屋やアメリカ海軍の操舵手における学習実践の人類学的なフィールドワークを行うことで、学習を抽象的知識の内面化と見なす近代的な教育モデルを相対化することを目指す。この点で、レイヴとウェンガーの問題意識は生田のそれときわめて近く、提出する学習モデルの構造も生田のそれとほとんど変わらない。だが、わざ言語についての立ち入った考察がなされている点で、本章では主として生田のモデルを検討したい〈25〉。

暗黙知パラダイムはきわめて広範な影響力を持っており、身体的実践を考察しようとする理論の多くが、明示的あるいは暗黙的にこれに依拠している。ジャートンの分析もこれに依拠していたが、生田の分析ではより中心的な位置を占める。

本書の検討によって、生田とレイヴらは、抽象的知識の内面化という教育モデルを相対化することに成功したものの、かわりに、観察者によって恣意的に読み込まれた構造の内面化という教育モデルを提出してしまったことが示される。その結果、わざ言語も構造の内面化の過程に回収されてしまい、その役割は解明されないのである。検討の過程で、観察者によって恣意的に読み込まれた構造のもっとも鮮明な理論的表現がポラニーの暗黙知理論に認められることを示す。残された課題であるわざ言語の役割の解明は、本章の最後で、オーストリアの哲学者ルートヴィヒ・ヴィトゲンシュタインの言語ゲーム論に依拠して行う。わざ言語の役割とは、日常的な動作における有効性を、技における有効性に変換することにある。だが、有効性の変換という視点だけでは、特定のわざ言語によって具体的にどのような変換が行われるかを捉えることはできないのである。

3—1　わざ言語の問題圏

身体技法の教授や習得が行われる場面では、日常では見られない特殊な用語法が見られる。たとえば、走る技法が指導されるさい、もっと「腰を高く」すべきである、という表現が用いられる。これは、マラソンなど走ることを主とする陸上競技に限らず、野球やサッカーなど、走ることが部分的にでも含まれる多くのスポーツの指導で用いられる一般的な表現である。

では、「腰を高く」とは一体何を意味しているのだろうか。腰の位置が物理的に高い、つまり、地面と腰の物理的距離が長いという意味なのだろうか。走行中たえず変動する腰の高さを高速度ビデオカメラなどで精密に測定し、その平均値とランナーの身長の比率を計算することは、現代のバイオメカニクスにとって容易なことだろう。実際に、このような科学的測定値の選手へのフィードバックは、オリンピック選手やプロ選手のトレーニングでは日常的である。

しかし、それでは学校体育や運動部、さらにアマチュアのスポーツ愛好団体など、腰の高さの科学的測定ができない環境でも「腰を高く」という言葉を用いた指導がなされることの説明がつかない。高校の陸上部のコーチや草野球の監督は、目の前の生徒の走りを科学的に測定したらどのような結果が出るか、という推測にもとづいて「腰を高く」という言葉を用いているのだろうか。そして、生徒も自分のフォームを想像のなかで測定し、その数値を「腰を高く」という言葉から推測されるところの客観的目標値に近づけようと練習しているのだろうか。(26) そうではなく、指導者はフォームの客観的測定値をいっさい参照せずとも、学習者が走る姿から直観的に「腰が高い」か否かを判断するのである。また、学習者の側にしてみても、自分の「腰が高い」か否かを判断する根拠となるべき科学的測定方法や目標値を参照せずとも、この言葉を直観的に理解し、それを練習に役立てるのである。このように、客観的基準による判断ではなく、直観的な判断にもとづいて使用されることで身体技法の習得を促す比喩的言語が、「わざ言語」である。

わざ言語に着目することは、身体技法をめぐる従来の社会学理論の枠組みを乗り越える可能性を秘めている。「身体技法（techniques du corps）」の概念を提出したのはフランスの社会学者・人類学者マルセル・モースであるが、彼はこの概念によって、歩く行為や泳ぐ行為など、あらゆる日常的行為が社会的に決定された形式に則っていることを指摘したとされる。第4章で示すように、モースの提出した限りでの身体技法概念は社会決定論を乗り越えるものであるが、一般的には、社会決定論的な身体観の先駆けとして理解されているのである。第1章で考察したブルデューのハビトゥス概念は、身体技法概念の社会決定論としての側面を純粋化したものだといえるだろう。このように、身体技法概念の功績は考察に値する対象として身体を社会学のうちに導入したことにあるといえるが、それは、行為者の関知しないところでつねに・すでに身体技法を刷り込まれた身体であったといえる。

だが、身体技法はつねに行為者の知らぬ間に形成されてしまうわけではなく、また、その存在は事後的・偶然的にしか行為者に知られないわけではない。すなわち、身体技法の意識的な教授や習得は社会の至るところで行われているのであり、そのさい、学習者はわざ言語を手がかりとして、自分の習得した、あるいは習得すべき身体技法についてある程度の認識を持つことが可能なのである。

もっとも、身体技法に言語化不可能な暗黙知としての側面を認めることもできる。だが、社会的真空のなかで身体技法それ自体を言語化するという観念的な想定を抜け出し、特定の相手に身体技法を教授するための言語化、あるいは、特定の相手から身体技法を習得する過程での言語化という具体的な社会状況に目を向ければ、すぐさま多様なわざ言語の使用に直面するはずである。そこでは、たえず新たな比喩や説明のわざ言語が創造され、あるいは、わざ言語が新たな実践的コンテクストに適用され、そのつど身体技法をめぐる言語と非言語、そして、意識と身体の界面を流動させている。このようなわざ言語の働きに着目することで、社会的なアプリオリの無意識的かつ一方的な刷り込みの産物としての地位から身体技法を解放することができるはずである。

3—2　生田におけるわざ言語

わざ言語を考察するにあたり避けて通ることのできない先行研究が、生田久美子の『「わざ」から知る』（1987）である。生田は、日本舞踊・能・歌舞伎などの伝統芸道の内弟子制度を近代的な学校教育システムと比較することで、学校教育で前提されているそれとは異なった知識観と学習観を描き出すことを試みる。

生田は内弟子制度が学校教育には見られない様々な特徴を持つことを指摘するが、なかでも重要なのは、指導のさいに用いられる比喩的な用語法である。生田はこれを「わざ言語」と名付け、民俗芸能で扇を広げる動作を指導するときに用いられる、「天から舞い降りてくる雪を受ける」［生田 1987：93］という表現をモデルケースとして検討する。生田によれば、「天から舞い降りてくる雪を受ける」という比喩的表現よりも、「手を右上四五度の角度に上げなさい」［ibid：97］などの記述的表現あるいは科学的表現を用いたほうが動作を正確に指示することができる。学校教育ではもっぱら記述的表現や科学的表現が用いられるのはこのためである。

それに対し、芸能集団で比喩的表現が用いられるのは、それが動作の正確な指示とは異なった学習効果をもたらすからである。生田は動作の正確な指示によって習得される物理的なフォームである「形」と、それによっては習得されない「型」を区別して次のように述べる。

　外見においては正確な「形」の伝達は、すなわち「結果まね」の指示は記述言語や科学言語を用いることによって可能となるであろうが、「形」の習得を超えた「型」の習得は、そのような記述言語や科学言語で的確な指示を与えることができない。「型」、あるいは「間」は直接的な形では伝達することができないのである。学習者自身が身体全体で推論活動をしながら体得しなければならず、そこで間接的な働きかけが重要な意味を持ってくるのである。［ibid：104］

ここでは、物理的なフォームの「結果まね」としての「形」と、「学習者自身が身体全体で推論活動をしながら体得」すべき「『型』、あるいは『間』」が区別されたうえで、わざ言語は後者の体得を促す「間接的な働きかけ」として重要であるとされている。実に、生田が「わざ」と平仮名で表記するのは、たんなる技術としての「形」と、身体的な推論を経て体得されるべき「型」あるいは「間」としての「わざ」を区別するためなのである。［ibid：8］

わざ言語による「間接的な働きかけ」のプロセスを辿ると次のようになる。まず、「天から舞い降りてくる雪を受ける」［ibid：93］という指導を受けた学習者は、本来ならば記述的言語あるいは科学的言語によってなされるべき説明が比喩的言語という「逸脱的表現」［ibid：103］によってなされたことに当惑する。だが、次第にその表現の文字通りの情景、たとえば、「寒い日に空から、ひらひらと、ゆっくりと、風にゆれながら落ちてくる雪」［ibid：100］を心のなかにイメージするようになる。

学習者は次に、「何故に師匠はある『形』を示すのにこのような表現を用いるのであろうか」と師匠の「意図を斟酌」［ibid：103］することをきっかけに、このイメージがどのような意味において自分の習得すべき「形」を示しているかを考え始める。具体的には、わざ言語から想像されたイメージを「自分が今まで身体全体で貯えてきた知識」［ibid：103］に照らし合わせ検討するのである。そうすることで、たとえば先述の雪のイメージからは、「白い」・「冷たい」といった、舞踊には不適当だと思われる雪の属性が捨象され、「軽い」・「こわれやすい」という属性が重視されるようになる［ibid：100-101］。こうして選別された属性にもとづき、学習者は「手を上に上げるとは言っても、ただ無造作に上げればよいというものではなくて、やわらかくそっと手を差し伸べるということだったのだな」［ibid：100-101］と、「自らが学ぶべき『形』の意味」［ibid：103］を「身体全体で納得」［ibid：101］するに至る。このような「内的な対話活動」［ibid：100］を経たうえでの納得を伴っている点で、「型」は「『形』の習得を超え」ているのである。

ここまでの議論を要約すれば、次のようになるだろう。近代的な学校教育は、学習者の物理的なフォーム（「形」）の習得を促すために記述言語や科学言語を用いてきた。だが、芸能集団では学習者の物理的なフォームの習得のみならず、そのフォームの意味（「型」）の理解を促すための教育が行われている。このような理解は、科学言語や記述言語を用いた直接的な指導では達成できないため、比喩によって間接的な働きかけを行うわざ言語を用いた指導が行われるのである。

わざ言語には、学習者に「形」の意味を納得させるような「内的な対話活動」を活性化する効果があることが示されたが、生田によれば、この効果が実現されるためには条件がある。つまり、「『わざ』言語が実際に効果を発揮するのは、学習者が……自らを世界へ潜入させ、主観的活動に従事している場合である」［ibid: 101］。さもなければ、「いくら『わざ』言語を提示されても、そこからは何の認識の発展も期待できないのである」［ibid: 101］。

では、学習者が「自らを世界へ潜入させ」ることは、学習者が「主観的活動に従事」することとどのように関係するのだろうか。生田は次のように述べる。

> 師匠をはじめとする稽古場の空間を占める人間や物の全体が、特別な空気をかもしだしている。この異様ともいえる空気が、学習者の認識をある一定の方向へと推し進める効果を高めているのである。［ibid: 71］

つまり、生田によれば、学習者が実体的な場としての芸能集団に参加することが、必然的に、学習者の認識を方向づけることになるのである。ここでは、学習者の認識を方向づける直接の契機は「特別な空気」として感覚的に表現されているが、生田はこれをより精密に記述するために、マイケル・ポラニーの暗黙知理論の中心概念である「潜入」を援用する。したがって、参加と認識をめぐる生田の議論に立ち入る前に、まずポラニーの暗黙知理論を概観しておく必要があるだろう。

暗黙知理論のエッセンスは、次の探り杖の例に集約される（『「わざ」から知る』で引用されているのもこの部分である）。

> 探り杖を用いるとき、だれでもはじめ、杖から指や手のひらに衝撃を感じるであろう。しかし我々が探り杖を使うことになれてくるにつれて、あるいは歩行用の杖を使うことになれてくるにつれて、杖が手に与える衝撃について我々がもつ感知は、我々がつついている物体が杖と接する点についての感覚へと次第に変化していく。これがまさに、意味をもたぬ感覚が、解釈の努力によって意味のある感覚へと変化する過程であり、またその意味ある感覚が、もとの感覚からはなれたところに

定位される過程である。［Polanyi［1958］1962＝1985：27］

ポラニーは、「杖から指や手のひらに感じる衝撃」を暗黙知の「諸細目」あるいは「近接項」と呼び、「つついている物体が杖と接する点についての感覚」を暗黙知の「遠隔項」と呼ぶ。引用部分で描かれている暗黙知の獲得とは、それ自体としては意味を持たなかった複数の諸細目（杖から手のひらへの衝撃）が、遠隔項（杖の先の物体についての感覚）との関係において意味を持つようになることである。諸細目と遠隔項の関係は公式的に記述することができないにもかかわらず、われわれは諸細目への暗黙的かつ主観的なコミットメントによってそれを遠隔項と関係づけることができる。このような主観的コミットメントを、ポラニーは「潜入（dwelling in）」［ibid：33］と呼ぶ。

生田は、芸能集団に参加した学習者においても、ポラニーのいう潜入と同じ認識の変化が起こるとし、これを「わざ世界への潜入」と呼ぶ。このプロセスは次のようなものである。

学習者は自らが権威として認める師匠の「形」を模倣し、繰り返すうちに、やがて……「形」の意味の「解釈の努力」を始めるのである。……「形」の模倣とは、各世界における「型」に含まれる要素的な活動（「型」を要素に分解できるわけではないが）の学習と言ってもよいであろうが、学習者はそこを出発点として……権威としての師匠の「形」を模倣するという段階から、個々の手続きの連続としての活動の意味を身体全体で解釈していきながら、次第に作品の全体的活動の意味へと自らの注目を移行させていくのである。［生田 1987：38］

芸能集団に参加した学習者は、それ自体としては意味を持たない芸能集団の諸細目である「形」を模倣しつつ、それに潜入すべく「解釈の努力」を行う。その結果、「形」はまず「個々の手続きの連続としての活動の意味」という遠隔項との関係において意味を獲得する。さらに「解釈の努力」を重ねることで、「形」は「作品の全体的活動の意味」というより上位の遠隔項と関係づけられ、新たな意味を獲得する［ibid：31］。

　このようにして「形」の意味が理解されるところの遠隔項は限られた活動の意味からより包括的な活動の意味へと拡大してゆくが、最終的には、芸能集団全体の活動の意味としての、「世界全体の意味連関」［ibid：89］に行き着くとされる。生田はこの最終ステップを「間」という概念によって説明する。つまり、「作品の全体的活動の意味」としての「型」を理解することは、「『形』として表現されたものの間隙にある沈黙、空白の部分」が、「単なる空白でも沈黙それ自体でもなく、空白、沈黙の部分もまたなくてはならない表現の部分であることを認識する」［ibid：121］こと、つまり「間」を体得することである。これは、「言い換えるならば、空白部分という、『形』の習得という観点からはいわば意味のない部分に『善いもの』としての価値を身体全体を通して認めるということでもある。それはまた、ただ一つの作品における『形』と『空白』との関係のみならず、『形』の習得における学習（教授）活動そのものと、それ以外の一見『わざ』の習得とは無関係な事柄との関係にまで広げていえることである」［ibid：121］。

　たとえば、日本舞踊の「わざ世界への潜入」を行った学習者は、「形」を練習するかたわら、「日本舞踊の世界にある様々なしきたりが当の世界のなかでいかなる意味を持つのか、またその世界におかれている様々な事物が師匠の示す『形』とどのような関係を持つのか、といった日本舞踊の世界全体の意味の連関を自ら作り上げていく」［ibid：89］。そして、最終的には、日本舞踊の組織形態から指導形態のすべてにわたって、たとえば、弟子が「洗濯・掃除・食事の支度」［ibid：74］などの雑用をせねばならないことまで含めて、「無駄に思える事柄が本当は無駄ではないという認識を身体全体で獲得する」［ibid：121］ことになる。このようにして構築された日本舞踊の「世界全体の意味連関」という遠隔項との関係においてはじめて、「形」の究極的な意味は理解されたといえるのである。それは同時に、「形」を取り巻くすべての事物の必然性を認識し、それらを「善いもの」として認めることである。

　これまで紹介してきた生田によるわざ言語の位置づけは、次のように整理できる。

(1)学習者は、わざ言語から想像されたイメージの属性を身体全体で蓄えられた知識に照らして検討することで、「形」の意味を身体全体で納得すること、つまり「型」を習得することができる。わざ言語の意義は、このような内的な対話活動を活性化する効果を持つ点にある。

(2)ただし、わざ言語の効果が実現されるためには、学習者がわざ世界への潜入を行っている必要がある。これは、学習者が実体としての芸能集団に参加し、「形」を反復練習することであると同時に、それ自体では無意味である「形」をはじめとする芸能集団における諸細目に潜入して理解することである。

(3)「形」という諸細目への潜入が達成されたときに、「形」が関係づけられるところの遠隔項は、学習者によって納得された「形」の意味としての「型」である。

(4)解釈の努力が重ねられることで、「形」のみならず芸能集団の事物やしきたりなどについても、これを諸細目とした潜入が行われるようになる。それに応じて、遠隔項としての「型」も、「形」をめぐる限定的な活動の意味から、より包括的な活動の意味へと変化してゆく。したがって、わざ世界への潜入のありかたはひとつではなく、より限定的なものからより包括的なものへと変化してゆく。

(5)わざ世界への潜入がもっとも包括的になるのは、複数の「形」の間の「空白」や師匠の雑用など無駄に思える事柄をも含めた、芸能集団の全体を諸細目とした潜入が行われるようになったときである。このとき、「形」が関係づけられるところの遠隔項は「形」を取り巻く芸能集団全体の活動の意味としての世界全体の意味連関、つまり、「間」に到達する。それは同時に、「形」に限らず、芸能集団におけるすべての事物やしきたりが世界全体の意味連関のうちに位置を占め、かくあるべくしてあるものとしての正当性を帯びることである。

以上の整理から、生田がわざ言語に与える役割を整理するなら次のようになるだろう。

わざ言語とは、学習者がわざ世界に潜入(「形」の反復練習・「形」への潜入の達成)しているとき、この潜入をより包括的なものにするための解釈の努力を助け、最終的に、世界全体の意味連関を理解すること（「間」と「型」の習得）へと導くものである。したがって、生田はわざ言語を、世界全体の意味連関という観念的な全体性のうちに回収してしまったといえる。

３—３　暗黙知理論

生田がわざ言語を世界全体の意味連関へと向かう壮大な目的論的体系のなかに位置づけねばならなかった原因は、生田がポランニーの潜入概念を援用したことにまで遡ることができるだろう。

ポランニーの探り杖の例においては、「杖から指や手のひらに感じる衝撃」から、「つついている物体が杖と接する点についての感覚」への潜入が行われているとされた。だが、そもそも、潜入とは主観的かつ暗黙的な活動であったはずである。それなのになぜ、実際に潜入していない第三者に、「杖から指や手のひらに感じる衝撃」が近接項（諸細目）で、「つついている物体が杖と接する点についての感覚」が遠隔項であることがわかるのだろうか。探り杖という物理的な実体の両端に暗黙知の二項を対応させることは、ポランニーの恣意的な判断の産物にすぎないのである。

この恣意性は、ポランニーがあらゆる技能や知識に暗黙知を見出すときにいっそう顕著になる。ポランニーによれば、探り杖の使用のような身体的技能のみならず、あらゆる認知的技能や知的技能も暗黙的な潜入なしにはありえない。だが、これらの技能においては、潜入の二項を都合よく対応させられるような物理的実体が必ずしも存在しないため、この対応関係の恣意性が露見するのである。

一例として、人間の顔を見分ける認知的技法における暗黙知を検討してみたい。ポランニーによれば、人間の顔が見分けられるさいには、目・鼻・口など、それぞれ単独では顔としての意味を持たない諸細目に潜入が行われなければならない。そうすることではじめて、これらの諸細目は全体として有意味な人間の顔という遠隔項と関係づけて理解されるようになるのである。

しかし、人間の顔を遠隔項とした潜入における諸細目が、目・鼻・口だけとは限らない。たとえば、相手が怒った顔をしているか否かが見分けられるさいには、無意識のうちに相手の顔だけではなく、身振りやしぐさをも手がかりとし、これらの諸細目に潜入しているはずである。反対に、特徴的な目をした相手を見分ける場合は、相手の顔の目・鼻・口の全体ではなくその一部だけをとりわけ重要な諸細目として潜入している可能性がある。だが、定義からして潜入は暗黙的であるため、特定の遠隔項（有意味な人間の顔）がどれだけの範囲の諸細目（それ自体では無意味な目・鼻・口・身振り・しぐさなど）への潜入によって到達されたものであるかは、行為者本人にも、客観的観察者にも特定できないのである。

このように、潜入が行われるところの諸細目を経験的対象のうちに特定することは原理的に不可能である以上、あらゆる経験的対象がその潜入が行われるための諸細目である可能性を持っていることになる。[27]

にもかかわらず、ポラニーは特定の経験的対象への潜入によって遠隔項に到達する事例をいくつもあげている。これが可能なのは、潜入によって到達されるところの遠隔項の範囲と、潜入のための近接項の範囲が、ともに恣意的に限定されているからである。

たとえば、実際に探り杖を使用する人間は、杖の先の感覚を知ろうとするのではなく、杖の先にある物体それ自体を知ろうとするはずであり、そのために、手の感覚のみならず、五感をすべて働かせるはずである。このように、探り杖を使用することは、権利において、世界全体を知るための身体全体の活動である。[28]これを、物理的実体としての探り杖の先端にある物体を知るための、探り杖の後端の活動に還元することは、恣意的な矮小化というほかない。これは同時に、探り杖の使用という技が持ちうる潜在的に多様な有効性を恣意的に限定することでもある。

生田は、ポラニーの潜入概念を援用することで、科学言語・記述言語と比較して一見効率の悪そうなわざ言語が芸能集団において使用される理由を説明することに成功した。すなわち、わざ言語はたんなる身体的技術である「形」を習得するうえでは非効率的だが、「形」に潜入することでその意味を理解するための――「型」を体得するための――諸細目としての役割を果たすとしたのである。しかし、諸細目は必ずしも「形」とわざ言語だけであるとは限らない。なぜなら、芸能集団内には「形」とわざ言語以外にも、事物・しきたり・雑用など多数の要素が存在し、そのいずれもが「形」の意味を理解するための手がかりになりうるからである。すなわち、人間の顔を見分けるさいに目・鼻・口・しぐさのいずれの要素が手がかりになったかを経験的に特定しがたいのと同様に、「型」を体得するさいに芸能集団内のどの要素が手がかりになったかも経験的に特定しがたいのである。

そのため生田は、可能な諸細目の範囲を、「形」とわざ言語から、「形」をめぐる諸活動へ、さらには、事物・しきたり・雑用など「形」とはほとんど関係がないように見えるものにまで拡大せざるをえない。このとき、諸細目の範囲の拡大に応じて、「型」の体得ということの性格も、「形」の意味の理解から、「形」をめぐる活動全体の意味の理解へと変化せねばならない。最終的に、可能な諸細目の範囲が芸能集団の範囲に重なり、「型」の体得が世界全体の意味連関の理解に等しくなったとき、はじめて生田は「型」の体得のための諸細目の範囲を経験的に特定できるようになる。だが、それは芸能集団の範囲内のあらゆるものを潜入すべき諸細目と見なすことによってなのである。

ポランニー自身が生田と同じ困難に陥っていたことは、次の記述からうかがえる。

> 個人的知識（暗黙知の別名―引用者）の蓄えを保持しようと望む社会は伝統に服さなければならない。［Polanyi［1958］1962＝1985：50］

たしかに、「伝統」を諸細目とした潜入によって、先人たちにとっての意味世界を可能にしていたところの遠隔項としての「個人的知識」を獲得することができるかもしれない〈29〉。だが、すべての伝統が等しく個人的知識の獲得に役立つのだろうか。そして、すべての個人的知識が保持されるべきでなく、特定の個人的知識が捨て去られねばならない場合、どのような伝統を廃するべきなのだろうか。暗黙知理論はこれらの問いに答えることができない。そのためポラニーは、生田が行ったように、それに照らしたなら世界におけるすべての伝統が肯定されるところの包括的な活動の意味として「個人的知識の蓄え」を措定せざるをえないのである。

暗黙知理論の問題点とは、特定の経験的対象の意味が、この対象を諸細目とした潜入による遠隔項として理解されると見なしただけで、論理的に、世界中のすべての経験的対象を等しくこの潜入のための潜在的な諸細目と見なさねばならないことである。これは、世界中のあらゆる事物に等しく意味を与えることであるが、まさにそのことによって、世界中のあらゆる事物を等しく無意味にしてしまうのである。

3―4　状況的学習論

教育学者・認知科学者であるジーン・レイヴとエティエンヌ・ウェンガーの「状況的学習（situated learning）」論、あるいは「正統的周辺参加（legitimate peripheral participation, LPP）」論には、生田のわざ理論と多くの共通点を認めることができる。両者は、問題関心とその解決方法のみならず、意図せずして陥っている問題点まで共通しているといえる。

レイヴとウェンガーは、近代学校教育の学習観を相対化するために、西アフリカの仕立屋やアメリカ海軍の操舵手などの徒弟制的共同体のフィールドワークを行った。レイヴが調査した仕立屋の徒弟制においては、新参者は、当初は失敗が致命的ではないような、周辺的な仕事（たとえば製品の仕上げ）に従事する。しかしその間に、全体としての仕事の流れを把握し、先輩たちの勘やコツに触れることができる。したがって、新参者の参加は周辺的であるにもかかわらず、共同体の他の成員に認められた正統的な参加であるといえる。このような正統的周辺参加を続けることで、新参者は次第により重要で失敗の許されない仕事（たとえば生地の裁断）を任されるようになる［Lave and Wenger 1991＝1993：50–52］。

このような観察にもとづいて、レイヴとウェンガーは学習をなんらかの抽象的な知識の内面化の過程としてではなく、「実践共同体（community of practice）」への漸進的な参加の過程として、いいかえれば学習者が「周辺的参加」から「十全的参加」へと進む過程として捉え直すことを提案する。この見方に従えば、学習とは、学習者が実践共同体における人間や道具とより深い関係を結びつつ、その規則や情報へのアクセスを増やしてゆくことにほかならないのである。したがって、学習者がその到達へと方向づけられている「十全的参加」とは、たんなる技能の熟練ではなく、実践共同体における一人前の職人としての「熟練のアイデンティティ（identity of mastery）」［ibid：158］を獲得することである。〈30〉

ここまでの紹介からしてすでに、わざ理論と正統的周辺参加論の相同性は明らかであろう。これらの理論はともに、学習を状況から切り離された抽象的知識の内面化としてではなく、具体的な社会的状況（わざ世界・実践共同体）における実践と不可分のものと見なす。そして、このような観点を検証するために、抽象的知識についての体系化されたカリキュラムや、抽象的知識の内面化の程度を測定するための試験制度などを持たない共同体（内弟子制・徒弟制）を考察する。

だが、これらの共同体には技の習得の程度を表象するための土着の基準は存在しないため、生田とレイヴらはこの基準を外部から読み込まざるをえない。そのために、現実の共同体に、観念としての共同体(世界全体の意味連関・同心円的な実践共同体)を重ね合わせ、これを基準として技の有効性を表象したのである。その結果、技の習得は、学習者が観念的共同体におけるみずからの位置を自覚してゆく過程として表象されることになる。技の完全な習得とは、この自覚の完成（「型」あるいは「間」の習得・熟練のアイデンティティの獲得）として表象される。

だが、観念的共同体を基準にして技の習得を表象しても、技の有効性を十分に捉えることはできない。なぜなら、学習者が現実の共同体内の事物や規則をめぐる多様な実践のなかでそのつど発揮する技の有効性が、観念的共同体におけるみずからの位置の自覚の程度という一元的な尺度によって表象されてしまうからである。その結果、技の有効性はこの尺度のもとでの弁別的な有効性、すなわち、学習者が自分の位置をより自覚しているか、自覚していないかを区別するための弁別的価値に還元されてしまう。これは、ブルデューが、スポーツにおける技の多様な有効性を、スポーツ空間における弁別的価値に還元してしまったことと構造的に等しい問題である。

現実の技が発揮する多様な有効性のなかで、観念的共同体を基準にしては決して表象されえない有効性のひとつは、この観念それ自体を変化させるような有効性である。

たしかに、生田とレイヴらは、共同体が決して不変ではなく、組織形態や指導形態の変化がつねに起こっていることを指摘している。たとえば、生田はビデオの導入による日本舞踊の練習形態の変化を指摘し、レイヴらは仕立屋の共同体を市場の多様化と分業の多様化という歴史的局面のなかに位置づける。だが、共同体の変化の原因は、共同体をめぐる社会経済的状況の変化や新技術の導入などの外的要因にばかり求められるのだろうか。

そうではなく、共同体の変化の要因を、共同体の内部における技の習得過程そのものに求めることも可能なはずである。たとえば、現実の共同体においては、特定の技を習得しつつある学習者が、それまで気づかなかった新たな有効性をその技に認めることがありうるだろう。このとき、この新たに発見された有効性を追求するために、学習者が技における振る舞いを変化させ、また、技の練習方法も変化させることが考えられる。この変化は最初はインフォーマルなものであろうが、これが累積し、前面に押し出されたとき、学習者は共同体を離れて新たな共同体を創り出さざるをえないはずである。S流の指導者は、このようにしてS流を創り出したという。他の武道・芸道における流派の創造者にも、このようにして自流を創り出したことを主張する者は数多い。

もちろん、流派の創造には、創造者たちの主張には表れない様々な要因――経済的要因や象徴的要因など――を認めることは可能であろうが、創造者たちの主張をまったく無視することもできないはずである。しかし、生田とレイヴらは、このような主張に表象される技の有効性の追求という要因を、すべて非本質的なものとして切り捨てざるをえない。なぜなら、観念的共同体を基準にして技の有効性を表象する以上、この基準それ自体を変化させるような有効性は表象できないからである。その結果、社会経済変化や新技術の導入などの外的要因だけが共同体を変化させうるものとして表象されることになるが、表象からこぼれ落ちたものの重大さを考えれば、このような表象しかもたらしえない方法は還元主義のそしりをまぬがれないだろう〈31〉。

3―5　意味から慣習へ

本章第1節で示したように、わざ言語は客観的基準にもとづいて使用されなくとも身体技法の習得を促すことができる。したがって、わざ言語の役割を解明するためには、身体技法の習得過程を抽象的知識の内面化の過程として捉えてはならないことは明らかである。この点で、本章はわざ言語論・正統的周辺参加論と方法的関心を同じくする。だが、これらの方法に従えば、わざ言語の役割とは、学習者が共同体におけるみずからの位置を自覚するのを促すだけになってしまう。わざ言語に、潜在的には共同体そのものを変化させうるような、現実に有効な技を習得するのを促す役割を認めることはできないのだろうか。

ここでは、わざ言語論と状況的学習論を離れて、独自の方法でわざ言語の役割を解明したい。これまで検討してきた観念論的な技の表象を脱け出すために、意味と実践の関係について深い洞察を残した哲学者ルートヴィヒ・ヴィトゲンシュタインの主張を検討することにしよう。

ヴィトゲンシュタインによれば、言葉の意味に従って実践することはできない。彼の『哲学的探求』では、道端に立てられた矢印の道しるべという、誰もがきわめて容易にその意味に従った実践を生み出しうるかに見える記号の意味にさえ、実際は従うことができないことが述べられている。

道しるべが私に示している事は、例えば、通りをその方向に道なりに従って行くべきである、という事か、或いは、その方向に在る野道に道なりに従って行くべきである、という事か、或いは、とにかくその方向に道無き道を行くべきである、という事か？　しかし、私はどの意味でその道しるべに従うべきであるか、という事は、一体どこに書いてあるのか？　そしてまた、道しるべが指し示す方向は、そこに描かれている人差指が指し示す方向なのか、或いは、（例えば）その反対方向なのか？　そして、そのどちらの方向であるか、という事も、一体、どこに書いてあるのか？——そして、もし一つの道しるべの代わりに、道しるべが連続して立っている、或いは、チョークで線が地面に引かれている、とすれば、——それらには、ただ一つの解釈のみが存在するのか？——それ故、そのような場合には私は、そのような一種の道しるべは如何なる疑いも残さない、と言う事が出来るのか？［Wittgenstein 1968＝1997：71-72］

道しるべという規則は無限に多様な解釈に開かれており、この多様性を排除するためには、この規則の解釈を規定するためのメタ規則が必要になる。だが、そのメタ規則も多様な解釈可能性を持つため、このメタ規則の解釈を規定するためのさらなる規則を必要とする。これらの無限に後退するメタ規則をすべて解釈することは不可能である以上、道しるべに従うことは不可能なのである。

このように、道しるべの一見したところ明瞭そうな意味にさえ従うことができないならば、わざ言語の曖昧な比喩的意味についてはなおさらであろう。つまり、わざ言語の意味の解釈を規定するためのメタ規則をどれほど重ねても、それはいかなる実践も生み出すことができないのである。

にもかかわらず、ヴィトゲンシュタインが指摘する規則の意味に従うことの原理的不可能性は、われわれが現実の社会生活を送るうえでほとんど問題をもたらさないように見える。すなわち、われわれが実際に山道で出会う道しるべは、多くの場合解釈の困難を呈することはなく、どの方向に進めばよいのかを疑問の余地なしに教えてくれるように見えるのである。同様に、わざ言語も実際に使用され、現実に有効な技を習得するうえで一定の効果を上げているように見える。

ヴィトゲンシュタインは、規則の意味が実践を原理的に生み出しえないにもかかわらず、事実上それが行われているように見えるという矛盾を、次のように解決する。

> さて、例えば、規則の表現——例えば、道しるべ——は、私の行為と如何に関わっているのか、両者の間には如何なる結合が存在するのか？——さて、これに対する解答は、例えば次のようである——私はこの記号に対して一定の反応をするように訓練されている、そして、私は今そのように反応するのである。[ibid: 157]

ヴィトゲンシュタインの仮想された対話者は、右の見解が規則と行為の因果的結合について述べているか、あるいは、規則と行為が一定の関係を持つに至った由来を述べているだけであり、規則に従うということが本来何において成り立っているかを説明していないと批判する。この批判に対して、ヴィトゲンシュタインは次のように述べる。

> そうではない。私はまた次のような事をも指摘したのである——人は、道しるべの恒常的使用、道しるべの慣習、が存在する限りに於いてのみ、道しるべに従うのである。[ibid: 157]

ヴィトゲンシュタインの指摘を踏まえたなら、わざ言語と実践を関係づけるものは、わざ言語の意味ではなくわざ言語をめぐる慣習であることになる。そうである以上、わざ言語が幾重にもわたる解釈の努力を促し、最終的には世界全体の意味連関の理解へと学習者を導くものであることを示した生田は、実際は、実践におけるわざ言語の役割を示してはいないことになる。なぜなら、実践は言葉の意味の解釈によって生み出されるのではなく、言葉をめぐる慣習によって生み出されるからである。

3―6　有効性の変換という視点

わざ言語が技の習得を促すことができるのは、その意味においてではなく、それが結合しているところの慣習においてであった。このことを踏まえたなら、わざ言語の役割を解明するためにはこれまで紹介してきたものとはまったく異なった視点が要請されるはずである。新たな視点の見取り図を示すために、ひとつのケーススタディを行いたい。

わざ言語が特定の共同体の意味を理解することとは無関係に技の習得を促しうることを示すためには、市販のスポーツ技法解説書におけるわざ言語を検討することが有効だろう。ここでは、豊嶋建広著『トレンディ・ボクシング――あなたも手軽にできる――』(1992) というボクシングの入門書を取り上げる。巻末の著者紹介から、著者は理論・実践両面にわたりボクシングの指導経験が豊かであることがうかがえる〈32〉。カバー裏の紹介によれば、本書は「選手としてボクシングを始める人やレクリエーションとして、ボクシングのトレーニングを始めたい男女向けの『ボクササイズ』指導をしてきた経験を基にした技術書」であり、「できるだけ安全に、楽しく、そして多くの技術を効率よく指導する」ことをメインテーマとしている。

『トレンディ・ボクシング』の特色は、「あまりボクシングになじみのない人でも、日常生活で誰もが目にするようなものをイメージして行うことで、容易にボクシングの技術を習得できるようにイメージレッスンを考案」[豊嶋 1992：14] してあることである。具体的には、それぞれのボクシングの構えや動作について、「プラクティス」欄で客観的な説明がされたのち、「イメージレッスン」欄で比喩的な説明が行われる。

ここでは、「1―4　構え」を検討してみたい。まずは、「プラクティス」欄の「構え方」にある五カ条の説明から、最初の三つだけを引用してみよう。

①顔を正面に向けたまま、スタンスを取った前足と同じ方向に身体を向けて半身になる。
②右の拳を、あごの先端と右側面の中間に軽く触れるように置き、右肘は体側に軽く触れるか、拳が一つ入るくらいにして、右の顔面と右体側を守るように構える。
③左手はひじを九〇～一二〇度くらいに曲げ、拳を肩の高さに上げる。ひじは、左側のボディを守るために、左側面からあまり離さないようにし、脇を締める。[ibid: 32-33][33]

これに続く「イメージレッスン」欄の「半身の構えのイメージ」にある四カ条の説明からも、最初の三つだけを引用してみよう。

(1)狭い路地を通り抜けるイメージ
狭い路地を通り抜けるときのイメージで半身に構えてみよう。
(2)腕相撲のイメージ
腕相撲をするときには、力が十分に発揮できるように身体を半身にする。そのときのイメージを思い起こしてみよう。
(3)中距離走のスタンディングスタートのイメージ
中距離走のスタートは、半身になって構える。これをイメージしてみよう。[ibid: 33][34]

「イメージレッスン」欄の比喩的説明は、まったくボクシングの経験のない初心者が、ボクシングジムなどの共同体に参加することなく、自分一人であるいは他の初心者の友達と一緒に練習する場合にも一定の役割を果たすと思われる。つまり、この初心者は「プラクティス」欄の記述的説明だけを参考にするよりも、「イメージレッスン」欄の比喩的説明も併せて参考にしたほうが、現実に有効な正しいボクシングの構えをより効率よく習得できると考えられるのである。したがって、この比喩的説明は、特定の共同体の提供する意味付けや解釈枠組みに依存せずに有効な技の習得を促すわざ言語であるといえる。

「イメージレッスン」欄のわざ言語が有効な技の習得を促すことができるのは、著者自身がアピールしているように、そこで描かれるイメージが「あまりボクシングになじみのない人でも、日常生活で誰もが目にするようなもの」だからである。つまり、これらのイメージは日常的に有効な振る舞いと慣習的に結びついているために、その意味が解釈されなくとも、直接的にこのような振る舞いを喚起し、日常的動作における有効性を技における有効性に変換することができるのである。

有効性の変換の具体例として、「半身の構えのイメージ」の「(1)狭い路地を通り抜けるイメージ」というわざ言語について検討してみよう。

『トレンディ・ボクシング』の読者のほとんどは、狭い路地を通り抜ける経験をしたことがあると思われる。そのさい、前から見たときの身体の幅ができるだけ小さくなるよう、片方の肩と腰を前に出して身体を斜めにしつつも、足先と顔は前に向けているはずである。なぜなら、そうすることが、路地の左右の家や塀に身体をぶつけないようにしつつも、前方の障害物に注意して進むために有効だからである。このような日常的に有効な動作が、「狭い路地を通り抜ける」という言葉を目にした読者において喚起される。この読者が「狭い路地を通り抜ける」ようにボクシングの構えをとったなら、日常的な有効性がボクシングの構えの有効性に変換されるのである。

すなわち、前から見た身体の幅が小さくなるよう身体を斜めにする動作は、日常的に路地を抜けるときは左右の家や塀にぶつからないための有効性を持っていたが、ボクシングの技では、相手に狙われる部分を最小にするための有効性に変換される。また、足先と顔を前に向けておくことは、日常的に路地を抜けるときは前方の障害物に注意して進むための有効性を持っていたが、ボクシングの技では、相手をしっかり見て、チャンスがあればいつでも飛び込むための有効性に変換される。

同様に、「(2)腕相撲のイメージ」も、日常的に有効な動作と慣習的に結びついている。それぞれのわざ言語が、どのような技の習得を促すうえで有効かは、どのような日常的動作と結びついているかによって決まるといえるだろう。そのため、同じ半身の構えが、日常的な有効性に由来する複数の異なった有効性を持つことになる。これらの有効性どうしが組み合わされることで半身の構えの有効性が形成されると考えられる。

たとえば、「狭い路地を通り抜ける」ときの有効性と「腕相撲」をするときの有効性がうまく組み合わされたなら、相手に狙われにくく、しかも、腕を内側にひねりつつパンチを出すのに有効な構えができるだろう。これに、「中距離走のスタンディングスタート」の有効性が加われば、一瞬で相手に飛び込むためにも有効な構えになるだろう。

日常的実践と慣習的に結合しているのは「イメージレッスン」欄の比喩的イメージだけではなく、「プラクティス」欄の客観的説明についても同様である。たとえば「あごを引いて」という言葉は、気をつけの姿勢や走るフォームの指導において日常的に使用されるため、これらの動作の有効性がボクシングの技の有効性に変換されるはずである。また、「ひじを九〇～一二〇度くらいに曲げ」るという一見したところ日常的文脈とは切り離された客観的・抽象的な言葉であっても、走るフォームの指導など、この言葉が慣習的に結びついている日常的動作は多くの場合存在するといえる。たとえ、ある学習者においてこの結びつきが存在しなくとも、練習のさいのフィードバック、すなわち、鏡を見て自分で動作を修正したり、友人や指導者に指摘してもらって動作を修正したりすることで、肘の角度が正しいときに特定の有効な動作が喚起されるように訓練し、両者の間に新たな習慣的つながりを創り出すことができるだろう。〈35〉

3—1節であげた「腰を高く」というわざ言語は、多くの学習者において日常的動作と習慣的に結びついていないと思われる。そのため、このわざ言語が走る技の習得を促すのは、もっぱら練習におけるフィードバックによって特定の動作との習慣的な結びつきが形成されたときであることになる。つまり、「腰を高く」走ることができたときに指導者にフィードバックしてもらう訓練を繰り返すことで、「腰を高く」という言葉は特定の有効な動作と習慣的に結びつく。このような有効性に、たとえば「頭のてっぺんが糸で吊られたように」などのわざ言語が訓練によって結びつけられた動作の有効性や、たとえば「腕を大きく振って」や「顔を上げて」などのわざ言語が喚起する日常的動作の有効性が組み合わされることで、走るために有効な技が形成されるはずである。

日常的動作の有効性が技の有効性に変換されるという視点によって、わざ言語の役割は解明されたといえる。すなわち、わざ言語とは、特定の共同体の意味ではなく、日常的な振る舞いの有効性を喚起することによって、技の有効性を創り上げてゆくのである。

しかし、有効性の変換という視点は、わざ言語の原理的な役割についてのモデルを提供するものではあっても、わざ言語の役割を経験的に特定し記述するための方法論を提供するものではない。いいかえれば、特定の学習者が特定のわざ言語によって実際にどのような日常的動作の有効性を喚起され、さらに、喚起された複数の日常的動作が具体的にどのように組み合わされたかを経験的に特定するための基準を、有効性の変換という視点は提供してくれないのである。

有効性の変換という視点の限界を示すために、「狭い路地を通り抜ける」というわざ言語を再び取り上げたい。すでに述べたように、有効性の変換という視点によって、このわざ言語がいかにしてボクシングの技の習得を促すかを整合的に説明することができる。だが、同じ視点によって、このわざ言語がいかにしてボクシングの技の習得を促さないかを整合的に説明することもできるのである。

たとえば、「狭い路地を通り抜ける」というわざ言語は、ある学習者においては、正面を向いたまま、両肩を緊張させて引き上げる日常的動作と習慣的に結びついているかもしれない。この動作は狭い路地の両側の家や塀にぶつからないようにするうえで多少は有効であるかもしれないが、ボクシングで相手に狙われる部分を小さくするうえではほとんど有効ではない。この学習者においてはまた、「腕相撲」というわざ言語が、肩に力を入れて相手の手を強く握る日常的動作と結びついているかもしれない。この動作は腕相撲には多少有効であるかもしれないが、ボクシングで素早いパンチを打つためにはまったく有効ではない。もし、この学習者が「狭い路地を通り抜ける」ときの有効性と「腕相撲」をするときの有効性を組み合わせたなら、正面を向いたまま両肩を緊張させて拳を握りしめることになり、ボクシングの技としてまったく有効でない構えができあがるだろう〈36〉。

有効性の変換という視点のもとでは、わざ言語が技の習得を促すことも促さないことも同じぐらい整合的に説明できる以上、この視点はわざ言語の役割を経験的に特定するものとはいえない。この視点は、なんらかの別の方法によってわざ言語の役割が経験的に特定されたあとで、その理由を説明するための整合的なモデルを提供するものでしかないのである〈37〉。

有効性の変換という視点が、わざ言語の果たしうる潜在的に多様な役割をそれぞれ同じぐらい整合的に説明できてしまうのは、わざ言語が慣習的に結びついている日常的動作が一枚岩ではなく、また、日常的動作に由来する有効性の組み合わせの方法も一様ではないためである。

たとえ、練習において特定の動作との慣習的な結びつきが新たに形成されるわざ言語であっても、ひとつの動作が持ちうる有効性はひとつではないため、その動作がどのような有効性においてわざ言語と結びつけられるかは明瞭ではない〈38〉。また、これらの有効性を組み合わせる方法が一様ではないことは、日常的動作に由来する有効性を組み合わせる場合と変わらない。

もっとも、次の三点を仮定したうえでなら、有効性の変換という視点によってわざ言語の役割を経験的に特定することができるだろう。すなわち、(1)共同体の慣習によって、あるいは、厳密なフィードバック訓練の産物としての習慣によって、わざ言語とそれによって喚起される動作が一対一に関係づけられていると仮定し、(2)動作とその有効性も一対一に関係づけられていると仮定し、(3)わざ言語の組み合わせと有効性の組み合わせが一対一に関係づけられていると仮定するのである。

だが、これらを仮定することは、事実上、生田やレイヴらが陥ったのと同じ陥穽にはまり込むことを意味する。なぜなら、これらの仮定のもとでは、わざ言語は観察者によって恣意的に設定された観念的な共同体のうちに閉じ込められ、日常的な振る舞いが持つ現実的な有効性との接点を失ってしまうからである。したがって、わざ言語の役割を経験的に特定するための方法論、そして、技の有効性を表象するための方法論の探究は続けられねばならない。

第4章　身体技法としての実践

これまで、実践理論パラダイム、エスノメソドロジー・パラダイム、状況的学習パラダイム、暗黙知パラダイムという、身体的実践を社会学的に考察するうえで有効とされる四つの主要なパラダイムを検討してきたが、いずれも技の有効性を十分に表象するものではなかった。ここでは、社会学・人類学の通念に従えば、すでにブルデューをはじめとする身体的実践の理論家によって乗り越えられたと考えられているモースの「身体技法論」('Les techniques du corps', 1936)に新しい読解を施すことで、技の有効性を表象するための方法論を導き出したい。

フランスの社会学者・人類学者であるマルセル・モースは、社会学の祖とされるエミール・デュルケムの甥であり、「身体技法論」のほかに、「呪術論」('Esquisse d'une théorie générale de la magie', 1902-1903)、「贈与論」('Essai sur le don. Forme et raison de l'échange dans les sociétés archaïques', 1923-1924)などの著作で知られる。多くの社会学者・人類学者が、これらの著作で展開されている理論的立場を批判的に継承することでみずからの理論的立場を確立した。だが、これらの批判的継承によって見えなくされてしまったモース理論の固有の意義を掬い上げる試みもなされている。

たとえば、すでに第1章で紹介したように、レヴィ=ストロースは「贈与論」を評価しつつも、モースが贈与交換という現象を個人の心理的要因によって説明することに終始していることを批判する。レヴィ＝ストロースによれば、贈与交換は論理整合的な交換システムを構築することで説明されるべきなのである。また、ブルデューは「身体技法論」で提出されたハビトゥス概念を社会学的な概念装置として完成したと一般に考えられている。

それに対し、現代アメリカの人類学者マルセル・エナフは、贈与という初発の契機の意義をはじめて指摘した点で「贈与論」を評価する。贈与とは、自己の全体を相手に投げ出す賭けであり、相手がこの贈与を受け取ったときにのみ、自己と社会関係を取り結ぶにふさわしい存在としての資格を相手に認めることができる。この賭けを経済主義的に還元するのではなく、全体的社会的事実として、すなわち、生理的・心理的・社会的要因の複合として描き出していることに「贈与論」の独自性がある。しかし、レヴィ＝ストロースやブルデューのように、贈与交換を交換システムとして客観主義的に認識してしまっては、この独自性は見えなくなってしまうのである［Hénaff 2003］〈39〉。

また、現代日本の社会学者林大造は、デュルケム的な統合志向パラダイムの暴力性に対して自覚的である点で「贈与論」・「呪術論」を評価する。デュルケムの共同性の理論は、経験科学的には土着の理論を無視する科学者の視点の絶対化をもたらし、規範科学的には統合をより強固にするための「生贄」を不可避的に要求する。モースが「ハウ」などの「モノに宿る力」に着目するのは、取り交わされるモノそれ自体に内在することで、贈与や交換という行為をなんらかの統合的規範によって説明しようとする方法的態度を退けるためである。また、「呪術論」において宗教ではなく呪術が考察されるのは、デュルケムの宗教社会学におけるように聖と俗を截然と分けるのではなく、聖と俗を相即的なものと考えるためである。デュルケムのいう聖は俗なるものを超越し、これを外部から拘束するものであるのに対し、モースのいう聖はあたかも井戸から湧き出る水のように俗なる世界に流れ込み、社会関係を取り結んでゆく。ここには、「贈与論」と共通した関心を認めることができる［林 2002］。

このように、モースの諸著作の固有の意義が再発見されてゆくなかで、「身体技法論」は、いまだ旧態依然とした読解しかなされていない。つまり、この小論は、人々の行為が社会ごとに異なった形式に則っていることを指摘し、このような形式を身体技法として記述することを提案しただけのものとして一般的には理解されているのである。

社会学・人類学の学説史において、モースの身体技法概念がブルデューのハビトゥス概念の先駆として位置づけられるのも、このような理解を前提としてのことである。つまり、モースは行為の形式の相対性を指摘しただけだが、ブルデューはこの相対性の背後に経済的・文化的権力関係が存在することを明らかにしたと考えられている。さらにブルデューは、モースが問題にした狭義の行為のみならず、認知をも生み出すものとしてハビトゥスを位置づけ、象徴暴力とドクサという新しい問題系を切り開いたとされる。こうして、モースにおいては狭義の身体的行為を記述するための概念にすぎなかった身体技法は、ブルデューの手によって、人間の実践全体を視野に入れた精緻な理論体系に組み込まれたと一般に考えられているのである。

本章では、新しい読解を「身体技法論」に施すことで、この小論が現代の社会学・人類学がいまだ到達していない地点に到達していることを示したい。すなわち、この小論においてモースは、身体技法の有効性を記述しているのであり、また、そのための方法論を提示しているのである。この方法論を明るみに出すために、「身体技法論」の論述を順に辿りつつ、主要な部分を引用して考察を加えることで、モースの認識の道筋を浮かび上がらせたい。

4—1　「身体技法論」の可能性の中心

「身体技法（techniques du corps）」の概念は、モースが一九三四年五月十七日にフランス心理学会に向けて行った講演、「身体技法論」（'Les techniques du corps'）においてはじめて提出された。この講演は一九三六年に『心理学雑誌』（*Journal de Psychologie*）に収録されたのち、しばらくの間忘れられていたが、これを再録した遺作『社会学と人類学』

(*Sociologie et anthropologie*, 1950) に寄せられたレヴィ＝ストロースの賛辞を契機として再発見された［宮島 1994: 228］〈40〉。

論文としての「身体技法論」は全四章よりなる小編で、構成は次のとおりである。

第一章　身体技法の概念
第二章　身体技法の分類の諸原則
第三章　身体技法の伝記的列挙
第四章　総括

第一章の冒頭段落で、はやくも身体技法が定義される。つまり、身体技法とは、「人間がそれぞれの社会で伝統的な様態でその身体を用いる仕方」［Mauss［1950］1968＝1976: 121］〈41〉なのである。これをうけて、第二章と第三章では、社会ごとに異なる身体技法の具体例が数多く記述される。最後に、第四章では、身体技法が成立するためは社会の関与が不可欠であることが再確認される。こうして、論文全体を通して、すべての社会における身体技法を記録し、目録化するという壮大な研究プログラムが示唆されるのである。

このような構成を踏まえれば、モースは、様々な社会における行為の形式を身体技法として記述せよ、と主張しているにすぎないかに見える。実際、現代イギリスの社会学者ニック・クロスリーは、次のようにモースの問題点を指摘する。

> モースは、身体技法をめぐる状況やそれが実行される条件とは独立の抽象的な「形式」として身体技法を分析しているため、身体技法が実行されたときにそれらの状況へとどれだけ方向づけられているかを考慮できない。つまり、彼は身体技法

を歴史的かつ個人史的な習得物として扱うが、現在と未来の予期される状況的要請に対応した進行形の実践としては捉えていない。[Crossley 1995：135]

クロスリーによれば、身体技法が実行されるさいの状況的要請を捉えているのはアメリカの社会学者アーヴィング・ゴフマンである。たとえば、モースにとって歩きとは、行為者の社会的地位に応じて異なり、また、異なったシンボル的意味を帯びた身体技法である。身体技法という視点は、歩く行為の社会性を認めた点で評価すべきであるが、ゴフマンはそれを十分に認めたうえで、その先をゆく。つまり、ゴフマンは歩行者の振る舞いを捉えるさいに、歩行が行われる社会的状況（ショッピングモール・静かな通り・野原など）や、歩行者の規範や価値（散歩・行進・うろつき）を重視する。さらに、歩行者が遭遇した相手をそのつどのようにタイプ分けし、対処しているかを捉えている。たとえば、「乞食」や「マーケット調査員」は避けられ、「通勤者」は注意を払われることなく通過される。「歩行者の振る舞いのこれらの性質は、歩く身体技法にとって付加的でも周辺的でもなく、中心的なのである」[ibid：136]。したがって、「身体技法の実行は行為者が直面している状況の規範や要請によって直接的かつ即時的に規定される」[ibid：138] ことを視野に入れなければ、身体技法を真に捉えたことにはならないのである。クロスリーは次のようにモースを総括する。

モースの捉える行為者はマルクスのいう「伝統の死せる重み」に囚われているが、行為者がこの重みをいかにして自分のものとして捉え返し、それを日常的な社会的相互行為の活発な流れに変化させることができるかについての説明、いいかえれば、いかにして伝統がコンピタンス、ノウハウ、そして行為へと変化するかについての説明がない。[ibid：135]

クロスリーによるゴフマン的な立場からのモース批判は妥当なものである。だが、本書の関心からすれば、この批判は、身体技法を客観的構造、すなわち、弁別的な差異の体系のうちに回収してしまうものだといえる。なぜなら、「身体技法の実行」のさいの「行為者が直面している状況の規範や要請」［ibid：138］とは、観察者によって客観的に認識されるほかないからである。ここには、ブルデューが技の有効性を客観的構造における弁別的価値に還元してしまったときの論理、さらに、生田とレイヴらが技の習得過程を共同体の意味のうちに回収してしまったときの論理との相同性が認められよう。

モースの「身体技法論」の可能性の中心は、社会相対的な行為形式として記述されるべき身体技法の概念が提出されたことにあるのではなく、むしろ、このような概念を提出することを可能にした認識の方法論が示されたことにあるのではないだろうか。身体技法を記述するうえで認識という契機がきわめて重要であることを、モースは次のように指摘する。

通常は精神とその反復能力のみしか見ないところに、技法と集合的個人的な実践理性を見る必要があるのである。［Mauss［1950］1968＝1976：127］

モースの主張とは、「精神とその反復能力」によって行われたものとして通常は認識されている行為を、「技法と集合的個人的な実践理性」によって行われたものとして認識し直すべきである、という、すぐれて認識論的・方法論的な主張なのである。このような方法論を適用した結果として、行為は社会ごとに類型化され、行為の形式として記録されることになるが、これは、あらかじめ存在していた行為の形式を単純に記録することとは異なるということに注意せねばならない。

ここでは、「身体技法論」の冒頭段落における身体技法の定義だけを拾い上げるのではなく、この概念の提出に至るまでのモースの認識の道筋を、第一章から順に辿りたい。そして、この道筋の到達点として、身体技法の概念を捉え直したいのである。このように、概念が提出されるべくして提出された必然性の文脈を再構成することは、すべての科学的概念を理解するうえで不可欠な作業であるが、とりわけ身体技法の概念にとって重要なはずである。というのも、モースは第二章以下で身体技法の具体例を列挙するに先立って、第一章のすべてを費やして、「私がどのような機会にこの一般的問題（身体技法の問題―引用者）を追求し、しかも、どのようにして明確にそれを提起することができたか」[ibid: 123]を仔細に説明しているからである。

モースは一九〇二年版の『大英百科事典』の「泳ぎ」についての論文を読んだことをきっかけに、泳法の変遷について興味を持ち始め、ついで、自分の一世代の間の泳法の変化に気づいたという。たとえば、かつては泳ぎを習得したあとで潜水を習ったが、いまでは子供を水中で目を開いたままにしておくのに慣れさせてから泳ぎの訓練を始める。さらに、かつては水を飲み込んでは吐くという泳ぎ方が教えられたが、いまではその慣わしはすたれてしまったことを、モースは次のように指摘する。

> われわれの世代は、ここに技法の完全な変化を目のあたりにする。われわれは、頭を水面から出した平泳ぎが各種のクロールによって取って代わられるのを目撃した。水を飲み込んでは吐き出すこともしなくなった。われわれの時代には、泳ぐ者は自分を一種の汽船のように見立てていたのである。それは馬鹿げたことであったが、しかし、結局のところ私は依然としてこのしぐさをしている。私は自分の技法から脱することができないのである。そういうわけで、われわれは特殊な身体技法、われわれの時代に改良された体操術を持っていることになる。[ibid: 124]

ここでは、「平泳ぎ」と「各種のクロール」という二つの泳法が存在することが指摘されている。「平泳ぎ」では、泳ぐ者は「自分を一種の汽船のように見立て」て、「水を飲み込んでは吐き出」していたが、現代の「各種のクロール」ではもはやそのようなことは行われなくなった。

ただし、重要なのは、「汽船」に見立てて行われていた行為と、水を飲み込まないで水上を進む行為とは、アプリオリに泳法というカテゴリーで括られていたわけではないということである。モースは、これらの行為に「平泳ぎ」と「各種のクロール」という名前を付けているために、これらの行為が泳法であることは自明であるかに見える。だが、モースが、「汽船」の見立てのもとに行われていた行為を「平泳ぎ」とは認識せずに、たとえば、「汽船トーテム」を崇拝するための儀礼として認識していたなら、この行為は水を飲み込まないで水上を進む「各種のクロール」と同じカテゴリーに分類されることはなかったはずである。

論理的に考えれば、二つの行為にそれぞれ泳法という形式が認められるためには、これらの行為の内容の共通性が前提されねばならない。なぜなら、共通の内容を持たない二つの行為の相違は、ただ不特定の相違にすぎず、泳法という形式の相違ではないからである。

ここで、泳法が認識されるために論理的に要請される共通の内容を、仮に〈泳ぎ〉と呼ぶことにしよう。「汽船」に見立てて行われていた「平泳ぎ」と、新たに出現した、水を飲み込まないで水上を進む「各種のクロール」が、ともに〈泳ぎ〉という内容を共有していることが認識されてはじめて、それぞれの行為を「特殊な身体技法」として認めることができるのである。

しかし、二つの行為が〈泳ぎ〉という内容を共有していることを示す客観的な指標は存在しない。「汽船」の見立てのもとに行われていた「平泳ぎ」では、水上を進む速度の感覚や、両腕が水を掻く感覚、水を飲み込む感覚などが、全体として「汽船」と呼ぶにふさわしかっただろう。このような感覚をもたらす行為と、水を飲み込まないで水上を進む、合理化された「各種のクロール」が、本質において同じ内容の行為であることを客観的に知ることはできないはずである。〈42〉

結局、「汽船」に見立てて行われていた行為と、水を飲み込まないで水上を進む行為が、ともに〈泳ぎ〉という内容を持つことを見抜いたのは、モース自身なのである。彼の主観が、両者の内容上の共通性を認識したうえではじめて、相違が形式上の相違にすぎないことが認識され、それらの形式的特徴が「馬鹿げたこと」や「改良された体操術」として、つまり、「特殊な身体技法」として浮かび上がったのである。

注意すべきは、泳法と〈泳ぎ〉は、結果的に構成された形式論理的階梯においては同一のレベルにあるが、発生論的にはまったく異質なものであることである。

泳法と〈泳ぎ〉が形式論理的に同一であるというのは、泳法について、「汽船」に見立てて行われていた古い泳法と、現代の新しい泳法という下位区分が可能であり、〈泳ぎ〉についても、「汽船」に見立てて行われていた古い〈泳ぎ〉と、現代の新しい〈泳ぎ〉に下位区分が可能であるということである。

しかし、〈泳ぎ〉という内容は、それまでは必然的関係を持たなかった二つの行為を、観察者がはじめて媒介することによって導き出されたものである。このような主観による媒介を、「共約」と呼ぶことができるだろう。それに対し、泳法は、すでに媒介され、分節された諸形式として同一の平面上に並ぶ二つの行為を、観察者が同一カテゴリーに「分類」することで創られたメタ形式にすぎない。〈泳ぎ〉とは、形式を与えられる以前の純粋な内容のことであるから、論理的形式のみならず、分節言語という形式さえ与えることはできない。〈〉を付けたのは、言語化不可能なものを、あえて言語化したことを示すためである。

もし、「汽船」の見立てのもとに行われていた行為と、現代の泳ぐ行為がたんに客観的に併存しているだけであったならば、「汽船トーテム」の例で説明したように、それらを二つの形式として認識することはできなかったはずである。二つの行為の背後に〈泳ぎ〉という前論理的に同一的な内容を認めるモースの主観の力によってはじめて、「汽船」に見立てて行われていた行為と現代の泳ぐ行為が同じ〈泳ぎ〉の諸形式として位置づけられ、これらのメタ形式として泳法が認識されたのである。ここまでの順序を図式化すると、図２のようになる。

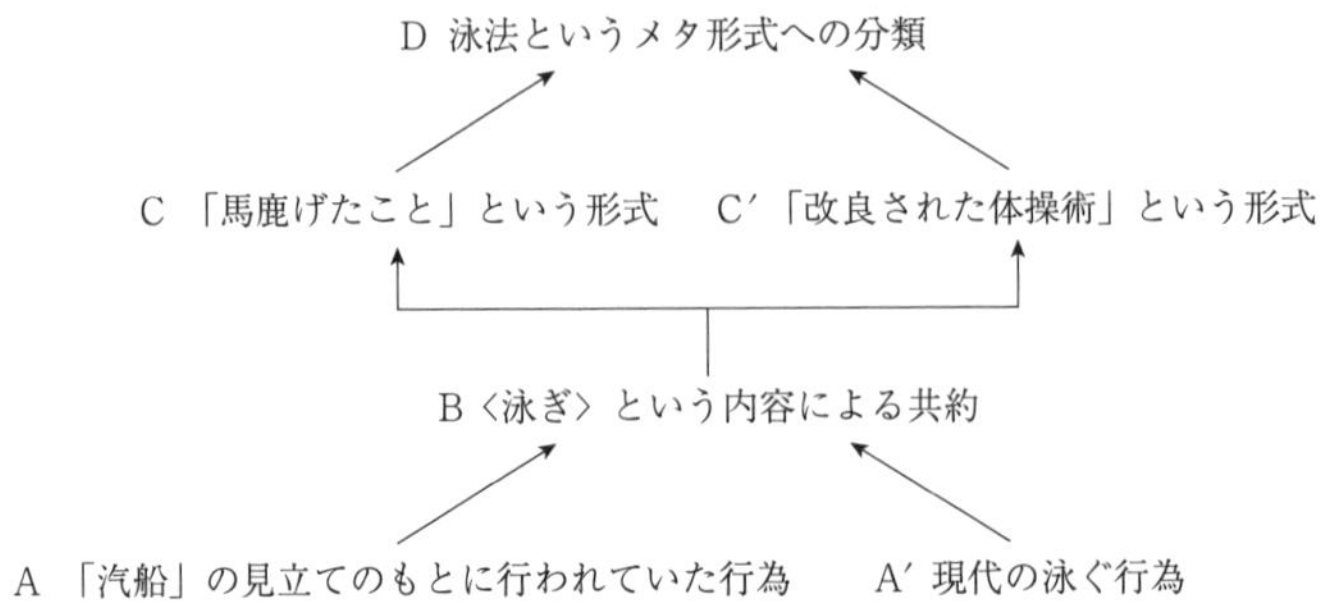

図2　行為の共約・分類の発生論的階梯

上の三角形CC′Dと、下の三角形AA′Bは相同であるように見えるが、下の三角形の底辺AA′は存在しないため、実際に三角形をなすのは上の三角形だけである。上の三角形を下の三点に投影することは、形式論と発生論を混同することである。

発生論的順序は、次のとおりである――A「汽船」の見立てのもとに行われていた行為と、A′ 現代の泳ぐ行為が相互に必然的関係を持たない状態→B〈泳ぎ〉という内容による共約→C「馬鹿げたこと」とC′「改良された体操術」という形式化・言語化→D「泳法」というメタ形式への分類。

以上より、引用部分では、たんに泳法の変化が発見されたいきさつが描かれているわけではないことがわかる。そこには、変化すべき泳法そのものが発見されたいきさつが描かれているのである。泳法の変化の発見は、二つの泳法の比較と帰納的な推論によって可能だが、変化すべき泳法の発見に論理はない。なぜなら、二つの行為がいずれも〈泳ぎ〉という内容を持つべき必然性はないからである。

モース自身がこの箇所における論理的展開を意図していなかったことは、「そういうわけで（Voilà）」[ibid: 124] という曖昧な前置詞からうかがえる。ここに、泳法という形式論理的な相においてしか言語化しえないにもかかわらず、〈泳ぎ〉そのものを何とかして語ることで、発生論的認識を聴衆ないし読者と共有しようとした、モースの苦心の跡を認めることができるだろう。

しかし、このように語りえない内容を、モースはいかにして行為に認めたのだろうか。論理以前の同一性が、論理的な必然性によって認められることはありえない。かといって、モースの記述からは、行為の内容を恣意的に読み込んでいる様子も読み取れないのである。

泳ぎの形式の発見について述べられた段落に続いて、数段落にわたって、類似の発見が数多くあげられる。最初にあげられるのが、モースが第一次世界大戦に従軍中のエピソードである。彼は、イギリス軍とフランス軍にそれぞれ固有の掘る技法があることを発見したという。そのきっかけは、モースと一緒にいたイギリス軍がフランス製のシャベルを使えなかったため、イギリスの師団がフランスの師団と交替するたびに、八千丁ものシャベルも一緒に交換せねばならなかったことである［ibid：124］。

ここでは、シャベルを用いる形式が発見されているが、その内容は、泳法の場合と同じく論理的に導かれたのではなかった。というのも、イギリス軍とフランス軍のシャベルの形状の比較から、両軍の行為の形式の相違が導かれたのではないからである。師団の交替とともにシャベルの交換を余儀なくされてはじめて、それぞれの国で作られた独特のシャベルの形状が、それぞれの国の兵隊によって無意識のうちに巧みに利用されていたことが発見されるのである。このような言語以前の内容が認められることではじめて、両軍のシャベルの形状に依存した行為の形式が存在することが発見できた。

4―2　威光模倣と行為の有効性

シャベルの使い方に続いて、行進の仕方・歩き方・走り方など、数々の行為の形式の発見を例示したあと、モースは、これらの形式を一般的に記述するための方法の模索を始める。最初に、モースは次のように述べる。

だから、私は多年にわたって「ハビトゥス」の社会性という概念を暖めてきた。注意していただきたいのは、私が、正しいラテン語で――ここフランスではご理解いただけるはずです――ハビトゥスという言葉を用いているということです。この言葉は、アリストテレス――心理学者だったのですが――のいう「素質」・「知識」・「能力」を、「習慣」という言葉よりもはるかにうまく表現しています。［ibid：127］

ここでは、行為の形式が、行為者の「ハビトゥス（habitus）」に依存するものとして位置づけられることで、行為者の「素質（exis）」・「知識（aquis）」・「能力（faculté）」の三つの性質の関数として行為の形式を記述する可能性が示唆されている。

だが、これらの観念的な性質は、経験的に記述することができない。そのため、モースは前掲の引用部分に続けて、次のように述べる。

私は、歩き方についての解剖学的、生理学的理論のような、機械的、物理的な考察であるにせよ、あるいはそれとは逆に心理学的、社会学的な考察であるにせよ、単一の考察のかわりに三重の考察に訴えることなしには、走り、泳ぐ、などのこれらの一切の事実について、明確な見解を持つことはできないという結論を下すのである。三重の視点、「全体的人間」の視点こそが必要なのである。［ibid：128］

「三重の視点、『全体的人間（l'homme total）』の視点」とは、生物学的視点・心理学的視点・社会学的視点である。これらの科学的視点を組み合わせることで、行為の形式を一般的に記述することをモースは提案しているといえる〈43〉。

だが、三重の視点は、すでに形式が特定されている行為について、その三重の特徴を記述することはできるが、新たに行為の形式を発見することはできないはずである。なぜなら、生物学にせよ、心理学にせよ、社会学にせよ、科学的方法は不特定の対象に適用することはできないからである。というのも、科学的方法の俎上に載せることができるのは、あらかじめその内容が認められ、他の行為と比較可能な形式として特定された行為だけだからである。そのため、行為に内容を認めることで他の行為と共約せねばならない段階では、科学的方法は無力だといえる。〈44〉前掲の引用部分に続く三段落にわたって、「威光模倣（imitation prestigieuse）」の概念が説明される。そこでは、三重の視点によって行為の形式が記述されるに先立って、記述されるべき行為の形式がいかにして新たに発見されるかが示されている。重要な箇所なので、少々長めに引用したい。

最後に、いまひとつの一連の事実も見逃すわけにはいかなかった。人体利用法のこれらすべての要素には、教育という事実が支配的だったということである。教育の概念は模倣の概念と重ね合わせることができた。……そこで生ずるのが威光模倣である。子供も大人も、その信頼し、また自分に対して権威を持つ人が成功した行為、また、成功するのを目の当たりにした行為を模倣する。その行為は、たとえ身体が関与するもっぱら生物学的な行為であっても、外から、上から強制される。その個人は、その行為を構成する一連の動作を、自分の目の前で、あるいは自分と一緒に他の者によってなされる行為から借り受ける。

模倣する個人の目の前で、秩序立ち、権威のある、証明された行為をなす者の威光ということの概念のなかにこそ、まさしくいっさいの社会的要素が見出される。それに引き続いてなされる模倣行為のなかにはすべての心理学的要素と生物学的要素なるものが見出されるのである。

しかし、それらの全体、総体は互いに離れ難く混淆した三つの要素によって条件づけられているのである。[ibid: 128]

「威光模倣」の概念は、「身体技法論」を理解するうえできわめて重要なものである。にもかかわらず、この概念はこれまで、モースの意図していたはずの事態のちょうど正反対の事態を指す概念として誤解されてきた。その原因の一端は、「その行為は、たとえ身体が関与するもっぱら生物学的な行為であっても、外から、上から強制される」という、引用部分のなかでもとりわけ印象深い一文である。この部分だけを拾い上げれば、あらゆる行為は、実際の有効性とは無関係に、もっぱら社会的な権力関係によって決定されると主張されているかに見える。これに続く、「行為をなす者の威光ということの概念のなかにこそ、まさしくいっさいの社会的要素が見出される」という記述も、「威光」とは社会的な権力関係にほかならないことが述べられているかに見える[45]。

このような読解が正しかったならば、威光模倣とは次のようなものになるだろう。すなわち、模倣対象者と自己との権力関係を、模倣対象者に備わった逆らいがたい威光として知覚した模倣者が、行為の実際の有効性をまったく顧みることのないまま、模倣対象者の行為を盲目的に模倣することで生起する事態である。そして実際に、このような読解は大勢を占めている。そのため、威光模倣とは一般的に、行為に対する恣意的な社会的形式の押しつけとして、ブルデューのいう「象徴暴力」と同様の社会決定論的な事態として理解されてきたのである。しかし、このような読解はテクストの全体を読み取っているとはいえない。

なぜなら、威光模倣において模倣されるのは、「子供も大人も、その信頼し、また自分に対して権威を持つ人が成功した行為、また、成功するのを目の当たりにした行為（des actes qui ont réussi et qu'il a vu réussir）を模倣する（強調は引用者）」とされているからである。すなわち、社会的な信頼や権威を持っている人間がなんらかの行為をしただけでは、模倣を引き起こすには不十分なのである。その行為が模倣に値するものになるのは、それが――できれば相手の目の前で――実際に何かに成功したときだけである。したがって、社会的な信頼や権威に還元されない有効性が認められたときにのみ、行為は威光模倣の対象になるといえる。

有効性が威光模倣にとって決定的であることは、「威光」の概念それ自体が、「秩序立ち（ordonné）、権威のある（autorisé）、証明された（prouvé）行為をなす者の威光（強調は引用者）」とされていることからも読み取れる。ここでいう、行為の「秩序」や「権威」に還元されない「証明」とは、先述した、「信頼」や「権威」に還元されない「成功」に対応する。したがって、「威光」を帯びた模倣対象者とは、その行為が社会的に秩序づけられ権威づけられているのみならず、その行為の有効性が「証明」された者なのである。

ようするに、行為が「成功」し、その有効性が「証明」されてはじめて、その行為は模倣に値する形式を持つ行為として発見されるのである。逆にいえば、行為に模倣されるべき形式が発見されるのは、その行為に有効性という内容が認められたときであることになる。有効性という内容こそ、行為に技法という形式が発見されるための前提であることは、第一章の最後にモースが到達する結論であるが、この結論が先取りされているのである。

引用部分の第二段落では、模倣されるべき形式がいったん発見されたなら、これを三重の視点によって記述できることが指摘される。

まず、模倣対象者の「威光」のうちに、「いっさいの社会的要素」が存在するということは、模倣されるべき形式を社会学的視点によって記述できるということである。ただし、これは模倣されるべき形式を社会学的に還元できるということではない。なぜなら、先述のように、科学的方法は不特定の対象に適用できないからである。つまり、行為が「成功」しその有効性が「証明」されてはじめて、模倣に値する行為の形式は特定されるのであり、この形式を社会学的認識の俎上に載せることも可能になるのである。したがって、模倣対象としての形式を特定するには、社会学的認識はつねに遅きに失するほかないといえる。社会学的認識にできることは、模倣対象としてすでに発見され特定されている形式に、社会学的な特徴のラベルを一枚余分に貼り付けることだけだろう。

「威光」に触発された「模倣行為」に「心理学的要素と生物学的要素」が見出されるということは、模倣対象としての形式を身に付ける過程を心理学的視点と生物学的視点によって認識できるということである。ただし、この形式は、社会学的に還元できないのと同じ理由で、心理学的ないし生物学的にも還元することはできない。また、引用部分の最後で、生物学的要素・心理学的要素・社会的要素は「互いに離れ難く混淆した三つの要素」であると断られていることから、模倣対象としての形式も、それを身に付ける過程も、三つの視点のいずれによっても記述できることがうかがえる。

したがって、モースのいう威光模倣とは、「威光」を帯びた模倣対象者——つまり、その行為が社会的権威を帯びているのみならず、その行為の有効性が「証明」されている模倣対象者——によって目の前で行われた行為が「成功」したために、その行為の形式を模倣すべきものとして認識した模倣者が、同じ形式を身に付けるべく意識的に開始する「模倣行為」なのである。かたや、ブルデューのいうハビトゥスの形成とは、恣意的な社会的形式が行為者の無意識下で反復されることで、行為者の生物学的身体に特定のディスポジションが刷り込まれることであった。両者はまったく異なることに注意せねばならない〈46〉。

だが、模倣対象者の「威光」が社会的な権力関係によって形成された「ドクサ」である可能性はないのだろうか。つまり、模倣対象者の行為は必ず「成功」しその有効性が「証明」されるべく社会的なショーが仕組まれており、模倣者はこれを真正の「成功」や「証明」と取り違えている可能性はないのだろうか。

仮にそうであったとしても、モースはこのような行為にさえも、社会的な権力関係に還元されない有効性を認めるのである。これが明らかなのは、「身体技法論」第一章の結論部分の直前で、呪術行為が考察される箇所である。モースは、第一の事例として、オーストラリア・アボリジニが狩猟のさいに野犬を使って獲物を追跡させるときに唱える「狩猟儀礼であると同時に追跡儀礼でもある呪文」[ibid: 130]を紹介したのち、第二の事例として、同じアボリジニの呪術の紹介と、これら二つの事例についての考察を行う。

もうひとつの儀式である、フクロネズミ狩りの場合は、狩猟者は口に水晶の一片（Kawemukka）——これは優れた呪力を持つ石である——をくわえ、同様の呪文を唱える。この助けによって、彼はフクロネズミを狩り出し、木によじ登り、帯で木にぶら下がったままでいることもできるし、この難しい獲物を追い詰め捕えて、殺すことができる。呪術の方法と狩猟の技法の間の諸関係は明白であり、力説するまでもないほどあまりにも普遍的である。

> われわれがいま検討している心理学的現象は、社会学者の通常の見解からも、明らかにいとも容易に知ることができ、理解することもできる。しかし、われわれがさしあたって把握したいと望んでいるものは、言葉や呪物の力で獲得される確信であり、基本的に生物学的耐久力の事実である行為と結びつくことのできる心理学的勢いである。[ibid: 131][47]

狩猟が仮に成功したとしても、それは、狩猟者が呪石をくわえ、呪文を唱えたことと実際は何の関係もないかもしれない。のみならず、狩猟者がこれらの呪術行為を行ったことで、実際は失敗だった狩猟が成功であるかのように思い込まれているだけかもしれない。

にもかかわらず、これらの「言葉や呪物の力」はそれ自体として、狩猟の成功への「確信」を狩猟者にもたらすうえで有効である。それによって、狩猟の失敗への恐れや不安が払拭され、獲物の追跡という当初の目的を貫徹できるようになる。あたかも、十分な勢いをつけて射られた矢が、少々のことでは横に逸れたり止まったりすることなく、一直線に標的に向かうごとくである。このようにして狩猟行為を成功に導くための有効性を、モースは「心理学的勢い」と呼んでいると思われる[48]。

したがって、モースによれば呪術行為とは、たかが気休めであるが、されど、気休めとして疑いようもなく有効な行為であり、この点で社会的な思い込みとは区別されるべきなのである。ただし、気休めとしての有効性は、モースによって前論理的に認められたものであることに注意せねばならない。そのため、この有効性を「心理学的勢い」として事後的に記述することはできるが、この有効性をもたらす行為の形式を心理学的に導くことはできないはずである。そのような試みは、心理学的還元主義に陥ってしまうだろう[49]。

4—3　身体技法の概念

モースはこれまで、様々な機会に発見された行為の形式を様々な方法で記述してきた。すなわち、「ハビトゥス」の「素質」・「知識」・「能力」として記述し、「全体的人間」の視点、つまり「生理学的視点・心理学的視点・社会学的視点」から記述し、「威光模倣」の対象として記述し、また、「心理学的勢い」をもたらすものとして記述した。しかし、これらの多様な方法は、いずれも、すでに発見された行為の形式を事後的に記述するものであった。そのため、行為の形式の表面的な類似性や差異に依存しない、真に一般的な記述の方法たりえなかったのである。第一章の結論部分の冒頭で、モースはこの困難を次のように告白する。

私は以上のすべてをもってしても満足できなかった。私には、いっさいのことがどのように描写されるかはわかったが、どのように組織されるかはわからなかった。それらのすべてに対してどんな名称、いかなる表題を与えたらよいのかがわからなかった。[ibid：131–132]

だがモースは、続けてすぐさま、この困難をみずから解決する。

それはきわめて単純なことであった。私はただ、伝統的行為を技法と儀礼に分ける区分——私はこの区分は根拠のあるものだと信じている——に従えばよかったのである。これらの行為の様式はすべて技法、身体の技法だったのである。

私は何年にもわたって、道具が介在する場合にのみ技法が存在すると考える間違いをおかしてきた。……

私は有効で伝承的な行為を技法と呼ぶ（みなさんは、この点で技法が呪術的、宗教的、ないし、象徴的行為と変わらないことを認

めるでしょう〉。それは有効でしかも伝承的でなければならない。［ibid：132］

ここに至って、モースは自分が発見してきたすべての行為の形式が、技法であったことに気づく。なぜなら、技法とは「有効で伝承的」な行為の形式であり、これまでに発見された行為の形式もまさにそのようなものだったからである。つまり、行為の形式が発見されたのは、伝承され繰り返し行われてきた行為に、有効性という内容が認められたときだったのである。

異質な二つの泳ぐ行為を前にしたモースが、二つの泳法を発見することができたのは、これらの行為がいずれも〈泳ぎ〉のために有効であると認められたためである。この有効性を実現するための方法としてこそ、二つの泳法は浮かび上がったといえる。シャベルの使用法を発見できたのも、シャベルを用いる行為が、シャベルの独特の形状を利用するうえで有効だと認められたためであった。また、模倣されるべき行為の形式が発見できたのも、その行為が成功し、その有効性が証明されたためであった。また、呪術行為の形式が発見できたのも、その行為が気休めとして有効だと認められたためであった。

このように、発見されたすべての行為は有効性を追求する伝承的な形式だったのであり、その限りで、これらの行為の形式は技法と呼ぶことができるのである。有効性とは行為の形式の発見そのものに内在する契機であり、前論理的に同一的な内容そのものであるため、技法とは、モースが発見したすべての行為の形式に与えられるもっとも一般的な表現だといえるだろう。

興味深いのは、モースがいったん「伝統的行為を技法と儀礼に分ける区分」に依拠して技法を定義しながらも、数段落後に「技法が呪術的、宗教的、ないし、象徴的行為と変わらない」と述べていることである。これは、モースが技法の有効性をきわめて幅広く捉えていることに由来するといえる。つまり、一般的に技法と儀礼を区別する場合、技法は物質的な有効性を実現し、儀礼は象徴的秩序を実現すると考えられる。しかし、モースは技法に、生物学的視点によって記述できる狭義の物質的な有効性のみならず、心理学的視点と社会学的視点によって記述できる有効性――「心理学的勢い」や社会的な「威光」など――をも認めるため、いったんは依拠されたこの区別が取り払われるのである。

したがって、技法の有効性は、生物学的視点・心理学的視点・社会学的視点のいずれにも還元できないといえる。これらの科学的方法は、すでに特定された技法を事後的に記述することはできるが、新たに技法が発見されるために行為に認められねばならない有効性を導くことはできないのである。

だが、モースは科学的方法のほかに、有効性を定義するすべを持たない。そして、有効性の定義とは、すでに発見された有効性にも、今後発見されるべき有効性にも等しく妥当せねばならないのである。行為の有効性の科学的定義の限界は、モース自身の記述に読み取ることができる。

> したがって、みなさんが私の定義を諒とされたと見なすのをお許し願いたい。しかし、一方では、宗教の有効な伝承的行為・象徴的ないし法的な有効な伝承的行為・共同生活の諸行為・道徳的行為と、他方では、技法の伝承的行為との相違は何だろうか。それは、後者の行為が機械的、物理的、あるいは物理化学的行為として当人に感じ取られ、また、その目的で追求されるからである。[ibid: 132]

ここでは、「技法の伝承的行為」が、一見したところ「機械的、物理的、あるいは物理化学的行為」として定義されているかに見えて、実際は、そのように「当人に感じ取られ、また、その目的で追求される」ものとして定義されている。したがって、ある行為が技法であるか否かは、それが実際に物理化学的に有効であるか否かではなく、それが行為者の意識において物理化学的に有効だと信じられているか否かに依存していることになる。これは、技法の有効性を行為者の主観に還元してしまうことである。

他方、前掲の引用部分の二つ下の段落で、モースは次のようにも述べる。

なにひとつとして秩序のなかった諸概念の真っただなかに、秩序が持ち込まれたのである。諸事実を配置する場合にも、原則にもとづく正確な分類がその内部で可能になった。この物理的、機械的、科学的目的への不断の適応（たとえば、われわれが飲むときの）は、一連の整備された行為、それも、個人にあってはみずからによってのみならず、その受けたいっさいの教育、彼みずからが属する社会全体を通し、その社会で占める位置において、整備された行為のなかで追求されるのである。
［ibid：133］

ここでは、技法の目的とするところが「物理的、機械的、科学的目的への不断の適応」であり、この目的が社会的に「整備された行為」のなかで追求されるとある。これは、技法を第一義的に生物学的に有効なものとして定義し、この有効性の実現へと方向づけられている限りにおいて社会学的な有効性を認めることである。引用部分の次の段落では、これらの技法がすべて、意識活動を構成する「象徴的調整の体系」［ibid：133］として配列可能であるとされているが、これも生物学的な有効性の優位を覆すことにはならず、生物学的本質に心理学的意味のラベルが貼り付けられることにすぎない。

技法の有効性が、かたや第一義的に心理学的なものとして捉えられ、かたや第一義的に生物学的なものとして捉えられるという矛盾は、行為の前論理的な内容としての有効性を、科学的方法によって定義することの限界を反映しているといえる。

4-4 相互身体的判断

行為の有効性は、科学的方法によって記述することはできるが、定義することはできないものであった。にもかかわらず、モースは事実として、数多くの行為に有効性を認め、行為の形式を技法として発見してきた。したがってモースは、みずから提出した定義に依拠することなく技法を発見してきたと考えるほかないだろう。

幸い、モースは第二章と第三章で身体技法の具体例を多数あげている。これらの事例から、行為の有効性を発見するための方法、すなわち、行為に前論理的に同一的な内容を認めるための方法を抽出することができるはずである。

第二章と第三章の構成は次のとおりである。

第二章　身体技法の分類の諸原則
一　両性間における身体技法の構造（しかも、たんに両性間の分業にとどまらない）
二　身体技法の年齢別変化
三　能率との関連での身体技法の構造
四　技法の型の伝達

第三章　身体技法の伝記的列挙
一　出産と産科学の技法
二　幼年期の技法――子供の養育と栄養――
三　青年期の技法

これらの章では、身体技法の有効性は、生理学的視点・心理学的視点・社会学的視点から分析的に論じられることは少なくなる。たとえば、第二章第二節の冒頭では次のように述べられている。

四　成年期の技法

幼児がしゃがむのは普通である。ところが、われわれはいまとなっては、しゃがむことができない。私はこれが、われわれの諸民族、諸文明、諸社会の愚かさであり、欠点だと信じている。一例をあげよう。私は前線でオーストラリア兵(白人)と一緒に生活した。彼らには、私よりもかなり優れたところがひとつあった。われわれが泥や水のなかで休止する場合に、彼らは踵の上にしゃがみ込み、休息することができた。だから、われわれが当時そう呼んでいたところの「水」は、彼らの踵の下にあることになったのである。私の方は、足の全体を水につけて、長靴を履いて立ち続けなければならなかった。思うに、しゃがみ込む姿勢は子供にはそのまま続けさせることのできる興味深い姿勢なのである。これを子供から取り上げてしまうのはきわめて愚かな誤りである。われわれの社会以外では、全人類がそれを維持してきた。[ibid: 136]

ここでは、「しゃがみ込む姿勢」に有効性が認められ、これが技法として発見されているといえる。だが、この姿勢の有効性は、これまでのように三重の視点によって記述されるのではない。むしろ、この姿勢をとることができたオーストラリア兵の行為と、とることのできなかったモース自身の行為の有効性の比較において描き出されるのである。

すなわち、前線の泥のなかの休止という状況において、オーストラリア兵は「踵の上にしゃがみ込み、休息する」ことができたために、『水』は、彼らの踵の下にあることになった」。だが他方、モース自身は「足の全体を水につけて、長靴を履いて立ち続け」なければならなかった。こうして、二つの行為が比較されることで、オーストラリア兵の「かなり優れたところ」が説明されるのである。

オーストラリア兵の行為がモース自身の行為よりも優れているということは、有効性を追求する効率において優れているということにほかならない。このような効率の比較のための前提として、モースは、自分の行為とオーストラリア兵の行為がともに同じ有効性を追求していることを認めねばならなかったはずである。そしてこれは、オーストラリア兵の行為の形式がしゃがむ技法として発見されるための前提でもある。

だが、行為の有効性とは、行為そのものから論理的に導くことはできない内容であったはずである。モースはどのようにして、自分の追求しているのと同じ有効性をオーストラリア兵の行為に認め、しかも、この有効性がより効率よく追求されていると判断したのだろうか。

「足の全体を水につけて、長靴を履いて立ち続け」ることにおいて、モースがどのような有効性を追求していたかは想像に難くない。前線の装備を身に付けた行軍、とりわけ、泥のなかの行軍は、モースの足腰に大きな負担をかけただろう。そのため、行軍途中の休止では、どこかに腰を下ろして休むことがもっとも必要だったはずである。だが、泥のなかに脚を投げ出してすわり込むわけにはいかないため、モースは腰を下ろすために適当なもの――適当な高さがあって、上に腰掛けても壊れたりせず、しかも、表面が乾いているもの――を探しただろう。しかし、不幸にしてそれを見つけることができなかったため、彼は不本意ながらも――そのように振る舞うことが歩き疲れた両脚を休めるうえであまり有効ではないことを知りながら――立ったまま休んでいたはずである。

自分の振る舞いの効率の悪さを知っていたモースにとって、目の前で「踵の上にしゃがみ込み、休息」しているオーストラリア兵が、自分の追求しているのと同じ有効性を、より効率よく追求していることは明らかだったはずである。モースは、この振る舞いが、腰を下ろすために適当なもの――自分が探し出すことのできなかったもの――を、踵に求めていることをすぐに見て取っただろう。そして、この姿勢によって、足先の身体の重みは変わらないものの、両脚や膝にかかる身体の重みをかなり軽減できることを理解しただろう。こうしてモースは、両脚を休めるうえでの有効性の追求において、オーストラリア兵の振る舞いが自分自身の振る舞いよりも優れていることを認め、その行為の形式としてしゃがむ技法を発見するのである。

オーストラリア兵の振る舞いがどのような有効性を追求しているかをモースが判断することができたのは、モース自身が、自分の身体の振る舞いに、自分の追求している有効性がどのように反映されているかを知っていたためだといえる。追求される有効性と身体の振る舞いの間には、ある種の論理的関係が存在するように思われるが、これを定式化することは困難だろう。にもかかわらず、モースはこの関係を身をもって知っていたため、論理的な類推によらずに、オーストラリア兵の振る舞いからその有効性を直観的に判断することができたのである。モースは、あたかも鏡を覗き込むように、自分自身における振る舞いとその有効性の関係がオーストラリア兵においても成立していることを見て取り、その振る舞いに映し出された有効性を認めたといえる。

もちろん、このような直観的な判断はつねに正しいとは限らない。たとえば、オーストラリア兵は頑健で行軍にも慣れているために足腰はそれほど疲れていないにもかかわらず、仲間と話をするためにしゃがみ込んだだけかもしれない。あるいは、オーストラリア兵は膝の関節痛に悩まされていて、しゃがむことは苦痛であるにもかかわらず、それを隠して平然としゃがみ込んでいたのかもしれない。いずれの場合も、オーストラリア兵の振る舞いが追求する有効性は歩き疲れた両脚を休ませるための有効性とはかけ離れているため、モースの直観的な判断は外れていたことになるだろう。したがって、モースの判断は、特定の有効性を追求するさいの身体的な振る舞いが、自分と相手で共有されているという前提に立っているといえる。

このように、誤っている可能性はいくらでもあるものの、この判断は誰もが日常的に行っているものである。われわれが、他者がある振る舞いにおいて何をしているか――何を意図しているかではなく、端的に何をしているか――を直観的に判断できるのは、自分自身の振る舞いとそれによって追求される有効性の関係を規定する、なんらかの法則性を身体的に理解しているためだろう。振る舞いには表れない本来の意図を推測したり、振る舞いの背後の感情に配慮したり、振る舞いの意味を解釈したりすることは、このような直観的な判断に対する事後的な補正としてのみ可能であると思われる。この点で、この判断は、あらゆるコミュニケーションの基底をなすものだといえる。

有効性を追求するさいの振る舞いにおいて等しい身体――これを「相互身体」と呼ぶことにする――が共有されているという前提に立っている点で、このような直観的な判断を、「相互身体的判断（intercorporal judgment）」と呼ぶことにし、また、この判断によって他者の行為に有効性を認め、技法を発見しようとする視点を、「相互身体的視点」と呼ぶことにしたい〈50〉。

マイケル・ポランニーの暗黙知理論は、潜入されるべき諸細目の範囲を、特定の経験的対象に恣意的に限定してしまうか、潜在的に経験可能な対象全体を包摂する観念的世界として一般化してしまった。だが、相互身体的判断によって有効性が認められるべき振る舞いの範囲は恣意的な限定も観念的な一般化も受けない。なぜなら、他者のどの範囲の振る舞いに有効性が認められるかは、観察者自身のどの範囲の振る舞いに有効性が認められるかに相関しているからである。

たとえば、オーストラリア兵のしゃがむ振る舞いに有効性を認めたとき、モースは、前線の泥のなかの休止という状況においてなされたしゃがむ振る舞いに限らず、自分自身とオーストラリア兵が潜在的に経験可能なあらゆる状況におけるしゃがむ振る舞いにも有効性を認めていたといえる。

なぜなら、腰を下ろすために適当な物が見あたらず、しかも、脚を投げ出して地面に座ることもはばかられる状況に、モースは日常生活において幾度も遭遇し、そのたびにもどかしさを感じてきたはずだからである。また、このような状況に陥りやすい活動――たとえば、従軍や旅行における各種の活動、登山などの野外活動――におけるモースの行動半径も、必然的に狭められていたはずである。

したがって、モースは、前線の泥のなかで両脚を休ませるための有効性をオーストラリア兵のしゃがむ振る舞いに認めたと同時に、自分が忌避すべき状況の定義を書き換え、自分の行動半径を広げるための有効性をもこの振る舞いに認めたといえる。ある身体が潜在的に享受できる世界の全体を「身体的リアリティ」と呼ぶなら、モースは、自分の身体的リアリティを変化させるための有効性をしゃがむ技法に認めたといえるだろう〈51〉。

モースがこのような根源的な有効性を視野に入れていたことは、しゃがめないことを「われわれの諸民族、諸文明、諸社会の愚かさであり、欠点」であると批判し、また、子供をしゃがめないように習慣づけることを「愚かな誤り」と批判したことにうかがえる。これらの痛烈な批判は、観念的な一般化による独断として片づけられるべきではなく、モースが発見した具体的な相互身体にとってのしゃがむ行為の有効性に対する認識――それが特定の人々の特定の状況における振る舞いだけを変化させるのではなく、大人がしゃがむ習慣を持たない社会における老若男女すべての身体的リアリティを変化させるという認識――に裏付けられた提言として理解すべきだろう。

相互身体的視点は、主観的視点からも、客観的視点からも区別される。すなわち、この視点は、行為者が技の有効性について語ったり書いたりした土着の主観的表象を収集して全体像を創り上げることをしない。そのため、行為者によって信じられた技の有効性を捉えるのではなく、行為者が振る舞いにおいて追求する技の有効性そのものを捉えることができる。また、この視点は、実践を記述するための足場を実践の外部から導入しない。そのため、技の有効性を客観的構造における弁別的価値に還元して捉えるのではなく、客観的構造から享受される身体的リアリティを変化させるものとして捉えることができるのである。

4―5　相互身体性の諸相

モースは相互身体的視点をとることで、第二章・第三章において次々と有効な技法を特定してゆく。これらの技法は、相互身体性という観点から三つのカテゴリーに分けることができるように思われる。第三章第四節「成年期の技法」であげられる技法をいくつか取り上げて分類してみたい。

a．身体的な相手に対する相互身体性

登攀（とうはん）——実は、私は木登りがまことに下手であるといえよう。……木と身体を帯で縛って木登りをする方法は、すべてのいわゆる原始人にあってはきわめて重要である。ところがわれわれにはこの帯を使用するということがない。われわれは電信工事人が帯を用いずにかすがいだけでよじ登るのを見ている。彼らにこのやり方を教えるべきであろう。［ibid：148］

ここでは、「木と身体を帯で縛って木登りをする方法」が技法として特定されているが、その有効性は、木登りに要する時間の短縮や安全性の向上など、なんらかの客観的基準に照らして判断されているのではない。むしろ、「いわゆる原始人」がなんらかの有効性を追求するうえで「きわめて重要」であるためにこそ、有効な方法であると判断されているのである。

「いわゆる原始人」がこの方法によってどのような有効性を追求していたかを知るために、モースは相互身体的判断を行った。この判断は、前掲の段落に付された次のような原注にうかがえる。

私は結局それが有用だと解するようになった（一九三五年春）。［ibid：152, n. 7］

おそらく、一九三四年五月の「身体技法論」の講演から約一年後に、モースは木登り帯の使用を体験する機会に恵まれ、それに依拠してどのような有効性が追求されるかを実感したのであろう。こうして、「いわゆる原始人」の追求する

有効性とモース自身の追求する有効性が重なり合うことで、モースは、この方法がどのような意味で「きわめて重要」なのかを知ることができたはずである。

> 降下——カビール人がトルコ・スリッパを履いて降りるのを見ること以上にめまいを覚えさせるものはない。彼らはどうしてスリッパをしっかりと付け、放さないようにすることができるのだろうか。私もそれを見て試してみたが、なんとも合点がいかないのである。
>
> さらに、ご婦人方がどうしてハイヒールで歩くことができるのかも私にはわからない。このようにいっさいが観察を必要とするのであり、比較するだけではすまないのである。[ibid: 148–149]

ここでは、「トルコ・スリッパを履いて降りる」ことと、「ハイヒールで歩くこと」が技法として特定されている。だが、それに続く一文、「このようにいっさいが観察（observer）を必要とするのであり、比較（comparer）するだけではすまないのである」は一見したところ意味不明である。

二つの技法が特定できたことが根拠として援用され、「比較」以上の何物かとしての「観察」の重要性が指摘されているということは理解できる。しかし、文脈からすれば、「観察」が指しているのは、「カビール人」が「どうしてスリッパをしっかりと付け、放さないようにすること」ができるのかが「合点がいかない（je ne comprends pas）」こと、そして、「ご婦人方」が「どうしてハイヒールで歩くことができるのか」も「わからない（Je ne comprends pas non plus）」ということである。行為が理解できないことを、「観察」と呼ぶことはできるのだろうか。そして、それは行為どうしを「比較」することに対して、どのような認識論的な利点を持つのだろうか。

この疑問は、「トルコ・スリッパを履いて降りる」ことと「ハイヒールで歩くこと」の有効性がいかにして認められたかを考えれば解決できる。すなわち、モースは自分でトルコ・スリッパを履いてみたり、女性がハイヒールで歩く様子を精密に観察したりすることで、これらの振る舞いとそれに依拠して追求される有効性の関係を解明しようとしたのである。その結果、モースはカビール人や女性のように歩けるようにはならなかったと思われるが、にもかかわらず、これらの人々がどのような有効性を追求しているかを知るための手がかりは得られたはずである。たとえば、どのような足の動きによって靴が脱げてしまうか、どのような体勢のときに転びやすいかなどがわかったかもしれない。こうして、カビール人や女性の振る舞いにおいて、自分自身が追求すべき有効性がより効率よく追求されていることをモースは認めることができたのである。

たんに行為どうしを表面的に「比較」するのではなく、行為の振る舞いがどのような有効性を追求するうえで効率的かを相互身体的に判断するための手がかりを集めようとすることこそ「観察」にほかならない。「観察」によって行為を有効な技法として表象したモースは、「比較」しか行わないために行為を恣意的形式に還元してしまったブルデューとは対照的である。

b. 非身体的な相手に対する相互身体性

モースは、いかなる意味でも「身体的」とはいいがたいような状況でも相互身体的判断を行っている。たとえば、第三章第四節「成年期の技法」では次のような技法が紹介される。

> 食べること――みなさんはヘフディングが繰り返し述べたペルシア王の逸話を覚えておられるに違いない。その王はナポレオン三世の招待を受け、指を用いて食事を摂ったのである。ナポレオンは金のフォークをお使いなさるがよいと王に勧めた。王はナポレオンに対して、「あなたはどんな楽しみを断とうとなされているのかがおわかりにならないのです」と答えている。[ibid: 150-151]

ここでは、「指を用いて食事を摂」る技法が特定されているが、モースが有効性を認めるのは、生身の身体を持つ相手の行為ではなく、逸話の登場人物にすぎない「ペルシア王」の行為なのである。非身体的な相手の行為に、自分の追求するのと同じ有効性が追求されているのを認めることは、一見して荒唐無稽に見える。だが、相互身体的判断において前提されねばならないのは、有効性を追求するさいの振る舞いにおいて等しい身体が観察者と行為者に共有されていることであって、必ずしも生身の身体が共有されている必要はないのである。

「ペルシア王」が「指を用いて食事を摂」る振る舞いにおいてどのような有効性を追求していたかは、ほかの方法で食事を摂る振る舞いとその有効性の関係を手がかりに判断することができる。食事を摂るときは、誰でも料理を舌だけで楽しむということはなく、歯で料理の歯触りを楽しみ、鼻で料理の香りを楽しみ、目で料理の彩りを楽しんでいるだろう。このような食事の楽しみを追求するうえでの有効性は、食事をするさいの身体の振る舞いに反映されている。そのため、たとえば、本を読みながらの食事という振る舞いは、目で料理を楽しまない分だけ、食事の楽しみを追求するうえで効率が悪いと判断できる。

反対に、敏感な指先を用いて食物を口に運ぶという振る舞いは、食事の楽しみを追求するうえでより効率的であると判断できるはずである。舌触りや歯触りを楽しむように、指の触覚でも食事を楽しむことで、食事の楽しみに新たな地平が開けるだろう。指で食事を摂る技法を身に付けたなら、あらゆる食事の経験が変化し、享受される身体的リアリティの全体も変化するだろう。モースは、このような相互身体的判断によって、逸話のなかの「ペルシア王」の振る舞いに、自分が追求すべき有効性がより効率よく追求されているのを認めたはずである。[52]

しかし、あらゆる非身体的な相手に対してつねにこのような判断が可能であるわけではない。たとえば、逸話の「ペルシア王」が仮に、差し出されたフォークも自分の指も用いずに、呪文を唱えることで料理を浮かせて自分の口に運び、「あなたはこの楽しみをおわかりにならないのです」と言ったとモースが伝え聞いたなら、彼はこの振る舞いの有効性を自分の追求すべきものとして認めることも、そこに有効な技法を特定することもなかっただろう。したがって、非身体的な相手に対して相互身体的視点をとることは、可能な場合もあるが、つねに可能とは限らないのである。

C．身体的な相手に対する非相互身体性

たとえ、相手が生身の身体的存在であっても、相互身体的判断がつねに可能とは限らない。たとえば、第四章「総括」の最終段落でモースは次のように述べる。

私は、われわれすべての神秘状態の基底そのものにおいて、われわれによって研究されてこなかったが、太古の時代から中国人やインド人によって全面的に研究されてきた身体技法が存在するとまさに信じている。このような神秘主義についての社会-心理-生物学的研究がなされなければならない。私は「神との交通」に入る生物学的手段が必ず存在すると思う。[ibid: 156]

「太古の時代から中国人やインド人によって全面的に研究されてきた身体技法」としての「神秘主義」とは、この引用箇所の直前で紹介される「道教の呼吸法」や「ヨガ」[ibid: 156] のことである〈53〉。モースは、これらの行為を『神との交通』に入る生物学的手段」として捉える可能性を示唆しているのである。

だが、「道教の呼吸法」や「ヨガ」に、相互身体的に有効性を認めることは困難であることが予想できる。なぜなら、これらの行為においては、身体的な振る舞いとそれが追求する有効性の関係が、日常的行為におけるそれよりも不明瞭だからである。そのため、同じ行為に対して、複数の観察者が異なった判断を行い、異なった有効性を認める可能性はきわめて高いはずである〈54〉。

だが、日常的行為においても、この可能性は決して低くないだろう。「身体技法論」では数多くの振る舞いに有効性が

認められているが、モース以外の観察者であったならば、これらの振る舞いにまったく異なった有効性が認められていたかもしれない。そのとき、これらの行為はまったく異なった技法として発見されていたはずである。このような不確実性は、相互身体的な判断にとって本来的だといえる。

４―６　残された課題

モースの画期性は、相互身体的視点に立つことで技の有効性を表象したことである。それは、技の有効性を行為者の主観に押し込めてしまうことではなく、また、客観的な弁別的価値に還元することでもない。かわりに、観察者自身が追求すべき有効性が技の振る舞いにおいて追求されているのを相互身体的に判断することで、技の有効性をありのままに表象することなのである。しかし、モースは相互身体的判断を無自覚的に行っていたため、その可能性と限界を主題的に検討することはなかった。

相互身体的判断の可能性は、行為の有効性を、行為の前論理的に同一的な内容として認めることができる点にあるだろう。それによって、行為の有効性はなんらかの客観的な差異の体系――行為の比較、行為の社会学的分類、行為の科学的記述など――に還元されることなく、逆に、これらの体系に先立ち、これらの体系の構築を可能にする条件として行為のうちに認められるのである。

相互身体的判断が客観性に制約されないという特徴を、モースは最大限に活用しているといえる。彼は、いわゆる「肘掛け椅子の人類学者（armchair anthropologist）」であり、みずからフィールドに出かけていないにもかかわらず、民族誌だけを頼りに世界各地の多様な行為に有効性を認め、これを技法として発見しているからである。のみならず、彼は客観的とはいいがたい多様な手段で知ることができた行為――自分で行った行為・真似しようとした行為・目の前で行われた行為・人づてに聞いた行為――をも有効な技法として発見するのである。
だが、相互身体的判断が潜在的に適用可能な行為は幅広いものの、神秘主義的な行為をめぐる困難で顕著なように、それがつねに適用可能であるとは限らず、また、その適用の方法もひとつとは限らない。そのため、ある判断にはつねに別様の判断がなされえた可能性がつきまとうことになる。
しかし、モースは、自分がいったんその有効性を判断した行為に、まったく異なった有効性が認められる可能性をほとんど考慮していないように見える。彼は、神秘主義的な行為についてさえ、本格的な研究を開始しさえすれば、これを「『神との交通』に入る生物学的手段」として――つまり、生物学的に同一的な有効性を持つ技法として――記述できることを疑っていないのである。〈55〉
したがって、モースは相互身体的判断の可能性を活用しつつも、その限界に対しては十分に自覚的でなかったといえるだろう。相互身体的判断の可能性の条件とは何だろうか。そして、いったんなされた相互身体的判断が覆されるための条件とは何だろうか。実証編では、これらの条件を探求したい。

実証編

実証編では、相互身体的判断の可能性の条件を探求し、また、その方法論的性格を明らかにすることを試みる。そのために、武術教室S流の参与観察（一九九九年五月〜二〇〇三年十月）において、私がどのような機会に相互身体的判断を行うことができたか、そして、どのような記述が可能になったかを検討したい。したがって、本編の記述は、S流についての記述であると同時に、私についての記述でもある。〈56〉

第5章　参与観察の開始

最初に、私がS流と出会い、参与観察を開始するまでのいきさつを述べておきたい。調査先を選定する段階においてすでに、私はいくつかの重要な相互身体的判断を行っていたことを示すためである。

5―1　最初の接触

一九九七年三月、私は大学近くの橋の上から、河川敷の公園で中国武術らしきものを練習している七、八人の集団を見つけ、河川敷に降りて行った。当時、私は大学のサークルで、ある流派の太極拳を約二年間練習しており、他の流派にも興味を持っていた。練習を見ていると、年配の女性が最初に話しかけてきた。私は大学のサークルで太極拳を少しやっていることを話すと、その女性は、そこが特定の指導者が教えている教室ではなく、様々な武術流派の人々が土曜・日曜ごとに集まり、交流していると教えてくれた。彼女がこの集まりの呼びかけ人、Sさんだった。Sさんは、もと高校の体育教師をしており、退職後もしばらくは中学校の部活の顧問を務めていたということだった。

Sさんはそこにいる人々を指差しながら、これらの人々がそれぞれどこの流派の武術を練習しているかを教えてくれた。また、石垣に座っているSさんに、そこにいる人々があいさつに来るたびに、Sさんはその人と私をお互いに紹介してくれた。流派は、太極拳・小林拳・形意拳・合気道など様々であり、また、出身も、日本・中国・台湾・アメリカ・フランスなど様々であった。河川敷に来る回数が増えるにつれ、これらの人々の仕事も少しずつわかってきたが、学生・会社員・指圧師・針灸師・大学教員・武術教室の先生など、様々であった。

私は大学のサークルで太極拳を練習し、また、中国武術関係の本も読んだことがあったので、そこにいる人々がどのような練習をしているかはおおむね理解できた。「套路（とうろ）」と呼ばれる一人で動く型、「站椿（たんとう）」と呼ばれる一人でじっと立つ型、そして、「推手（すいしゅ）」と呼ばれる相撲のように組み合う練習である。套路や站椿の型の多くは私が見たことのないものだったので、それぞれ新鮮であったが、もっとも興味を引いたのは推手であった。

私が大学で練習していた推手とは、二人の人間が交互に決められた動作で攻撃と防御を繰り返す練習方法であった。もっとも基本的な「立円（りつえん）」の「単推手（たんすいしゅ）」は、次の手順よりなる。

(1)双方ともに、右手と右足を前に出す「右半身（みぎはんみ）」か、左手と左足を前に出す「左半身（ひだりはんみ）」のいずれかの構えをとり、自分の前に出した足が相手の前に出した足の真横に来るように向かい合って立つ。

(2)前に出した手首の甲を相手の前に出した手首の甲に接触させる（以降は右半身で右手首を接触させた場合を説明する）。

(3)攻撃側が右手首で防御側の右手首を推し、防御側は、推された右手首を引く。そのさい、攻撃側は相手の胸の中心をめがけて推し、防御側は、相手の手が自分の胸の中心に入らないように、相手の手を自分の身体の右外側に逸らすよう圧力を加えながら自分の右手を引く。

(4)接触した手首の位置がおおむね防御側の右肩付近まで移動したとき、攻撃側と防御側が交替する。つまり、それまでの防御側は、自分の右肩付近にある右手を相手の胸の中心に向けて推し出すことで攻撃し、それまでの攻撃側は、推し出された相手の右手を右外側に逸らすように圧力を加えながら自分の右手を引くことで防御する。

このようにして交互に推し引きを繰り返すことで、双方の手首の接点はずっと維持されたまま、双方の右肩付近をつなぐ対角線上を、肩幅だけ左右に動きながら、主として前後に往復することになる。そのさい、できるだけ力を入れずに柔らかく動くべきであるとされる。

単推手には、立円のほかにもいくつかの接点の移動のパターンがある。また、片手だけを用いる単推手のほかにも、両手を用いる「双推手（そうすいしゅ）」があり、それにもいくつかの接点の移動のパターンがある。単推手・双推手とも、基本的なものでは足を移動させないが、より複雑なものになると、双方が同時に決められたステップで前後左右に移動しながら推し引きを繰り返す。だが、いずれのパターンも、攻撃側が自分の手を相手の中心に向けて推し、それを逸らすように防御側が自分の手を引き、接点が維持されたまま一定の距離を移動した時点で攻撃側と防御側が交替するという基本的な原理と、柔らかく動くべきであるとされている点は同じである。

河川敷で行われていた推手が興味を引いたのは、双方が向かい合って手首を接触させた状態から開始する点では自分の知っていた推手と同じであったが、その後の動作は、決められた動作を交互に繰り返しているわけではなかったからである。

つまり、攻撃側と防御側がそれぞれ行うべき動作のパターンは決まっておらず、推し方も引き方も多様であった。また、攻撃側と防御側の交替のタイミングも決まっておらず、推す側と引く側が一瞬で入れ替わる場面が多く見られた。さらに、双方がほとんど静止しているかのようにきわめてゆっくり動いている状態や、反対に、双方が非常に素早く動いている状態があったため、推す側と引く側の区別がつかないことも多かった。なによりも、足を動かさないで行う単推手でさえ、一方が実際に胸を推されて倒されたり、あるいは、推されなくともバランスを崩されて倒されたりする場面が見られた。足を動かさない推手でさえそうなのだから、足を動かす推手では、いっそうはげしく推されたり、倒されたり、あるいは、足をかけて投げられたりする場面が見られた。しかも、これらの攻撃はすべて、独特の柔らかく流れるような動きで行われるのである。同じ「推手」という練習方法でも、私がそれまでにやっていたものと、今目の前で行われているものは、まったく異なったものだった。とりわけ、相手を実際に推し倒したり、転ばせたりすることは、私の知っている推手では起こりえないことだった。

私がそこで行われている推手に圧倒されたことをSさんに話すと、Sさんは立ち上がって私と向かい合い、実際にやってみせることで私の知っている推手とそこで行われている推手の違いを説明してくれた。右手首どうしを接触させたのち、私が知っているとおりの立円の単推手のパターンでSさんの右手首を推すと、途中でふとSさんの手首の手ごたえがなくなり、その瞬間にSさんの肘が私の胸に突き出された。肘は私に当たりはしなかったが、あっと驚いた私は動作を止めた。五、六回繰り返したが、結果は同じだった。Sさんは笑いながら、自分がただ右肘の力を抜いただけだと説明した。Sさんは口に出して言わなかったが、私は、自分がSさんの手首をまっすぐ推しているつもりでも、実際はかなり強い力で外側に圧力を加えていることに気づいた。

相手の手首に強く圧力を加えていればいるほど、相手に腕の力を突然抜かれたときに大きく外側につんのめってしまう。そのとき、こちらの身体の正面はまったく無防備になってしまうのである。だが、私はSさんに示唆してもらうまで、自分が外側に圧力を加えていることにまったく気づかなかった。それどころか、大学のサークルで二年もの間推手を行ってきた間中、そこで指導されているとおりに、できるだけ力を抜いて柔らかく動くことを心がけており、また、それに完全に成功しているとまではいわないまでも、多少は成功していると思っていたのである。だが、これは間違いであった。

自分が相手の手首にかなりの圧力を加えているのに、そのことに気づかなかったのは、自分がどれほど接点を外側に推そうと、接点の軌跡がつねに決まったパターンを描いていたためである。つまり、接点に対する圧力が目に見える動きとして表れなかったため、圧力自体が意識されなかったのである。

接点に外側の圧力を加えても接点の軌跡が外側に移動することなく、つねに決まったパターンを描くという一見奇妙な事態が起こりえたのは、同じ接点に対して相手がまったく反対方向の圧力を加えることで、二つの力が均衡していたからである。つまり、自分が強く外側に圧力を加えることで接点が辿るべき軌跡を外れそうになったなら、相手も同じだけの圧力で推し返して軌道を修正してくれたのである。逆に、相手が強く外側に圧力を加えているために接点が決められたパターンを外れそうになったなら、自分も同じだけの圧力で推し返すことでパターンに戻そうとする。このようにお互いに推し返すことが可能だったのは、双方が接点の辿るべき軌跡のパターンについてのイメージ(たとえば右半身の立円の単推手ならば、双方の右肩どうしをつなぐ対角線のイメージ)を共有していたからである。共有された軌跡のイメージを基準として双方が無意識のうちに不断に圧力を調整し続けることで、手首の接点は、あたかも左右(内側と外側)方向の力がほとんどかかっていないかのように、決められた軌跡を前後に往復することになったのである。

共有された軌跡のパターンを維持すべく相手が推し返してくれることに依存した推し方を私がしていたことに気づくことができたのは、Sさんが私と軌跡のパターンを共有せず、また、それを維持しようと推し返すこともなかったからであった。そのため、私が推した手はいとも容易にSさんに外されてしまったのである。

こうして、私は自分のそれまでの推手の振る舞い——無意識のうちに接点に外側に圧力をかけること——において追求されていたのは、軌跡のパターンが決まっている推手を続けるための有効性にすぎず、これは河川敷で行われていたような自由に動く推手では、まったく有効ではないことを認めざるをえなくなった。河川敷で追求されている有効性——そして、私自身が追求すべき有効性——を、私は明瞭に認識するには程遠かったが、それでも、河川敷の推手にただ圧倒されていたときよりは、その輪郭をつかむことができるようになったのである。これは、河川敷の推手において追求されている有効性を、私が相互身体的に判断する端緒であったといえる。

5—2　技の有効性の微分

Sさんは、自分よりもずっと推手を教えるのが上手な人として、S先生を紹介してくれた。S先生は、腰が低く丁寧な感じの四〇代後半ぐらいの男性で、太極拳の教室を主宰していた。S先生は、はじめに推手とはどのようなものかを説明してくれた。それは、相手のバランスを崩し合う「一種のゲームのようなもの」である。相手を推したり、引いたり、摑んだり、投げたりすることができるが、相手を突いたり、蹴ったりすることは許されていない。最初の位置から足を動かした時点で負けになる「定歩推手（ていほすいしゅ）」と、足を動かしてもよい「活歩推手（かっぽすいしゅ）」がある。日本では中国武術の大会のひとつの種目として推手の試合が開催されることがあるが、中国では推手だけの大会が大々的に行われている。このように説明したのち、S先生は、「でも、今は遊びでやっているので、ルールはそれほど厳密に決める必要はないのですが、とりあえず定歩でやりましょうか」と言った。私はこのとき、決められた攻撃と防御の動作を交互に繰り返すというそれまで知っていた推手以外にも、勝敗を伴ったゲームとしての推手があることをはじめて知った。

S先生はひととおり説明を終えると、「では、やってみましょうか」と言い、私と向かい合って右半身で立ち、右手を前に差し出した。これは、右手の単推手を開始するときの格好なので、私はそれに合わせて同じ格好をして、自分の右手首の甲をS先生の右手首の甲に接触させた（のちにわかることだが、このように特定の構えをとることで行おうとする練習の種類を相手に伝えることは、武術の指導のさいの身振りとして一般的である）。私はSさんとの経験を踏まえてできるだけ外側に推すまいと考えていたが、推手の体勢で相手と接触したことで反射的に推してしまった。しかし、S先生は突然力を抜くことはなく、じっくりと私の手首の圧力を受けるように、少しずつ腕を引いていき、あるところまで引くとゆっくりと推し始めた。私は反射的に推し返そうとしたが、そのときS先生の手ごたえがなくなり、私は前につんのめるようにバランスを崩してしまった。同じことが何度か続いたあとで、私はS先生が推し始めたときに反射的に推し返すのではなく、立円の単推手のパターンどおりに腕を引くことができた。だが、今度は速く引きすぎて手首どうしの接点が離れてしまった。S先生はすぐに、遮るものがなくなった自分の右手を動かして私の胸の中心に軽く当て、私が足を動かして後ろに下がるまで、柔らかく推した。このような練習をしばらく続ける間、S先生は全体的にとてもゆっくりと柔らかく動いているように感じられたにもかかわらず、知らぬ間に私は足を動かさなければ倒れてしまう体勢に追い込まれてしまい、私は一度もS先生に勝つことはできなかった。

練習の合間に、S先生は、推手では力ずくで推し合うのではなく、推すときも引くときも、相手が推し引きする速さに合わせて動くべきことを教えてくれた。その目安としては、自分の手首にかかる相手の手首の圧力がつねに一定になるようにすればよいということだった。つまり、接点の圧力が高まるということは、自分が推しているときは推すのが速すぎるということであり、自分が引いているときは引くのが間に合っていないということである。このような状態のとき、相手が突然力を抜いて接点を外したなら、自分は前につんのめってしまう。逆に、接点の圧力が低くなるということは、自分が推しているときには推すのが遅すぎるということで、引いているときには引くのが速すぎるということである。このような状態では、自分と相手の手首の接点が離れてしまい、相手の腕を制することができなくなってしまうばかりか、相手の動きをそれ以上感じ取れなくなってしまう。したがって、自分で勝手に推したり引いたりするのではなく、相手のことを考えつつ接点の圧力をできるだけ一定に保ちながら動き、接点を外すことができない体勢に相手を追い込んだときだけ、少し余計に圧力をかけてバランスを崩してやればよいのである。

私はS先生の説明の整合性に感心し、再開した推手でそれを実践しようとしたが、うまくいかなかった。もっとも、自分が攻撃しようとするさいに、できるだけ相手に合わせてゆっくり推すことはそれほど難しくなかった。だが、相手が攻撃するさいに、相手に合わせて腕をゆっくり引くことはどうしてもできなかった。つまり、相手に推されたときは、反射的に、推されまいとして腕に力を込めて踏ん張ってしまうのである。そして、この反射を抑えようとすれば、相手の推す速さとは関係なく一方的に腕を引いてしまい、接点が離れてしまう。接点が徐々に近づくように力を抜かねばならないことを、頭では理解していたのであるが、身体はそのように動かないのである。このように、相手の手首との接点を維持するだけでも難しかったため、接点の圧力のことまではとても気が回らず、それをうまく感じることもできなかった。

私は、自分が接点の圧力について無自覚かつ無感覚であったことに愕然とした。大学のサークルにおいても、私は手首を接することで推手の練習を始め、練習の間中も接点を維持していた。しかし、それが可能だったのは、接点の圧力を手がかりに自分の動作を相手に調和させていたためではなく、むしろ、相手の動作を顧みずに、自分が教えられたとおりの模範的な軌跡のイメージを実現すべく努めていたためであった。だが、自分と相手が思い描く軌跡のイメージは異ならざるをえないため、接点を離さないように、双方とも接点の方向にかなりの余分な力を入れて推し合っていたのである。これは、観念的イメージを実現しようとして動く推手の限界だというほかない。

こうして私は、自分のそれまでの推手の振る舞いが、目の前の相手に対する有効性ではなく、観念としての有効性を追求していたにすぎなかったことを痛感した。推す技や引く技が有効であるためには、観念的イメージに従って一方的に推したり引いたりするのではなく、相手との接点の圧力をつねに感じつつ、これが一定に保たれるように推したり引いたりせねばならなかったのである。

このことを発見してからS先生の動作に注意すると、たしかに、私が接点に加える圧力にきわめて敏感に反応して動いていることが動作の端々から感じられた。また、河川敷のほかの人々の推手についても、双方がきわめてゆっくり動いている状態が持続する理由、そして、独特の柔らかい動きでお互いを攻撃したり防御したりする理由を見て取れるようになった。ゆっくり動くのは、相手の動きを感じ取るために有効だからであり、また、柔らかく動くのは、接点の圧力を一定に保つために有効だからなのである。こうして私は、推手の振る舞いにおいて、私自身の追求すべき有効性が追求されているのを認め、推手の技の有効性を相互身体的に判断することができたのである。

したがって、ある技の有効性を相互身体的に判断するための可能性の条件とは、観察者自身がその技を身に付けるべく努力する過程で、みずからの振る舞いが追求すべき有効性についての認識を、漠然とした観念的なものから、より詳細に定義された具体的なものに変化させることであると仮定することができるだろう。この認識の変化を、技の「有効性の微分」と呼ぶことにしたい。また、この変化によって特定される、より詳細に定義された有効性を追求するための振る舞い——たとえば、接点の圧力を一定にすること、接点を離さないことなど——を技の「身体的ディテール」と呼ぶことにしたい。

推手の技の有効性の微分は、私にとって、推手における身体的経験の変化を予想させるのみならず、日常生活の諸局面において享受される身体的経験の変化——身体的リアリティの変化——をも予想させるものであった。というのも、観念的な有効性のイメージを追求して振る舞うのではなく、目の前の相手の振る舞いに敏感に反応することを追求して振る舞ったほうが、かえって有効であるということは、あらゆる人間関係——競争的関係や手段的関係に限らない——

について妥当すると思えたからだ。

すなわち、何らかの理想的イメージを設定したうえで、相手の振る舞いがこのイメージから外れる限りにおいて相手に働きかけるためには、観念に対する一方的な受動性と、目の前の相手に対する一方的な能動性だけが要求される。それに対し、相手の振る舞いに反応して相手に働きかけるためには、相手を敏感に感じ取る受動性を含んだ能動性が要求される。S先生が推すのに合わせて自分の腕を引くことがどうしてもできなかったことで、私は、自分がこれまで取り結んできた人間関係において、このような受動性を含んだ能動性を十分に追求してこなかったことを反省させられたのである。同時に私は、その有効性を追求することで開けるはずの新たな身体的リアリティを予感し、すでにこの有効性を追求しているはずのS先生の身体的リアリティを推測したのである。

今後は、煩雑さを避けるために、そうすることが特に必要な場合を除いて、これまで提出してきた諸概念——相互身体的判断・有効性の微分・身体的ディテール・身体的リアリティ——には原則として言及しないことにしたい。これらの概念が登場しなくとも、何らかの技や行為における振る舞いが追求すべき有効性について私の認識が変化する出来事は、すべてこれらの概念によって説明されるべき事態であると考えてほしい。つまり、これらの変化はすべて、私が追求すべき観念的な有効性が身体的ディテールとして具体化されることで引き起こされたものであり、それによって私は行為者の追求すべき技の有効性とそれがもたらす身体的リアリティについて相互身体的に判断できるようになったのである。

単推手の説明を終えると、S先生は両手を前に差し出して構えたので、私はそれに応じて両手を差し出し、双推手の練習を行った。私は双推手の経験がほとんどなかったので、単推手にもまして一方的に負けてしまった。双推手は相手との接点が左右二カ所あるため、単推手に比べて相手の攻撃を逸らすことが難しい。たとえば、右半身で構えた単推手で相手が右手首の接点をこちらの胸の中心に向かって推してきたときに、接点は自分の右側（左に開いた身体の背中側）

と左側（左に開いた身体の腹側）のいずれにも外すことができる。だが、双推手で相手が同時に両手首をこちらの胸の中心に向かって推してきたとき、こちらの身体が左右の手首の接点の間に捕われた体勢になってしまい、左右いずれに外すことも困難になるのである。また、こちらが一方の接点を外すことに気を取られている隙に他方の接点を使って攻撃されたときも、攻撃を逸らすことはとても難しい。そのうえ、双推手のときの接点は手首のみならず、手のひら・肘・前腕部・肩・腰などきわめて多くの箇所に変化するため、単推手でさえわからなかった接点への圧力がさらにわからなくなった。

また、S先生は腕を接触させて推し引きするだけではなく、私の腕をつかんで推し引きしたり、肘や手首の関節の逆を取って固めたりなど、複雑な攻撃もするようになった。さらに、単推手では、最終的に倒されるのは胸や肩の付け根などの体幹部が推されたためであることが多かったが、双推手では、両手首や前腕部を推されただけで倒されてしまうことが多かった。これについてS先生は、倒されてしまうのは自分の両腕と胴体が一体化しているからだと説明した。つまり、相手を推そうとして腕に力を入れた瞬間には、腕と胴体は一体化しているので、腕の接点に斜めに力を加えられると、胴体にまったく触れられていないにもかかわらず倒されてしまうのである。私は言われたことに注意しようとしたものの毎回倒されてしまった。

日が暮れる頃まで私は河川敷でS先生に推手の相手をしてもらった。私は一日の練習で多くの刺激を受け、その後も週末の土曜か日曜のいずれか一方は河川敷に顔を出すようになった。S先生以外にも、武術を練習している数多くの人々に相手をしてもらった。これらの人々と経験した推手は、大学サークルで経験した推手よりもはるかにS先生と経験した推手に近かったが、S先生と経験したときほど知らぬ間に倒されてしまうことはなかった。つまり、多くの場合、足を動かさねば倒れてしまう体勢に知らぬ間に追い込まれてしまうのではなく、足を動かさずに相手の推し引きするのに抵抗できる体勢の間に、相手が自分をどのように倒そうとしているかが比較的わかりやすく、足を踏ん張ったり推し返したりすることで抵抗することができたのである。だが、抵抗できたからといって、それが成功することはあまり多くなかった。

練習は、午後二時から三時頃に始まり、日が暮れるまで続くが、Sさんは練習の最後に残っていた若者を連れて近所の店にビールを飲みに行くことがあった。私は三回ほど一緒に行ったことがあり、そのたびごとにSさんにごちそうになった。

河川敷に集まる人々のなかで、独特の動きをしている人々がいた。特に目に付いたのは、両膝を大きく開いて腰を低く落とした半身の姿勢だった。顔だけが正面を向き、身体は完全に側面を向いて開いているので、側面から見ると身体を平らに広げたように見えた。このような非常に動きにくそうな姿勢から、後ろにあった足を大きく一歩前に進めて、ちょうど一八〇度回転するように後ろにあった手を突き出す動作を練習していた。これらの人々は、この姿勢のほかにも太極拳のものとわかる姿勢もとっていたが、この姿勢が特に私の目を引いたのは、同じ姿勢を、私が興味を持っていた日本武術の実践者の一人である黒田鉄山の著書で見たことがあったからであった。

黒田の著書では、このような姿勢が「一文字腰」と呼ばれており、写真入りで解説されていた。黒田によれば、一文字腰は日常的な身体にとってはきわめて動きにくく、不自然な姿勢であるが、「武術的身体」にとっては非常に素早く動くことを可能にする「自然」な姿勢である。写真には、太腿が水平になるほど腰を低くして膝を大きく左右に開いて立っている黒田が写っていたが、この姿勢からなぜ素早く動けるかは想像がつかなかった。

私の興味を引いた人々は、写真に写る黒田ほどは腰を低くしていなかったが、身体を完全に右側に開いた姿勢から一瞬で後ろの足を前進させることで左側に開いた姿勢に変化する様子は、一文字腰の解説で読んだとおりの素早く自然な動作であるように見えた。

一文字腰の姿勢は、河川敷では珍しかった。中国武術の套路では、身体の片側を前に出した半身の姿勢はしばしば見られたが、完全に身体を側面に開く姿勢はほとんど見られなかったのである。また、この姿勢をとっている人々は、竹刀や木刀、杖などの日本武術の武器を河川敷に持参していて、これらを使って練習していた。これらの武器も、膝を開いた独特の姿勢で構えられて、二人一組の型稽古のようなものや、軽い練習試合のようなものが行われていた。それまでにも河川敷で武器を使った練習を見たことはあったが、それは中国武術で使用される独特の形をした刀（片刃のもの）や剣（両刃のもの）であった。

私は、その人々の一人に、どのような流派を練習しているかを尋ねた。答えてくれたのはKさんという名の二〇代ぐらいのアメリカ出身の学生だった。彼は、その流派がS流と呼ばれていることを教えてくれた。それは、陳式太極拳と日本の柔術・杖術などを合わせて、S流の先生が独自に創り出した流派であるということだった。独特の真横を向いて腰を落とした姿勢と突きの動作について尋ねると、その先生は黒田鉄山にも学んだことがあるので、その影響ではないかということだった。私も黒田の著書をいくつか読んで面白かったと言うと、Kさんは、自分はまだ上手にできないけれども、と断ったうえで同じ動作を説明しながら何度かやって見せてくれた。話していると、Kさんと同じ二〇代ぐらいの若者が数人集まってきた。あとで、彼らはIさん、Nさん、Oさんであることがわかった。彼らの先生はその日はたまたま河川敷に来ていないが、よく来るので次に来たら教えてくれるということだった。

ある日曜日、M先生が河川敷に来ていた。M先生と話していたSさんは、私を見つけるとM先生と私をお互いに紹介してくれた。Sさんは以前腰を痛めたさい、リハビリのためにM先生に教わった杖術の型を練習していたそうである。Sさんによれば、M先生は健康法としての太極拳と武術としての太極拳のいずれも上手で、動きがとても素早いという。続いて、Sさんは、私が大学のサークルで太極拳をやっていることをM先生に紹介した。M先生は四〇代半ばの男性で、武術の話をするときの真剣な目つきと、若い頃の話や幽霊の話などをするときのいたずらっぽい目つきの違いが印象的だった。

私は、M先生に自己紹介したのち（このときはまだ研究については話さなかった）、S流について尋ねた。M先生は、S流が陳式太極拳の技をベースにしつつも、中国武術の「円」の動きではなく日本武術の「線」の動きをすることを説明した。私が日本武術の具体的な流派や黒田鉄山との関係について尋ねると、M先生は、竹内流の柔術や杖術のほか、黒田鉄山にも習っていたと言った〈57〉。

続けて、M先生は「円」の動きを説明するために、右手で拳をつくり、これをまっすぐ横に突き出してゆっくり水平に振り回して見せた。「円の動きは末端の速度は速いけど、動き出したら方向を変えられへん」と言いながら、M先生はわざと間合いを詰めて（私に近づいて）拳が私に当たらないようにした。私の肩に拳ではなく前腕部が当たったのを指して、M先生は「こんなふうに、相手に少し近づかれたらもう当たらへん」と言った。M先生によれば、「円」の動きはいったん動き出せば速いが、動き出すのが遅く、軌道修正もしにくいのに対し、「線」の動きは動き出しが速いうえ、「誘導ミサイルのように」まっすぐ相手に向かう。そのため、S流では太極拳に日本武術の特徴を合わせた動きを練習しているという。また、健康法としての太極拳と武術としての太極拳は本来同じものであるため、S流では両方を練習しているという。

M先生は、「少しやってみましょうか」と両手を差し出して推手をするしぐさをしたので、私はそれに応じて相手をしてもらった。M先生はS先生と同様にとても上手で、私はどこをどのように推されているかわからないまま、足を動かすことなしには逃げられない体勢に追い込まれてしまった。だが、攻められるときの感覚はS先生に攻められるときとは対照的であった。S先生は私の力を接点でゆっくり受け止めて、少しずつ接点を私の方向へ移動させて私の体幹部を推したり、私の腕に力が入っているときに接点を斜めから推したりした。それに対し、M先生はほとんど接点で力を受け止めずに、接点をすり抜けるように私に接近して首・胸・腹などの体幹部を推しているように感じた。

練習が一段落つくと、M先生は、動作を交えながら、どのような原理で推手を行うべきかを説明してくれた。M先生は、右の手刀で額の真正面を打つよう私を促した。私がそのようにすると、M先生も右腕を上げて手首で手刀を受けた。私はまっすぐ手刀を打ち下ろしただけだったので、推手のときのように反射的に外側に推してしまうことはなく、私とM先生の接点は前後方向の力で均衡した。M先生は、自分の額の前の手首の接点を指して、「そこに線ができている」と言った。次に、M先生が右腕の力をすっと抜くと、私の腕はまっすぐにM先生の額に向けて進むのではなく、M先生の頭の向かって左側、つまり、M先生の右肩の付近へと吸い寄せられるように逸れてしまった。あたかも、手首の接点に接着剤がついていているかのようであった。私は力を込めていた右手が突然左側に逸らされたので、バランスを崩して前につんのめった。M先生は、そのとき動作を止めて、「今、線を取った」と言った。そして、M先生の身体の少し右側でバランスを崩している私の右腕を軽くつかんで引きながら私の背中に左手を回して推し、抱えるようにして私の身体を自分の右後ろに軽く運んで見せた。前につんのめろうとする私をM先生は抱きとめ、私がバランスを崩し始めたときの体勢に戻したのち、右肘を私の胸に軽く当てたり、右膝を私の下腹部に軽く当てたりして見せた。M先生は、「こんなふうに線を取ってしまったら、何をやっても相手は倒れる」と言った。M先生によれば、「線を取る」原理は、推手のみならず突きや蹴りなどの打撃が許された試合、つまり、「散打（さんだ）」の試合でも有効であるため、S流ではもっぱら「線の取り合い」としての推手を練習しているという。

M先生も、S先生も、さらに、大学の太極拳サークルでも、推手においては相手の力に逆らわずに柔らかく動くべきことを強調していた。だが、大学のサークルではそうすべきことが理念として掲げられているだけで、それが実現されているか否かが振る舞いとして可視化されることはなかった。それに対し、S先生とM先生の推手では、自分や相手のバランスが崩れて足が動いてしまうか否かによってそれが可視化されていた。だが、可視化された動作を、S先生とM先生は異なった概念によって――それぞれ「接点」と「線」として――説明していた。そして、概念化の仕方に応じて、それぞれの先生の推手のときの振る舞いも異なっていたのである。

写真１　入会案内パンフレットの写真

M先生と推手をする前にもS流の会員と推手をしたことがあったが、共通する特徴はよくわからなかった。だが、M先生と推手をしたあとでは、S流の会員がみなM先生と似た動きをしていることがわかった。私との接点をすり抜けようとするために動作が比較的速く、また、私を左右に振り回すような動作ではなく、私に直接向かって来るような動作をするのである。なかでも、NさんとIさんの動作がとても素早かった。

M先生は、私との推手を終えたあと、S流は毎週二回、土曜日と火曜日に武術を練習しているため、興味があれば見学に来てほしいと言い、一枚の簡単なパンフレットをくれた。そこには、S流の特徴・練習内容・練習時間・練習場所の地図・練習風景の写真が記載されていた。練習場所は、私の住んでいるところから電車とバスを乗り継いで一時間ぐらいの距離で、通える範囲にあった。だが、パンフレットの練習風景の写真を見る限り、かなり危険な練習をしているように見えた。それはM先生と相手が二人で屋外で練習している風景で、M先生がちょうど技をかけた瞬間の写真だった。M先生は腰を落として左腕で相手を後ろに跳ね飛ばした直後で、相手は身体を大きく後ろにそらし、今にも後頭部を地面に打ちつけそうだった[58]（写真１：入会案内パンフレットの写真）。このような練習を私はしたことがなく、練習に行くことさえ危険に思えたので、二カ月程の間ずっと逡巡し、あいかわらず大学の太極拳サークルの練習に参加しつつ、週末には河川敷の推手の会に来ることを続けていた。だが時折、S流の会員やM先生と話したり、推手をしたりすることもあり、そのたびにS流の練習が見学に値するものに思えてきた。

S流は私の武術への関心に照らして興味深いのみならず、社会学的なフィールドワークの題材としても興味深かった。

この当時の私は、身体的実践をめぐる従来の社会学的方法に対して、本書理論編で行ったような体系的な批判を行っていたわけではなく、ましてや、従来の方法の問題点を克服すべき相互身体的視点を導き出していたわけではなかった。にもかかわらず、私は、従来の社会学的方法では武術の実践を十全に捉えることができないことを感じており、それにかわる方法を模索していた。

もっとも有望に見えた方法は、ポラニーの暗黙知理論であった。理論編第3章で紹介したように、ポラニーに従えば、あらゆる技の本質は暗黙的である。そうであるならば、技についての社会学的な表象はつねに技の本質を捉え損なっていることになる。このような観点から私は、卒業論文（「「自然」としての武道」1997）で、四名の日本武術の実践者（黒田鉄山・甲野善紀・柳川昌弘・塩田剛三）の主な著書の内容を整理し、これらの実践者の主張するところの技のありかたが、ポラニーのいう暗黙知と同じ性質を持つことを示した。暗黙知が客観化できないように、これらの実践者の技を客観的に認識する試みは、社会科学的方法に従ったものであれ、自然科学的方法に従ったものであれ、すべからく失敗するほかないのである。そのため、これらの技は、客観的な制度によってではなく、師から弟子への直接的な伝達によって教育されねばならない［倉島 1997a］〈59〉。

しかし、卒業論文の結論に対して、疑問がないわけではなかった。すなわち、技の本質の直接的伝達という理念的モデルを設けたところで、それを経験的に適用することはほとんど不可能だからである。たとえば、私が取り上げた四名の武術の実践者自身も、弟子たちへの技の本質の教授がきわめて困難であることを認めている。そのため、このモデルによって説明できる武術の実践は、全体のごく一部のはずである。そのうえ、たとえ、特定の武術の実践者が、技の本質の教授あるいは習得に成功したと主張したとしても、技の本質が自己同一性を損なうことなく教授・習得されたことを判断する根拠は、本質の暗黙性という定義上、どこにもないはずである。この根拠が不在のまま、実践者の主張を鵜呑みにして、ここぞとばかりにこのモデルを当てはめることは、実質的に、モデルを恣意的に適用することでしかないだろう。他方、客観的なカリキュラムによる集団指導方式をとる実践（たとえば、多くの現代武道やスポーツ）には、このモデルを適用することができないはずである。だが、それをもって、これらの実践では非本質的な技しか教授・習得されないと決めつけることはできないだろう。結局、技の本質の直接的伝達というモデルは、現実の身体的実践を描き出すうえでほとんど役に立たないのである。

技の本質の形而上学を抜け出すうえで、S流のフィールドワークは有効であるように思われた。まず、フィールドワークというアプローチそれ自体が、武術についての文献を手がかりとしたアプローチからは見えてこない技のありかたを捉えることを可能にするはずである。さらに、M先生が比較的最近創造したS流をフィールドワークの対象として選択することで、自己同一的な技の本質の直接的伝達というモデルを相対化するような技のありかたを捉えられることが予想された。

だが、S流がフィールドワークの題材として有望であったことは、またひとつ私にためらいの要因をもたらすことになった。なぜなら、S流のフィールドワークを行うことは、S流の一人の会員としてM先生やほかの会員と練習の目的を共有すると同時に、社会学者として、観察・記録・発表などの私だけの目的を持つことを意味するからである。そして、私だけの目的を相手に表明することは、それまで隠された目的をもって接していたことを相手に知らせることであるため、相手に気まずい思いをさせてしまうはずだし、相手がそのような思いをしていることを知っている私自身も気まずいだろう。

とはいえ、いずれはフィールドワークの成果を発表せねばならないのだから、自分の目的を隠し通すことができないことは明らかである。さらに、倫理的には、成果を発表する前に自分の目的を表明することが望ましい。そうである以上、できるだけ早く私の目的を表明したほうが、それが隠されている期間が短くなり、それだけ表明のときの気まずさを軽減できるだろう。したがって、M先生の了解を得るのは、いったん会員候補として教室に見学に行き、M先生や他の会員と関係を形成する以前、つまり、河川敷で行うことが望ましいように思われた。だが、すでにM先生とは推手をしたことがあり、ある種の関係が形成されている以上、目的の表明のときの気まずさがまったく予想されないわけではなかった。

さらに、私の目的の表明は、私とM先生の双方が気まずい思いをするだけでは済まないことも考えられた。すなわち、M先生が私のフィールドワークを許可しない可能性、極端な場合には、私の入会自体を許可しない可能性があるように思われたのである。なぜなら、M先生やS流の会員との推手からうかがえたように、S流の技は容易には言語化できず、また、私はその技を習得してもいないからである。したがって、私にS流について活字化することを許すことは、S流のごく表面的な部分が、しかも、誤解や歪曲を経て活字化される危険を冒すことである。また、S流は他流派と、河川敷でやっているような和気あいあいとした推手のみならず、特定のルールのもとでのより真剣な推手や散打の試合も行っているようだった。そのため、S流の技や練習方法が他流派に対してある程度秘密にされており、私がそれを活字化することが許されないことも考えられた。

これらの要因にもかかわらず、私がとうとうS流に見学に行くことを決意したのは、一九九九年六月のことだった。私は河川敷に来たM先生に見学に行きたい旨を伝えるさいに、同時に、自分の研究について話し、フィールドワークの許可を得ることにした。M先生は、「いろいろな視点から興味を持ってもらえるのはありがたい」と快く了解してくれた。S流の他の会員については、S流に入会したあとで機会を見て自分の研究について話すことにした。

翌週の土曜日に、私はS流の練習にはじめて顔を出し、それが予想に違わないものであることを確認して、入会を決め、参与観察を開始したのである。

5—3　S流の諸活動の概要

私がS流に入会した一九九九年当時、練習は毎週火曜日・木曜日・土曜日の週三回だった。二〇〇三年十月現在まで、毎週の練習で私が参加したのは、主として土曜日の武術の時間と火曜日の練習である。ここでは、S流の活動の諸側面を紹介したい。

もっとも出席者が多く、S流の主たる練習とされているのが土曜日の練習である。それは、ビル三階の貸し教室で午後四時から九時二〇分まで行われるが、前半と後半では練習内容が異なっている。午後四時から六時四五分ぐらいまでの前半の練習では、主として気功体操と太極拳の套路などのゆっくりした動作が練習される。この時間は、「気功の時間」と呼ばれ、参加者のうちでは比較的高齢の会員が占める比率が高い。午後七時から九時二〇分までの後半の練習では、主として太極拳の対練と推手が素早い動作で行われる。気功の時間と同じようにゆっくりした動作の気功体操と太極拳の套路も毎回必ず行われるが、それが占める時間は気功の時間に比べて少ない。この時間は「武術の時間」と呼ばれ、参加者のうちでは比較的若い会員が占める比率が高い。土曜日は練習時間が長いため、最初から最後まで練習に参加する会員は多くなく、前半と後半で比較的年配の会員と比較的若い会員がほぼ入れ替わっている。

火曜日の練習は、もとはS流会（後述）の自主練習であったが、私が入会する少し前に土曜日の練習と同じ正式なS流の練習となり、M先生が指導するようになった。それは、中学校の武道場で午後七時から九時二〇分まで行われる。午後七時から八時ぐらいまでは、土曜日とほぼ同じ気功体操と太極拳の套路がゆっくり行われる。次に、八時から九時ぐらいまでは、「杖（じょう）」と呼ばれる長さ四尺（約一・三メートル）の木製の棒を用いて杖術の対練が素早い動作で行われる。続いて、九時から九時一〇分までは太極拳の対練が素早い動作で行われ、九時一〇分から二〇分までは自由に動く練習が行われる。火曜日は気功のようなゆっくりした動作と武術のような素早い動作が両方行われているが、全体の練習時間が比較的短いので両方通して練習する会員が多い。参加者は比較的高齢の会員と比較的若い会員が半々ぐらいである。

木曜日の練習は、朝一〇時三〇分から一二時まで、河川敷で行われる。これは、推手の練習会が行われる河川敷の広場よりかなり上流にある広場で行われる。そこでは、健康法として効果的であるように、気功体操と太極拳の套路がゆっくりと行われる。参加者は比較的高齢の会員が多い。だが、私は木曜日の練習には参加したことがない。

二〇〇一年から、土曜日・火曜日・木曜日の練習に加え、水曜日にも練習がされるようになった。それは、午後七時三〇分から一〇時ぐらいまで、推手の練習会が行われている河川敷の広場のかなり下流にある広場で、街灯の下で行われる。そこでは、散打の試合に向けた突きや蹴りの反復練習やコンビネーションの練習、さらに、防具を着けたスパーリングが素早い動作で行われる。参加者は比較的若い会員が多い。私は、二〇〇一年に水曜日の練習が開始されたときこれに数カ月参加したあと、二〇〇二年に再び数カ月参加しただけである。

S流は原則として月謝制である。会員は、土曜日か火曜日いずれかの練習に参加するときは六〇〇〇円、両方の練習に参加するときは七〇〇〇円の月謝を払う。木曜日と水曜日の練習は月謝制ではなく、一回参加するごとに一〇〇〇円の参加費を払う。ただし、土曜日・火曜日・水曜日のすべての練習に参加する会員は一万円の月謝になる。月謝は、月初めの土曜日の練習のさいに、教室の入り口近くの下駄箱の上に並べてある月謝袋に入れてM先生に渡す。また、遠方のため練習にあまり出られない会員については、あらかじめ購入しておいた一綴りの券のうち一枚を練習のたびに渡す回数券方式で払う場合もある。

S流は毎週の練習のほかに年に何度かの特別な活動がある。私が会員になった一九九九年当初の特別な活動としては、秋の合宿・太極拳の表演会への出場・年に何度かの試合への出場・各種のレクリエーションがあった。二〇〇一年を最後に表演会には出場しなくなったが、同じ二〇〇一年より、秋の合宿に加えて春の武術合宿が開催されるようになった。また、二〇〇二年より、S流は大会に参加するのみならず、ほかの二つの中国武術の団体と共同で、定期的に散打の練習試合の会合を開催するようになった。

これらの活動における武術の指導はM先生が行うが、それ以外の側面、たとえば、合宿や新年会の日取りの決定と会場の予約・試合の出場希望の取りまとめと出場申し込み・試合に必要な防具やグローブの購入・保険への加入などは、会員の自主的組織であるS流会が行う。S流会は、私がS流に入会する少し以前までは会員の執筆した記事よりなる会誌を発行していたが、私が入会してからはこの方面では活動していない。

S流会についてこれ以上立ち入る前に、それを構成するS流の会員について述べておきたい。S流には三十名程度の会員がいるが、私が土曜日と火曜日の練習で日常的に顔を合わせるのは十五名程度である。年齢別の内訳は、二〇～三〇代の比較的若い年齢層と、四〇～五〇代の比較的高齢の年齢層が約半々ずつである。男女比は、おおよそ男性二に対し女性一である。M先生が会員の名前を呼ぶときも、会員どうしが名前を呼び合うときも、基本的には「さん」づけするが、二〇代の男性の会員に対しては「君」づけすることが多い。

S流の入会者は、私のように河川敷の推手の会でS流を知ったケースのほかは、電話帳広告を見て電話で問い合わせたのち入会するケースが多いが、二〇〇一年以降はS流のホームページや掲示板を見て、電子メールでのやりとりを経たのち入会するケースも増えつつある。入会の動機はほぼ年齢層に対応しているといえる。比較的若い年齢層は、他の武道・武術の経験者で、技の上達のために入会した者が多い。たとえば、二〇〇三年時点で三十歳前後のNさんは空手、Iさんは柔道、Kさんは中国武術の経験者である。一方、比較的高齢の年齢層は、過去に身体を痛めた経験があり、健康になるために入会した者が多い。たとえば、Mさんはぎっくり腰を軽くするために会員になった。

S流会の中心となって活動しているのは、S流の最古参の会員であるYさんとOさんである。Yさんは、S流のごく初期から合宿や新年会などの幹事を多く務めてきた。会計担当のOさんはそれぞれの会員から毎月五〇〇円のS流会費を集金するほか、火曜日の練習の参加者からは武道場使用料として別途毎月五〇〇円を集金する。Oさんは練習の合間に領収記録のノートを広げ、S流会費と武道場使用料を払える人は払うよう促しているが、M先生への月謝に比べるとこれらの滞納率は高い。にもかかわらず、Oさんは辛抱強く少しずつ集金している。二〇〇一年頃より、私が入会した時期の前後に入会した会員であるKさんやAさんも、水曜日の練習の集金や合宿の会計・幹事などを担当するようになってきている。

S流会としてではなくとも、S流の様々な側面に貢献している会員は数多い。

YさんとOさんより少しあとにS流に入会したMさんは、S流以外の武術教室や流派に知人が多いため、S流と他流派との関係を取り持つ渉外役を果たしている。最終的にはM先生がS流の活動として企画する交流会や練習試合は、Mさんが創り出したり維持したりしている関係をきっかけとしていることが多い。Mさんはまた、S流のインターネットホームページの管理人であり、S流の掲示板への書き込みに応対するのみならず、ホームページに掲載されたアドレスへの電子メールによる問い合わせや見学の申し込みにも応対している。最近のS流の見学者のほとんどはホームページを通してS流のことを知った人であるため、Mさんは重要な役割を果たしているといえる。

もうひとつ、Mさんの果たしている重要な役割としてデジタルカメラによる練習の記録がある。Mさんは土曜日と火曜日の練習に参加するときにはほぼ毎回デジタルカメラを持参しており、M先生が太極拳や杖術の対練の技の説明をする場面を動画や写真に記録する。ほかに、会員の練習風景を撮影することもある。動画や写真は、S流の会員専用のホームページに掲載したり、CD-Rに記録して希望する会員に配ったりする。会員専用のホームページを更新するたびに、メールアドレスを持っているS流の全会員にその旨を通知するメールを送っていることからうかがえるように、Mさんはたいへんまめである。

休憩時間に飲むお茶と紙コップはM先生が持ってくるが、お菓子は女性のAさんとZさんが持ってきてくれる。一度誰かが、毎回お菓子を持ってきてもらって申し訳ないと労をねぎらうと、Zさんは、自分たちは練習場所の近くに住んでいるために遠くから通って来る人よりもずっと楽をしていますから、と答えたことがある。AさんとZさんは練習後の掃除も積極的に行うが、彼女たちの少しあとに入会したN君は、いつも率先して教室に掃除機をかける。

このように、S流を主宰し、練習を指導するのはM先生であるが、全体としてのS流の活動は、数多くの会員が支えているといえる。

私が入会した当時は、合宿は年に一度秋に開催されていた。海や山にある研修施設に土日にかけて一泊して、主として太極拳の套路や杖の型が練習された。日程としては、初日の正午頃に現地に集合して、午後いっぱい練習し、夕食後は自由練習をしたり談笑したりし、翌日は朝食後から午後三時頃まで練習し、打ち上げのあとで現地解散するパターンが多かった。食事をすると身体が動きにくくなるため、二日目の昼食時間は設けられておらず、かわりに、練習中に各自が適宜休憩して買ってあるおにぎりやパンを食べたい人だけ食べることになっていたのが特徴的であった。合宿の参加者は、土曜日あるいは日曜日だけの参加者も含めて例年十五名程度だった。

二〇〇一年より、秋の合宿に加えて、春に武術合宿が開催されるようになった。M先生は、当初は散打の試合に出ようとする比較的若い会員を念頭に置いてこの合宿を企画したが、実際は比較的高齢の会員を含めて、秋の合宿とあまり変わらない十五名程度の参加者があった。この傾向は二〇〇三年の合宿に至るまで続いているため、実質的には年に二回合宿が開催されているといえる。武術合宿では、水曜日の練習内容に近い、突きや蹴りやコンビネーションの練習をしたのち、防具を着けたスパーリングの練習が行われた。ただし、スパーリングは主として水曜日の練習に参加している会員だけが行った。二〇〇三年の武術合宿では、杖を用いたスパーリングが行われた。そのとき用いた杖は、M先生とMさんが試行錯誤の末、塩化ビニール製の水道管の芯にスポンジとビニールテープを巻きつけて作製したものだった。

合宿の打ち上げのあとで、M先生が若手の会員を連れて海釣りに行ったことが何度かあった。二〇〇〇年の秋に私が一緒に行ったときは、M先生の車には合宿のための杖や防具、飲み物やお菓子に加えて、釣り道具を四、五人分とランタンなどのキャンプ用品も用意されて車に積んであった。夕方に打ち上げが終わると、M先生と若手の会員四人はM先生の車で海に向かい、途中で食料とエサを買い込んで、徹夜で夜釣りをして、翌日も夕方まで釣りをして、夜に京都に戻った。Nさんが、M先生は「遊びに妥協がない人」だと冗談を言っていたのが面白かった。

二〇〇一年までS流が出場していた太極拳の表演会は、京都府および近府県に所在する二〇以上の教室が加盟している大規模な太極拳の連盟が例年春に京都で開催するものだった。S流はこの連盟に加入していないが、表演会だけゲストとして出場していたのだった。出場する教室のほとんどは、生徒全員が同じ套路を行う集団表演をしているなかで、S流の表演は独特だった。

M先生は、せっかく太極拳を人に見せるのだから、いつもの練習と同じ套路を行うのではなく、見ていて面白いものを工夫したいという考えのもと、ストーリー性のある舞踊として表演を行うことを目指していた。私が入会する前の一九九九年春にこの表演会にはじめてS流が出場したときに、この志向はすでに表れていた。入会して間もない頃、土曜日の練習後に他の若手の会員四人と一緒にM先生の家に行ったとき、私はこの表演のビデオを見せてもらった。タイトルは「花」といい、咲き誇る花が少しずつ散ってゆくというストーリーを太極拳の動作で表現したものだった。表演は好評を博し、地方新聞の記事でこの表演会が報道されたときにも、「花」のストーリーが紹介されていた。

二〇〇〇年春に行われた表演は一九九九年春に行われたもの以上にストーリー性が志向されており、また、そのための練習も長時間にわたった。それは、ある火曜日の練習のさいに、M先生が作成してきた舞踊の台本を配布したことに始まった。タイトルは「祭」といい、全体の筋書きと配役に始まり場面ごとのイメージや動作まで指定されていた。動作はすべて、毎週の練習で行っている太極拳や杖術の動作の一部を取り出したり、応用したりしたものだった。さらに、すべての会員がそれぞれの練習の進み具合に応じた動作によって出場できるように配役が工夫されていた。全員が練習した新しい動作として、入場のさいに歩く動作があった。これは、歩くテンポを変えずに歩幅だけを変えることで歩く速度を調整しつつ、静かに歩く動作であった。私は、Oさんと二人一組になって杖術の型を行うことを主とする配役だったが、それ以外にも、それまでに習ったことのない動作もいくつか含まれていた。ストーリーは多様な解釈を許すものだったが、私には、祭の発生とその形骸化の過程を描いているように思えた。

それ以来、表演会直前まで、火曜日の練習は舞踊の練習にあてられた。最初は、各パートの練習が武道場のあちこちに分かれて行われていたが、練習が進むにつれて、すべてのパートを合わせた全体練習が行われるようになった。その過程で、各パートを演じる会員から振り付けや立ち位置、さらに、入退場の方法についての改良案がいくつも出されて台本が少しずつ変わっていった。たとえば、最後の退場の場面について、当初の台本では、フロア中央に集まっていた全員が拡散する渦巻のように、徐々に大きな円を描くようなコースで退場することになっていた。何度目かの全体練習のとき、Nさんは、退場のさいに全員がそれぞれ回転しながら円を描いて移動したほうが効果的ではないか、と提案し、それを実際にやって見せた。M先生はその考えを取り入れ、台本が変更された。

練習が進むにつれて、音楽や衣装も決まっていった。音楽は、各人がストーリーのイメージに合っていると考えた音楽CDを持ち寄り、約一五分の表演時間に合わせてM先生が編集した。衣装は、黒のシャツとズボンの上に、染色工房を営んでいる会員のKさん夫妻が茜色に染めた生地で作製した貫頭衣風のものをすべての会員が着用した。M先生だけは、白色のゆったりした衣装を着用し、金色の装身具を首に下げたうえでベールのようなものをかぶった。表演会直前の練習日に、M先生は色とりどりのドーランを持ってきて、当日はこれを顔に塗るように言った。M先生は白一色のドーランを顔に塗った。そのときは、会員の多くは躊躇しつつ控えめに塗っただけだったが、表演会当日は全員がかなり大胆に塗っていた。

表演会当日、M先生と何名かの会員は家族や友人と一緒に来ていた。本番は、出だしの音楽がかからないトラブルがあったものの、おおむね練習どおりに進行した。表演終了後は、M先生やMさんが、何人もの他の教室の指導者や大会関係者から好意的な口調で話しかけられていた。表演はかなり好評だったと思われる。

二〇〇一年の春もS流は表演会に出場し、ストーリー性のある舞踊を行った。だが、その直前に散打の試合があったため、表演会当日まであまり練習を積むことができなかった。私自身も含めて、試合以外の理由で火曜日の練習にあまり出られなかった会員も多かったため、そのような会員にはあまり練習しなくてもできるような配役がなされた。それは、フロアの指定された場所で、それまでに習った太極拳の動作を自由に使って舞うというものだった。フロア中央では、練習時間を比較的多くとれた会員がより細かい振り付けに従って舞っていた。私は、フロアの指定された場所で舞うという配役で本番には出場したが、練習はほとんど経験していないため、この年の舞踊についてはほとんど書くことができない。

二〇〇一年を最後に、S流は表演会には参加しなくなった。以前から、M先生は、S流が他の流派とあまりにも異なった表演を行っているために、今年こそは連盟からの出場の打診が来ないのではないか、と心配していると冗談交じりに話したことがある。そして、二〇〇二年冬のある火曜日の練習の休憩時間に、M先生は「とうとう今年は打診が来《こ》おへんかった」と笑いながら話した。

第6章　身体の同一性の解体

追求すべき技の有効性の微分を、私は河川敷の推手において幾度か経験してきたが、これはS流に入会後も続くことになる。S流における技の有効性の微分について特徴的なのは、ひとつの技の有効性が幾度も繰り返し微分し、そのつど思いもよらない身体的ディテールが特定されたことである。

最初に、太極拳の対練で頻繁に練習される技のひとつである、「金剛搗捶（こんごうとうすい）」において追求されるべき有効性の微分を検討したい。そのために、まずは太極拳の対練が行われる土曜日の練習を紹介しよう。

6―1　土曜日の練習の概要

土曜日の練習の典型的な時間配分をタイムテーブルとして記述すれば、次頁の表のようになる。

私は、たまに気功の時間にも顔を出すことがあるが、基本的には、武術の時間に参加している。私が午後七時前後に教室に着くと、M先生は玄関脇の台所風のスペースに置いてある椅子に座って、玄関に立っている会員と話している。

これらの会員は、気功の時間に参加していた人々で、帰る前にM先生と少し話をするのである。教室には気功の時間から残っていて武術の時間にも参加する会員や、武術の時間に参加するために来たばかりの会員が合わせて四〜八名いるが、遅れて来る会員も多いので練習の最後には六〜十四名に増える。

M先生のいる台所風のスペースと玄関を隔てる腰の高さぐらいの下駄箱の上には、月初には月謝袋が並べられている。合宿や試合が近いときには、M先生がパソコンで作成してきた案内資料が重ねて置いてあることもある。玄関には足拭きマットが敷いてあり、その上にたくさん靴が並べられている。玄関の左脇には先述の下駄箱があり、右脇には腰の高さのロッカーと、その向こうに同じ高さの小さい机がある。ロッカーは扉の付いていないもので、中に入っているカバンやコートが見える。机の上には、M先生の持ってきたお茶と、主にAさんとZさんの持ってきたお菓子が三、四種類並べられている。お菓子の種類はビスケットやチョコレートに煎餅など様々であるが、会員の誰かが旅行に行ったときのおみやげが見られることもある。私が着く頃には多くが開封されているが、中身は残っている。お菓子のほかに、すでに誰かが使った紙コップがたくさん並べられている。〈60〉ロッカーの上の壁には時計とカレンダーが掛けてある。ロッカー横の机の向こうには更衣室の入り口がある。一人用で、アコーディオンカーテンを開閉して出入りする。中には服を入れるための二段のカゴがあり、更衣室と練習フロアを隔てる仕切りには針金のハンガーがたくさん掛けてある。

玄関スペースは練習フロアにつながっている。練習のさいの正面はフロア西側の壁であり、気功体操や太極拳の套路ではM先生がこの壁の中央に立つ。西側の壁は、フロア南側にあるトイレのドアの前の衝立とともに鏡張りになっている。玄関はフロアの南東角、M先生が椅子に座っている台所風のスペースは南中央、トイレは南西角にある。トイレの前の西側の壁沿いには掃除道具の入った縦長のロッカー、予備のイス、ホワイト

気功の時間

4:00 〜 5:00　気功体操
5:00 〜 6:30　太極拳の套路
6:30 〜 6:45　気功体操
6:45 〜 7:00　休憩

武術の時間

7:00 〜 8:00　太極拳の対練
8:00 〜 8:15　気功体操
8:15 〜 8:30　太極拳の套路
8:30 〜 9:20　自由に動く練習

ボードが置いてある。フロア北側の壁には大きな窓があり、その前には脚を折り畳んだ長机がたくさん重ねられている。この貸し教室ではS流の武術教室のほかに、バレエやダンスの教室が開かれており、これらの教室の宣伝が外から見えるように白色の鏡文字で大きく窓に書かれている。フロア東側には南東角の玄関から壁沿いにロッカーと机、更衣室の入り口があり、その向こうの北側の壁に近い東側の壁には窓がある。フロアはクリーム色の樹脂で覆われたコンクリート製で、全部で二十畳ぐらいの広さがある。

教室に入った私は、M先生が下駄箱の向こうのスペースにいるときにはあいさつし、目が合った他の会員ともあいさつしてから、更衣室で着替える。練習着は動きやすければ何でもよいことになっており、私の場合、夏は半袖のTシャツと綿のゆったりしたズボン、冬は長袖のTシャツやトレーナーと厚手の綿のゆったりしたズボンを着用する。私と似たような格好をした会員のほかには、ジャージを着用する会員や、ボタンの付いた襟付きシャツのままで練習する会員もいる。練習用の上靴を履く会員もいるが、私はほとんど履いたことがない。着替えと荷物は、更衣室の外のロッカーに入れる。着替えたあとで、私は眼鏡を外して下駄箱の上に置く。

気功の時間だけ参加する会員がほぼ帰り、教室が落ち着くとM先生は「そろそろ始めよか」と言い、台所のスペースから教室の中央付近に出て来て正面の壁を背にして立つ。それまで話をしたりお菓子を食べたりしていた会員がM先生の前に集まりだすと、M先生は最初に自分の近くに来た会員の前に移動し、「今日は、こんなのやってみよか」と言って技をかける。〈61〉

このようにして、土曜日の武術の時間の練習は始まる。以下では、これを構成する要素をそれぞれ詳しく紹介したい。

a．太極拳の対練

M先生が教室の中央に移動すると、教室にいる会員もM先生の周りに移動し始めるが、着替えの途中や、お菓子を食

写真2　型の指導をするM先生

べている途中、他の会員と話をしている途中などの会員もいるので、全員が集まるまでに少し時間がかかる。フロアで太極拳の套路や気功体操などの一人練習をしていた会員は比較的早くM先生の近くに移動するため、M先生はこのような会員を相手に、まだ全員が集まらないうちに対練の型の指導を始める（写真2：型の指導をするM先生）。

M先生は、近くにいて自分のほうを向いている会員の前に移動し、少し考えるそぶりを見せたのち、特定の構えをとる。構えは、次の二種類のいずれかである。

(1)右半身。両足を左右に肩幅に開き、膝を少し曲げて左足を一歩後ろに引き、身体の右側が前に出るように身体を少し斜めにして、両手を腰から胸ぐらいの高さに上げて、肘を軽く曲げ、自分の胴体への攻撃を促すように両手を少し左右に開く。顔はまっすぐ相手を向き、上半身は立てる。

(2)左半身。右半身の左右を反転させたもの。

次に、M先生は相手がどのように動くべきか口頭で指示しながら、相手の動くのを促すように身振りする。ほとんどの指示は次の四つのいずれかである。

(1)右半身のときは右手、左半身のときは左手を少し前に差し出し、相手につかみやすくしながら、「右手（左手）で手首を持って」と言う。会員はそのとおりにするが、右手で持つときは右足、左手で持つときは左足を前に出す。

(2)構えた両手を少し開いて、相手に突きやすくしながら、「右（左）で中段を突いて」と言う。会員は、右で突くときには、M先生から二歩ぐらい距離をとり、左半身で構えて右肘を後ろに引いた状態から、右足を大きく一歩踏み込みながら右手でM先生の胸の中央を突く。左で突くときは動作を左右反転させたものを行う。

(3)構えた両手を少し開いて、相手に突きやすくしながら、「右（左）で上段を突いて」と言う。会員は、中段突きのときと同じように構えるが、M先生の顔の中央を突く。

(4)構えた両手を少し開いて、前足の膝を少し外側に動かして、相手に蹴りやすくしながら、「右（左）で下段を蹴って」と言う。会員は、右で蹴るときには、M先生から一歩ぐらい距離をとり、左半身で構えて右足を後ろに引いた状態から、右足でM先生の下腹部の中央を蹴る。

指示を受けた会員が言われたとおりにすると、M先生はそれに応じた技をかけるが、その前に、軽く手足を動かし、どの型を練習するか考えるそぶりを見せることが多い。とりわけ(1)の場合は、先生は手首を持たれたあとすぐに技をかけるのではなく、「これは前に練習したから今日はこれをやろうかな」などと話しながら手足を動かす。

技をかけられた会員は、倒された場所からすぐに移動して、次の会員に場所を空ける。次の会員も前の会員と同じことをし、先生は同じように技をかける。これは、全員が一回ずつ技をかけられるまで繰り返される。先生は、初心者に技をかけるときはゆっくりとかけ、後ろに倒す場合も頭を打たないように頭を抱きかかえるように倒す場合が多い。受け身に慣れた会員に対しては、比較的素早く技をかけるが、相手に応じて調整しているのがわかる。

ほとんどの技は、相手の攻撃を外しつつ、自分の身体を相手の身体に接近させる動作よりなる。どのような動作で接近するかは多くのヴァリエーションがある。

たとえば、相手が手首を持ったときには、相手の手を右か左に外しつつ接近しながら、次の動作が行われうる。

(1)自分の身体を相手の身体の裏に入り込ませ、相手を後ろに倒す。

(2)自分の身体を相手の身体の前に入り込ませ、相手を引き込むようにしたのち相手を後ろに倒す。

(3)相手の腕の下をくぐって肘の関節の逆を取ってから投げる。

行われうるのはこれらの三種類の動作だけではないが、どのような動作であっても、自分が相手を倒すか投げるかして終わる。ここ二年間ほどは、倒れた相手の関節を固めることも含めてひとつの技として練習することも多い。

その場にいる全員がひととおり技をかけられると、先生は手近にいる一人の会員を相手に、もう一度技をかける。続いて、その会員に同じ技を何度かかけながら、技の説明をする。最初に、その技あるいは型が（太極拳の対練では「技」と「型」はほとんど同じ意味で用いられる）どのような出自を持っているかが説明される。それは、次のうちいずれかひとつ、ないし、いくつかの組み合わせである。

(1)套路の動作の一部を応用した技。

(2)柔術の技をアレンジした技。

(3)S流のオリジナルの技。

(4)試合でよく用いられる技。

(5)これまでに練習した技のヴァリエーションあるいは応用。

ただし、何度か続けて練習されている技や、その場にいる会員の多くが知っている技の場合は、技の出自が説明されないことも多い。また、説明のさいに技の名前が口にされることがあるが、名前が一度も口にされない技もたくさんある。M先生によれば、どの対練の技も、「自分が自然な動きをするなかで、典型的な攻防のパターンを取り出したもの」(二〇〇〇年の新年会にて)である。

次に、M先生は技の動作を途中で止めながら、動作の詳細について説明する。たとえば、ある瞬間に自分と相手の体勢がどのような関係にあり、自分と相手の接触した点においてどのような方向に力がかかっており、その力はどのように流すべきか、などが説明される。また、特定の体勢をとるときに陥りやすい間違いや、注意すべき点が説明される。さらに、相手にけがをさせないためにその技を行うにあたって特に配慮すべき点、たとえば、相手が床に頭を打ちやすい箇所や、相手の肘を痛めやすい箇所が注意される。

M先生は型の説明を終えると、「それでは、みなさん組んでやってみてください」と言う。M先生の周りで説明を聞いていた会員たちは、二人から五人ぐらいずつの組になって先生にかけられたのと同じ技を交替でかけ合う。そのさい、型の説明においてM先生が果たしていた役割、つまり、構えて相手の攻撃を待ち、攻撃を受けてから技をかけ、最終的に相手を投げる側を「捕り」と呼ぶ。反対に、会員の果たしていた役割、つまり、構えている相手に最初に攻撃し、技をかけられ、最終的に投げられる側を「受け」と呼ぶ(写真3：太極拳の対練の練習風景a、写真4：太極拳の対練の練習風景b)。

二人組では、捕りと受けはお互いに交替する。交替のタイミングは各組ごとに任されているが、次の四つの方法がとられている。いずれの方法がとられるかは、その組にいる会員それぞれの練習の進み具合が反映されている。

(1)各組で決めた回数(三〜五回が一般的である)だけ捕りが技をかけてから交替する。このとき、捕りが受けをうまく投げられ

写真3　太極拳の対練の練習風景a

写真4　太極拳の対練の練習風景b

なくても一回と数える。この方法は、その型を何度も練習したことがあり、ほとんどの場合に相手を投げることのできる会員どうしの組でとられることが多い。

(2) (1)と同じく、各組で決めた回数だけ捕りが技をかけてから交替するが、捕りがうまく受けを投げることができたときだけ一回と数える。この方法は、一方あるいは両方の会員がその型にあまり慣れておらず、つねに相手を投げることができるとは限らない場合にとられることが多い。

(3)捕りか受けのいずれかが交替の意思表示をするまで同じ役割で練習する。この方法は、一方あるいは両方の会員が、その型の捕りか受けの動作を重点的に練習したい場合にとられることが多い。

(4)捕りと受けは一度も役割を交替しない。この方法は、初心者の指導に熱心な会員が初心者と組になっている場合にとられることが多い。このとき、指導する会員が一方的に受けをして、初心者が一方的に捕りをする。

三人以上の組では、組のうち一人が捕りになり、残りの全員が入れ替わり受けになる。全員が受けを経験したなら、捕りが次の人に交替する。二人組では(1)から(4)までのいずれの方法もとられるのに対し、三人以上の組では、交替すべき人数が多いため、(1)か(2)の方法だけがとられる。(1)と(2)のいずれの方法がとられるかは二人組のときと同様の傾向がある。つまり、その組の全員がほとんどの場合に相手を投げることができるときは(1)がとられ、必ずしも相手を投げられないときは(2)がとられることが多い。

会員たちに組ごとに練習するよう言ったあと、M先生は教室内を歩き回りながら各組を指導する。M先生の指導の仕方は、次の三種類に分けられる。

(1)特定の組の練習について、「そうそう」あるいは「いいですよ」など、肯定的にコメントする場合。このようなコメントは、その組で練習している会員がM先生のほうを向いていなくとも行われる。だが、M先生の声がした方向や、声がしたあとで教室を見回したときのM先生の位置から、このコメントが自分たちの組に向けられたものであるか否か、そして、自分たちの組ならば、捕りと受けのどちらに向けられたものであるかがわかる。

(2)特定の組の練習について、直すべき点をコメントする場合。M先生はこのようなコメントを突然行うことはなく、まず、その組に近づいて、しばらく練習の様子を見る。その間に、その組で練習している会員は、M先生が自分たちの練習を見ていて、何か言いたそうにしているのに気づく。会員が自分のほうを見てから、M先生は捕りか受けのいずれかを見て、自分がどちらに話しているかをはっきりさせながら、コメントする。

(3)特定の組の会員が、「先生」と呼ぶのに応じてM先生がその組に近づき、指導する場合。このときもM先生はすぐに指導をするのではなく、まず、わからなかった動作やうまくいかない動作について会員が説明するのを、相づちを打ちながら聞いてから指導を始める。M先生はある会員に直すべき点を指摘したり、聞かれた動作を説明したりするさい、その会員が対練をしていた相手に対して自分が実際に技をかけながら動作を説明することが多い。

組ごとの練習のさいのM先生の指導は、最初に全員に技をかけた直後の指導と同じ特徴を持っているが、視線や身振りによって指示される動作がより特定化され、わざ言語もより詳細なものが用いられる。

組ごとの練習では、M先生が会員に指導するのみならず会員どうしでも指導が行われる。特に、練習している型にある程度慣れた会員と初心者の会員の二人組では、慣れた会員が初心者を指導することが多い。そのさい、どの動作が主題化され、それをどのように直すべきとされるかは、必ずしもM先生による指導と同じではない。

一〇分から二〇分程度同じ型を練習した頃、M先生は「こんどは別のやってみよか」と声をかける。それまで教室のあちこちで組ごとに練習していた会員たちがM先生の周りに集まりだすと、M先生はそれまで練習されていたのとは別の技を、手近にいる会員から順にかけてゆき、その技を全員にかけ終わったのち会員の一人を相手に技をかけながら説明を始める。

このように、対練の型稽古は次の三つの局面よりなる。

(1)M先生がすべての会員に同じ技をかける。

(2)M先生が技を説明する。

(3)会員が組に分かれてその技をかけ合う。

練習時間の経過にともに様々な技が練習されるにつれ、M先生が全員に技をかけるさいの動作や、会員どうしで技をかけるさいの動作も素早くなり、また、会員どうしではとりわけ、荒っぽくもなる。このような練習では、時折、十分に受け身を取れずに頭を打ってしまったり、関節を痛めてしまったり、あるいは、相手の突きや蹴りが当たってしまったりすることがある。そのとき、相手はそれまでやっていたことを中断し、「大丈夫?」と声をかける。通常は、その組の練習を仕切り直してゆっくりと再開するか、身体を痛めてしまったほうが少し休むかするだけだが、特に痛そうなそぶりをしている会員がいると、M先生はすぐに様子を見に来て、顔色を診たり患部に触れたりしながら手当てをする。

このようにして、土曜日ごとに、五〜十種類程度の異なった技が練習される。

b. 気功体操

八時頃になると、M先生は「そろそろ身体を緩めよか」と言う。それまで組ごとに対練をしていた会員たちは練習を中断し、フロアの南西角の縦長のロッカーの上に畳んで積んであるマットを取りにゆく。大きさは約畳一畳分の、片面にアルミが蒸着された厚さ約三ミリの発泡樹脂製のマットで、これを敷くと樹脂で覆われたコンクリートの教室の床に横になっても腰や背中が冷たくない。M先生は教室西側の壁際の中央にマットを敷き、会員たちはそれに対するように、教室東側の壁際に南北に一列と、教室中央を南北に一列、合わせて二列になるように、ほぼ等間隔に自分のマットを敷く。会員ごとのマットの位置は決まっていない。マットを敷き終わった会員は、M先生のいる西側を向いて、両足をつけてまっすぐにマットの上に立つ。M先生は自分のマットの上に立ち、会員のいる東側を向いてまっすぐに立つ。全員が準備を終え、教室が静かになったとき、気功体操が始まる。気功体操では、M先生は口頭で動作を指示しながら自分でもその動作を行い、会員は、指示に従いながらM先生の動作の真似をする。

気功体操は前半と後半に分けられ、それぞれで行われる動作の性質は異なっている。前半で練習される動作とその順序は練習日ごとに少しずつ変化しており、練習される動作の全体的な傾向も、一九九九年から二〇〇三年までの間に長期的に変化している。それに対し、後半で練習される動作とその順序は練習日ごとにまったく同じであり、また、一九九九年から二〇〇三年まで変化していない。そのため、後半の動作が気功体操の中核をなす動作であるといえる。

前半で行われる動作は、次のようなものである。動作が行われるさいのM先生の指示はほぼ一定しているが、異なった言い方がされることもある。

⑴仰向けになり、両足を肩幅よりも少し広げて全身の力を抜き、しばらくその体勢のままでいる。これは気功体操の最初に行われる。仰向けのまま両手のひらを重ねて下腹部に当てて、時計回り・反時計回りにゆっくり回す動作が一九九九年から二〇〇一年まで毎回行われていたが、それ以降はあまり行われていない。

⑵仰向けのまま両膝を立てて、両膝とも左に倒す。このとき、M先生は「両膝を立てて、左に倒します」と言う。しばらくそのままの体勢でいたあと、右脚をずらして、右脚の膝が左脚の踵に近づくようにする。このとき、M先生は「右脚をずらして左脚の踵に近づけます」と言う。しばらくそのままの体勢でいたあと、左右を交替する。この動作は一九九九年から二〇〇三年までずっと行われている。

(3)仰向けのまま両腕を真横に伸ばし、両手のひらを下に向けて、左脚を真上に上げてから右側に倒す。このとき、同時に首を左に向ける。このとき、M先生は「両腕を肩の高さに、左脚を上げて右側に倒します」と言う。しばらくそのままの体勢でいたあと、左右を交替する。この動作は二〇〇二年から新たに行われるようになった。

(4)正座して、しばらくそのままの体勢でいる。冬の寒い時期は、正座のかわりに脚を組んで座る。それぞれの膝の裏に反対側の足先が入るように脚を組むので足先が冷えない。

(5)両脚を伸ばして大きく広げて座ってから、上半身を傾けて左脚に近づける。このとき、M先生は「両脚を広げて、力を抜いて身体を左に倒します」と言う。しばらくその体勢のままでいたあと、左右を交代する。両脚とも伸ばして上半身を左右に傾ける前に、上半身を傾ける側の反対側の脚の膝を曲げてから上半身を傾ける準備動作が、二〇〇二年から行われるようになり、二〇〇三年まで続いている。

(6)仰向けのまま両膝を立てたのち、身体を曲げて両脚を上方に回転させて、両脚を頭のほうに伸ばす。このとき、M先生は「両膝を立てて、両脚を回転させます」と言う。しばらくそのままの体勢でいたあと、腰の裏が床につくまで両脚を戻して、両腕と両脚を天井に向けて伸ばす。このとき、M先生は「両脚を戻して、両手両足を天井に向けて伸ばします」と言う。しばらくそのままの体勢でいたあと、M先生は「両手両足を戻します」と言う。この動作の最後に、両脚を伸ばしたまま足先を少し下ろして、しばらくそのままの体勢でいる動作が、二〇〇一年まで行われていた。

気功体操の後半で行われる動作は、次のようなものである。これらの動作についての指示は、古参の会員しか練習に来ていないときは一部あるいは全部が省略される場合があるが、指示それ自体はほとんど変化していない。

(1)最初に、M先生が「身体の上のほうから力を抜いて、前に倒します」と言うと、全員がまっすぐ立った状態から、首から背中から腰へと順に力を抜いて上半身を前へ垂らすように曲げる。両膝は伸ばしたままである。

⑵両手の指先が両足のつま先に届く頃、M先生が「膝を緩めて」と言うと、全員が膝を曲げて、うずくまるように身体を丸めて頭を下げてしゃがむ。しばらくその体勢のままでいる。

⑶M先生が「ゆっくり腰を上げて」と言うと、全員が頭と両腕を下げたままゆっくり腰だけを上げ、最後に膝を伸ばす。

⑷そのまま続けて、全員が腰を徐々に立てて上半身を起こす。このとき、両腕は伸ばしたままで、上半身を起こすのに合わせて上げてゆく。上半身が直立し、両腕が万歳をしたような体勢になったときに動作を止める。しばらくその体勢のままでいる。

⑸M先生が「背中を下ろして」と言うと、全員が両腕を上に伸ばしたまま肩胛骨を下げる（私がこの動作が行われていることに気づいたのは二〇〇二年になってからである）。

⑹最後に、全員がまっすぐ立ったまま、伸ばしたままの両腕をゆっくりした動作で一定のパターンに従って動かす。まず、頭の真上にあった両腕を前に下ろしてゆき、両手が腰のあたりまで来たら今度は左右に開くように真横に上げ、再び頭の真上に来たら止める。次に、両腕を再び前にゆっくりと下ろしてゆき、両手が腰の横を少し通り過ぎたところで止める。このとき、胸を張ったような体勢になる。次に、両腕を前に上げてゆき、肩の高さになったら、今度は水平に開いてゆく。両腕が真横に開いたのち、少し上げてから、ゆっくりと下ろす。このとき、両手首が下腹部の前で交差するように、少し前寄りに下ろす。両手首が交差したら、指先を伸ばし、両手首を交差させたまま両腕を前に上げてゆく。両腕が頭の真上に来たら、両手首を離し、大きく真横に開くように両腕を下ろす。両手が腰のあたりまで来たら、動作を止めて、しばらくその体勢のままでいる。これらの動作の間中M先生は無言なので、まだ動作を覚えていない会員はM先生の動作を見て真似をする。


気功体操のすべての動作はきわめてゆっくり行われ、途中に、仰向けになったり、座ったりしたままじっとしている時間が含まれているので、全体を終えるのに三〇分程度かかる。

M先生によれば、気功体操は武術の技を行うための準備運動ではなく、武術の技そのものと密接にかかわっている。そのうえ、気功体操で身体を十分に緩めることで身体の感覚が「わかりやすく」なるという。

C．太極拳の套路

気功体操のあとは続けて太極拳の套路が行われる。気功体操の間会員たちのいるほうを向いていたM先生は、会員たちに背中を向けるように向きを変える。しばらくの間そのまま静かに立ったあと、M先生は套路を行い、会員たちも、M先生にタイミングを合わせて套路を行う。M先生は無言のまま動作を行うので、動作を覚えていない会員はM先生の動作を見て真似をする。

S流の套路は「三十六式」と呼ばれ、身体全体を使う一連の動作よりなり、三〇分程度の時間をかけてゆっくり行われる。〈62〉最初の動作は、静かに左足を持ち上げ、両足の間隔が肩幅よりも少し広い程度になるよう着地させ、膝を軽く曲げてまっすぐ立つ動作である。それに続く数多くの動作は、突きや蹴りであるとわかる動作もあれば、一見したところ意味不明な動作もある。

套路の動作は、止まらずに連続して行うべきであるとされるが、回転や移動によって先生が自分の後ろにいるときや、他の会員が自分と先生の間に入ってしまったとき、あるいは、先生が目の前にいるときにも、先生の身体の向きのために動作の一部が見えないときは、他の会員の動作を真似るために周囲を見回したりするため、動作が中断してしまう。合宿などで集中的に套路が練習されることがあるが、そのようにしてある程度套路の手順を覚えた会員は、先生の動作が見えないことがあっても動き続けることができる。会員たちはできるだけ壁やほかの会員から距離をとって立つが、練習に来ている会員の数が多いときには、動作によっては普通に行えば隣の人に手足をぶつけてしまうため、配慮しながら動作する。

d．自由に動く練習

套路が終わると、M先生は会員たちのほうを向いて、「それでは、各自のテーマに沿って自由に動く練習をしてください」と言って、礼をする。[63] 会員たちも合わせて礼をしたのち、二人組になって教室のあちこちで思い思いに練習をする。

太極拳の対練と自由に動く練習は、二人が向かい合って行う点では共通しているが、次の点で異なっている。

(1)双方の役割（捕りと受け）が決まっていないため、双方が同時に技をかけようとする。
(2)かけるべき技が決まっていないため、どの技をかけるかでかけひきがある。
(3)型の終わりが決まっていないため、一方が技をかけたあとも続けて技をかけ合う。

自由に動く練習には、段階ごとに次の三つの練習方法がある。

(1)定歩推手（ていほすいしゅ）。双方が右半身どうし、あるいは、左半身どうしで構えて、双方の前にあるほうの足先の距離が〇～三〇センチメートルになるように向かい合って立った状態から開始し、両足の位置を動かさないままお互いに相手のバランスを崩して倒そうとする。ただし、相手を打ってはならない。そのため、もっぱら腕で相手を推し・引き・つかむ動作が行われる。これは、自由に動く練習のなかでももっとも基礎的な段階である。

(2)活歩推手（かっぽすいしゅ）。定歩推手とほぼ同じ状態から開始し、自由に移動しながらお互いに相手のバランスを崩して倒そうとする。ただし、相手を打ったり蹴ったりしてはならない。そのため、もっぱら腕で相手を推し・引き・つかみながら、脚で相手の脚を払ったり固めたりする動作が行われる。これは、自由に動く練習のなかで中間的な段階である（写真5：教室で行われる活歩推手、写真6：合宿のとき野外で行われる活歩推手）。

(3)散打（さんだ）の練習。双方がそれぞれ右半身か左半身で構えて、二～三メートルの距離で向かい合った状態から開始し、自由に移動しながらお互いに相手のバランスを崩して倒そうとする。双方の間合いが近いときには相手を腕で推し・引き・つかんだり、脚で相手の脚を払ったり固めたり動作が行われることもあるが、もっぱら、相手を打ったり蹴ったりする動作が行われる。これは、自由に動く練習のなかでもっとも進んだ段階である〈64〉。

これらの三つの練習方法はおおまかに練習の進度に対応しているが、初心者がつねに定歩推手だけを行い、上級者がつねに散打の練習だけを行うわけではない。自由に動く練習が始まる頃は、初心者と上級者を問わず、多くの会員が定歩推手を行う。だが時間が経ち、双方が動きに慣れてくるにつれて、中・上級者は徐々に活歩推手へと移行し、上級者はさらに散打の練習へと移行してゆく。自由に動く練習が実際に開始される場面としては、次のようなものが見られる。

(1)一人の会員が別の会員に、「推手をお願いできますか」あるいは「推手でもどうですか」と言う。
(2)M先生が、練習のある程度進んだ会員に初心者の会員の定歩推手の相手をしてくれるよう頼む。
(3)散打の試合の前など、出場する会員が防具とグローブを着けて最初から散打の練習を行う。このような練習は特に「スパーリング」と呼ばれることもある。

M先生は対練のときと同様に、教室内を歩き回って指導をするが、推手や散打の練習では複雑な動作が連続して素早く行われるため、個々の動作についての言及は少なく、かわりに、全体的な動作の雰囲気についての言及が多い。このような傾向は、推手や散打の練習を終えて休んでいる会員にM先生が指導するさいにも見られるが、推手や散打の練習を行っている最中の会員にM先生が声をかけて指導するときに顕著である。また、対練の指導のときのように、M先生が一方の会員を相手に実際に技をかけて見せることも多い。M先生による指導としては、次のようなものがある。

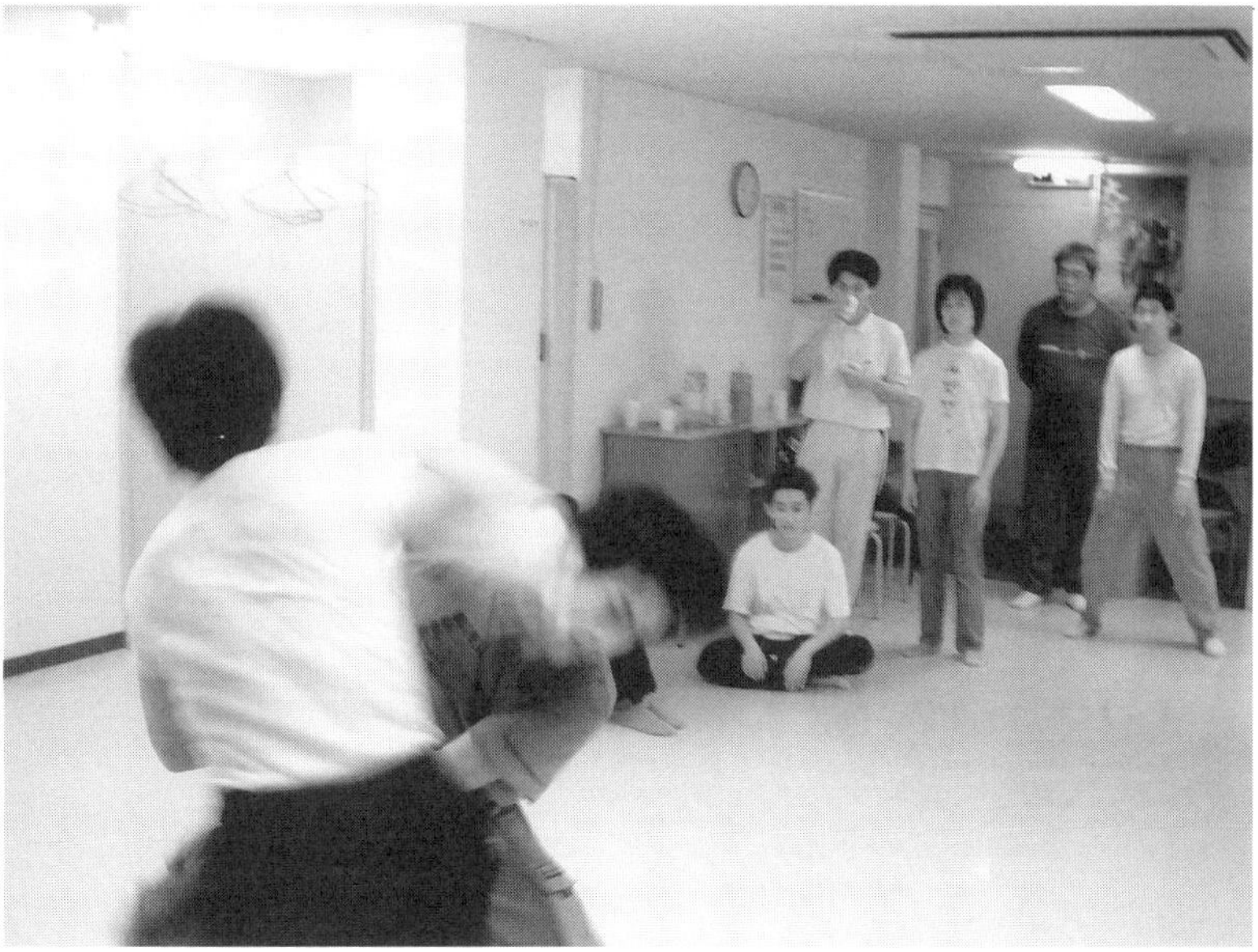

写真５　教室で行われる活歩推手

写真６　合宿のとき野外で行われる活歩推手

(1)定歩推手を行っている会員の双方に、「二人とも肩に力が入ってるで。もっとリラックスして」と言う。
(2)定歩推手を行っている会員の一方に、「ただやみくもに動くんやなくて、相手の線をずっと続けて攻め続ける」と言ってから、その会員と実際に推手をしてどのような動きのことを言っているかを示す。
(3)定歩推手を行ったあと、教室の壁際に座って休んでいる会員に向かって、「だいぶ腰が落ち着いてきたな」と言う。
(4)活歩推手を行っている会員の一方に、「もうちょっと精妙に動けへんかなあ」と言ってから、その会員と実際に推手をしてどのような動きのことを言っているかを示す。
(5)散打の練習を行っている会員の一方に、「相手の間合いのなかに入って」と言う。
(6)散打の練習を行っているときに双方が接近しすぎて揉み合いになったときに、「いったん分かれて」と言う。

九時二〇分になると、M先生は「そろそろ終わりにしよか」と言いながら教室の西側中央付近に移動し、会員たちのほうを向いて立つ。それに気づいた会員は、練習を切り上げてM先生の周りに集まる。全員が集まると、M先生は少し話をしてから、「ありがとうございました」と礼をし、会員たちも合わせて礼をする。

九時三〇分までにM先生が教室の鍵を閉める必要があるため、後片付けは慌しい。着替えを済ませ、椅子を片付け、掃除機をかけ、お菓子とお茶を片付け、散打の練習が行われたときには防具も片付けねばならない。

教室を出た会員は、すぐに帰ることもあれば、立ち話をするために教室の外の歩道に残ることもある。立ち話はM先生を囲んで行われ、一〇時三〇分頃に解散する。〈65〉

6―2　型の一般的な手順

土曜日の練習の全体像が確認できたところで、太極拳の対練の時間に練習される型のひとつである「金剛搗捶（こんごうとうすい）」を相互身体的に検討したい。この型は、M先生が左半身に構えて、相手に右中段を突かせることで始まり、M先生が身体を相手の裏に入り込ませて相手を後ろに投げることで終わる。これは、太極拳の套路のなかに含まれる動作を取り出した型である（写真7～12：金剛搗捶の連続写真）。

M先生がこの型を指導するさいには、次のような手順がとられる。

⑴金剛搗捶の技を全員に一回ずつかけ終わったM先生は、手近にいる会員の前に移動し、左半身に構えて、「右で中段を、今度はゆっくり突いて」と言う。

⑵その会員は、左半身の構えからゆっくりとM先生の胸を狙って右中段突きをする。M先生は、腰を右に平行に移動させながら、相手の突きを右によけるように上半身を少し右に傾け、同時に、相手の突きを左腕の外側で受け、少し左に逸らす。

⑶M先生は動作を止めて、自分の身体が相手の突き出した右腕の延長線上から外れているのを見ながら、「このとき、もう身体が相手の突こうとする線上にない」と言う。

⑷会員は、逸らされた右腕をそのままの位置に保っている。M先生はその腕の内側をこするように自分の左腕を下げる動作を二、三回繰り返し、左腕を見ながら「このとき、自分の身体がもう相手の突こうとするところにないんやから、横に大きく払わへんでもええ」と言う。

⑸M先生は、左腕を胸の高さに上げて、右手の指先で左腕の小指から肘の外側までをなぞりながら、「この部分を使って、手

写真７　金剛搗捶の連続写真①

写真８　金剛搗捶の連続写真②

写真 9　金剛搗捶の連続写真③

写真10　金剛搗捶の連続写真④

写真11　金剛搗捶の連続写真⑤

写真12　金剛搗捶の連続写真⑥

刀で切るように腕を下ろす」と言う。

⑹Ｍ先生は、「もう一回同じように突いてきて」と言うと、会員はＭ先生から離れ、もとの左半身の構えに戻ったあと同じように右腕で突く。Ｍ先生は左腕で切り下ろす動作をしながら、「相手の腕を薄く削ぐように」と言う。

⑺続いて、Ｍ先生は左腕を使って相手の突いてきた右腕を絡め取り、右肘の逆関節を取ったあとで、開いていた自分の左腕を閉じるように右に動かし、相手が前にのめるようにする。同時に、右腕と右脚を前進させ、相手に向かって一歩踏み込むような動作で右拳を相手の顎に軽く当て、右膝を相手の胸に軽く当てる。

⑻Ｍ先生は動作を止めて、「拳は顎、膝は胸、あまり強く当てないように」と言う。

⑼型の最後の動作として、Ｍ先生は右膝を相手の胸から離しながら右脚を相手の右脚の裏に入り込ませ、相手の背中側の床に足をつく。同時に、右拳を相手の顎から離しながら右腕を前上方に伸ばし、腕の内側で相手の胸から首と顎にかけてすり上げるように右腕を動かす。相手は、Ｍ先生の右脚で自分の右脚の裏を押さえられ、後ろに下がれない体勢のまま、Ｍ先生の右腕で上半身を後ろに持ってゆかれるので、バランスを崩してそのまま後ろに倒れるか、倒れる寸前の体勢になる。相手が倒れないときは、Ｍ先生は、上にそり返った相手の胸に自分の右肘を当てて下ろす。相手を投げ終わったとき、Ｍ先生は、両膝を大きく開いて腰を落とし、右腕を前上方に伸ばし、左腕を軽く曲げて左手が腰の高さにある体勢をとっているが、すぐに足を閉じ、まっすぐに立つ。倒された会員は、頭や腰を打たないようにすぐに身体を丸めて受け身を取ったのち、立ち上がって再びＭ先生の前に移動する。

⑽Ｍ先生は、相手が倒れてまだ立ち上がらない間に、まっすぐに立った状態から再び相手を投げる寸前の姿勢を取り、右手の指先で自分の背骨の下端あたりをなぞりながら、「ここを伸ばして、上半身を上げながら、下半身を沈める」と言う。

⑾相手が再び自分の前に来ると、Ｍ先生は「もう一回」と言う。会員が同じように右腕で突くと、Ｍ先生は相手の顎に右拳、胸に膝を当てるところまで技をかけ、そこで動作を止める。

(12)M先生は相手の胸から膝を離し、右足を下ろしながら右膝を大きく曲げて相手の右膝をよけつつ、ゆっくりと相手の右脚の裏に自分の右脚を入り込ませる動作をしながら、自分の脚を見て、「相手の脚をよけて、すべり込ませるように」と言う。M先生はそのまま、右足を相手の背中側の床に着地させる。

(13)M先生は相手の顎から右拳を離し、右腕で相手の胸から顎にかけてすり上げる動作をしながら、「このとき、身体を回して相手を横に推さないで、相手の線を取る」と言う。相手が倒れそうになると動作をやめて、相手の身体を抱え起こす。

(14)M先生は、「試しに、横に推すで」と言い、今度は右腕を相手の胸と首に当てて、真横になぎ倒すように自分の腰を左に回転させる。だが、相手は後ろに倒れない。M先生は、相手に向かって「こんなふうに推したら、どこを推されてるかわかるし、抵抗できるやろ」と言う。相手は少し首を縦に振る。次に、周りに立っている会員のほうを向いて、「生（なま）の力で推すと、相手に抵抗されてしまう」と言う。

(15)M先生は相手の体勢を立て直させたあとで、「そうやなくて……」と言って、ゆっくりと本来のすり上げる動作をして、相手を倒す。このとき、相手がまだ受け身を十分に取れないときは、M先生は相手の頭を右腕で抱きかかえるようにして、相手が床に頭を打たないようにする。相手が受け身を取れるときは、M先生は普通に後ろに投げる。M先生はまっすぐに立ってから、「ゆっくり動いたんやけど、相手は抵抗できひんかったやろ」と言う。

以上の手順は、特定の日にM先生が行った金剛搗捶の説明をそのまま記録したものではなく、私が目にしてきたM先生による幾度もの金剛搗捶の説明から、金剛搗捶の説明の典型的なケースを私が組み立てたものである。そのため、M先生の行った動作や話した言葉がすべて網羅されているわけではないが、動作や言葉のいくつかの特徴は表れている。それは、次のようなものである。

(1)相手にゆっくり攻撃させ、M先生もゆっくり技をかける。

(2)動作を途中で何度も止めて、そのつどM先生自身や相手が行った動作について説明する。
(3)止めた動作を再開するさいには、その動作だけを繰り返す場合と、その動作までのすべての動作を最初から繰り返す場合がある。
(4)どの動作について説明しているかを示すために、M先生は説明しながら動作を何度か繰り返したり、動作する部位を見たり、指差したり、指でなぞったりする。
(5)動作の説明のさいには、「線を取る」・「切るように」・「薄く削ぐように」など、わざ言語が多用される。
(6)動作の説明のさいには、正しい動作とそうでない動作が、それぞれ相手の抵抗の有無など目に見える具体的な結果に関係づけられることで、一種の「対照実験」が行われ、正しい動作の根拠が示される〈66〉。

M先生による手本ののち、会員たちは二人ずつ組になって金剛搗捶の型を練習する。そのさいに、会員が間違いやすい動作と、それに対するM先生の指導の一例としては次のようなものがある。

(1)捕りが最初に中段を突かれたときに、十分に身体を右に移動させないまま、左腕だけ動かして相手の突きを払ってしまう。M先生は、捕りをしている会員に、「今のは身体がよけてへんから危ない」と言ったあと、受けをしている会員のほうを向き、「今みたいに突いてきて」と言う。受けが突くと、M先生は左腕をまったく動かさないまま、身体を右に移動させるだけで突きをよけて見せて、「もうこの段階で身体がよけてるんですよ」と言う。
(2)捕りが左腕で相手の突きを逸らすさい、手のひらを下に向けて肘から先だけを回転させて払ってしまう。M先生は、「ワイパーのように払おうとしたんではタイミングが少しずれたら危ない」と言い、受けをしている会員に何回か自分を突かせる。M先生は会員がやっていたように肘から先だけを回して払うが、一回目はわざと早すぎるタイミングで払い、二回目はわざと遅すぎるタイミングで払う。M先生は、「こうやなくて、自分の身体の中心から左腕が出て、前に向かって切るように」と言ってから、相手に再び突かせる。M先生は今度は正しい動作で左腕をゆっくり動かして、腕の軌跡の最初から最後までのどの部分に相手の腕が当たってもそれをうまく逸らすことができることを示す。

(3)捕りが身体を右に移動させるさい、腰を傾けてしまう。多くの場合、右脚を上げるのにつられて腰の右側が上がり、左側が下がる。M先生は、「腰を傾けないで、まっすぐに」と言う。

(4)受けが最初に中段を突くときに、相手の胸をきちんと狙わなかったり、まっすぐに突かずにフックのように右側に振りかぶって突いたりする。M先生は、「突きが甘いですよ」と言う。

(5)捕りが受けの腕を絡め取るときに、うまく受けの腕を捉えられない。M先生は、受けに対して自分で正しい動作をやって見せながら、「相手の腕を伸ばすように」と言う。

(6)捕りが受けの腕を絡め取って前にのめらせたとき、相手の勢いがありすぎて自分が後ろにそり返ってしまう。M先生は、「これでは相手に負けてます」と言い、捕りの背中を推して正しい体勢にし、「一度相手のバランス崩したら、体勢を立て直させないように」と言う。

(7)捕りが受けの右脚の裏に自分の右脚を入り込ませるとき、同時に右腕を動かさないために下半身だけが回りながら前進して、受けの上半身が捕りの上半身にのしかかった体勢になる。M先生は、「自分の身体がねじれてしまってる。こうなったら力ずくで投げるしかない」と言う。

(8)捕りが受けの胸から顎にかけてすり上げるように右腕を伸ばすさい、最初から力を入れて相手の胸や首を推してしまったために相手が上半身をそらせて腕を外してしまう。M先生は、「最初から実（じつ）で入ると逃げられてしまう。相手をふわっと包み込むように虚（きょ）で入る」と言う。

(9)捕りが受けの胸から顎にかけてすり上げるように右腕を伸ばすさい、動作が十分に素早くないために、相手が推されるのに抵抗できる体勢を作り、双方が推し合って力が拮抗してしまう。M先生は、「相手を推さない」と言う。

6―3　微分する身体

私は、M先生が行う金剛搗捶をはじめて見たとき、この型が有効であることはすぐにわかったが、どのような意味において有効であるかはほとんどわからなかった。つまり、M先生に突きかかった相手が、どういうわけか逆にM先生に捕えられて、その直後に床に打ちつけられて「ドスン」という大きな音を立てるのがわかっただけなのである。また、自分がこの型の受けを経験したときも、何が起こったかわからないうちにバランスを崩されていて、知らぬ間にM先生に頭を抱えられて、尻餅をついていた。

しかし、S流で練習を始めてから二カ月経った、一九九九年七月のある土曜日に金剛搗捶を練習していたとき、突然、それまでよりもずっと容易に相手を倒せるようになった。そのときの相手は、M先生がS流を立ち上げて間もなく会員になった、五〇代ぐらいのYさんという男性である。

相手を容易に倒すことができるのは、自分と相手の身体の関係がある状態になったときである。すなわち、自分の右腕を相手の胸に当てたとき、相手は倒れまいとして自分の腕を推し返すが、相手の推し返す力の方向に対してまっすぐに推すのではなく、斜め上方に腕を差し入れるようにするのである。すると、相手は虚を衝かれて一瞬だけ抵抗することができなくなり、胸をそらして身体をすくわれてしまう。このとき、自分の右前腕の内側の「線」が、相手の推す力の「線」に斜め下から切り込む感覚がある。いったん相手の胸を上にそらすことができたなら、相手のバランスを崩すのは簡単である。

私は、この感覚を得たとき、相手と自分の力を拮抗させてから相手を圧倒するように倒すのではなく、相手の力をすり抜けるように、動作を止めずに相手を倒すことができるようになり、また、相手を倒すことのできる確率が高くなった。私が、「線を取るとはこのことを言うのかな」と思いながら、その感覚を再現しようと対練を続けていると、M先生がそれを見て、「そうそう、そうやって線を取るんや」と言った。M先生が私の「線」の感覚を知ることができたことは、私にとって何の不思議もなかった。というのも、自分が以前よりも目に見えて相手を軽く、素早く、高い成功率で倒せていることは明らかだったからである。だが、そのときの感覚が「線」であるとはっきり言われたことはうれしかった。〈67〉その日、私がYさんと金剛搗捶の対練をしている間は「線」の感覚は続いていた。

こうして私は、M先生が繰り返し使用していた「線」という言葉の指示対象を、金剛搗捶において追求されるべき有効性が微分することで特定された身体的ディテールとして特定した。その適切さは、すぐに相互身体的に判断されることになった。つまり、金剛搗捶の動作を「線」という言葉で説明するさいのM先生の振る舞いに、私が発見した身体的ディテールと同じものを認めることができたのである。また、先輩の会員の多くにも、私と同じ身体的ディテールを認めることができた。

S流で練習を始めてから一年ほど経た頃、私は、金剛搗捶で右脚がきわめて重要な役割を果たすことに気がついた。それまで私は、右前腕をできるだけ早く相手に接触させて相手の「線」を取ろうとするあまり、無意識のうちに下半身の動きが遅れていたのである。そのため、私が右脚を前進させるときには、相手はすでに半ば無意識のうちに、倒されまいと一歩後ろへ下がってしまっていた。こうして後ろに下がった相手を後ろに倒すのはきわめて非効率的であることに、私は気づかなかったのである。

相手が一歩下がるのを防ぐには、右腕と右脚を同時に前進させればよい。そうすることで、相手が胸を推されて一歩下がろうとする前に、自分の右脚を前に出た相手の右脚の背後に差し込むことができるからである。このとき、自分の右脚と右前腕は、前から見たときに一本の垂直な線をなすように、まっすぐに並ぶことになる。

また、右腕と右脚を同時に前進させることで、自分の身体の右側、つまり、右脇・右胸・右腰が、相手に接触するようになった。それまでは比較的手足の先端に近い部分を相手に接触させていたのであるが、胴体に近い部分を相手に接触させることで、より軽い力で相手を投げられるようになった。このとき、「線」はたんに右前腕にのみ感じられるのではなく、右側の体側をつなぐ長い「線」として感じられるようになった。

私は最近になって、右脚を前進させる方法が誤っていたことに気がついた。無意識のうちに、右腰の裏側を不必要に緊張させ、右脚とともに右腰も浮かせてしまっていたのである。これは、右腕に遅れないように、右脚をできるだけ早く前進させようとしたためである。つまり、右足を床に引きずっていては右脚を素早く動かせないため、まず右脚を高く上げる必要があると、無意識のうちに信じていたのである。だが、これは誤っていた。右脚を前進させるには、ただ、背骨を垂直に、腰を水平に保ちながら、右腰の裏側を緩めて、重心を左脚にかけさえすればよかったのである。そうすることで、右脚は、あたかも背骨の根元の仙骨に押されるように、なめらかに前進する。同時に、右腕も、相手の胸に当てるのにちょうどよい高さまでなめらかに上昇する。

これをもっと早くできなかったのは、私が自分の背骨と腰の位置を感じることができず、これらを正しい位置に維持することができなかったためである。もちろん、これらの位置を感じることができるようになる前も、私は右脚を前進させようとするときは、まず左脚に重心を移してきた。だが、背骨と腰の位置を保たないまま重心を左に移しても、たんに、背骨が左に傾いて、左脚に寄りかかる格好になるだけで、右脚は動かないのである。そのため、右腰の裏側を緊張させて右脚を引き上げ、腰をねじることで右脚を前に運ばなければならなかった。より有効な動き方ができる今となっては、このような動き方はきわめて非効率的なものに見える。私は漠然と、右側の体側をつなぐ「線」は右脚にも通っているはずだと思うのだが、これを身体的ディテールとして実感することはできないでいる。

このように、金剛搗捶の有効性は一度だけ微分するのではなく、何度も繰り返し微分し、そのたびに、それまでの漠然とした観念としての有効性は、より細かく画定された具体的な有効性に変化する。そして、この有効性を追求するための身体的ディテールがそれまでは思いもよらなかった身体の部位に特定されるのである。こうして新たに身体的ディテールが特定されるたびに、M先生やほかの会員が追求している有効性を相互身体的に判断することが可能になる。これは、新たな相互身体性のレベルが設定されることであるといえるだろう。こうして、同一的な生身の身体は、多様な相互身体——有効性の追求のさいの振る舞いにおいて等しい身体——へと解体されるのである。

「線」という言葉は、有効性の微分によって特定された身体的ディテールのひとつに付けることのできる名前であり、この身体的ディテールにもとづいて振る舞いの有効性を相互身体的に比較するための便利な概念である。つまり、自分やほかの会員そしてM先生のそれぞれについて、「線ができている(いない)」・「相手の線を取るのが上手い(下手)」・「自分の線を作るのが早い(遅い)」などと、技の有効性を比較し表現することができるのである。だが、有効性は繰り返し微分するため、「線」という言葉が具体的にどの身体的ディテールを指しているか、そして、具体的にどの相互身体性のレベルにおいて比較がなされているかは、客観的に決定できない。そのため、たとえM先生に「線ができている」と言われたとしても、M先生が具体的にどの身体的ディテールとしての線のことを言っているかは、言われた本人が判断するほかないのである。ここにおいて、言語記号としての弁別的価値に由来する「線」の同一性は、身体的ディテールとしての「線」の多様性へと解体されているといえる。

M先生は金剛搗捶のみならず、あらゆる太極拳や杖術の型を指導するさいに、ほとんどつねに「線」に言及しているので、私はYさんとの練習で「線」が感じられて以来、対練の型を練習するたびに同じ感覚を再現しようとした。だが当初は、「線」の感覚が感じられるのは、限られた型を、限られた相手と、限られた速さで練習しているときだけであった。

すなわち、金剛搗捶では比較的「線」を感じやすいが、他の太極拳の対練の型や、杖術の対練の型では相手にかなりゆっくり動いてもらっても「線」を感じにくい。また、YさんやOさんのように比較的高齢で、初心者に投げさせるのが上手な相手なら「線」を感じやすいが、MさんやGさんのように初心者の相手が上手ではあるけれども身体が大きく体重もある相手や、IさんやNさんのように若くて素早い相手のときは感じにくい。また、相手が誰であろうと、少し速く動かれると「線」はきわめて感じにくくなってしまう。なぜなら、大きな力や速い動きで推されたり突かれたりしたときは、反射的に真っ向から推し返してしまい、力が拮抗して止まってしまうからである。

だが、金剛搗捶の有効性が微分するとともに、私が「線」という言葉で指す身体的ディテールも変化してきた。すなわち、最初は右前腕の内側に感じられた「線」を指していたのに、徐々に、右脇から右腰に至る長い「線」を指すようになったのである。また、後述するように、私にとっての「線」の指示対象は、金剛搗捶のみならず、他の太極拳の技や杖術の技など、多様な技において追求されるべき有効性の微分とともに変化してきた。このように、身体的ディテールとしての「線」が質的に変化することで、私が「線」を感じることのできる型の範囲・相手の範囲・相手の動作の速さの範囲も少しずつ広がってきたのである。

第7章　道具の同一性の解体

前章では、太極拳の技において追求されるべき有効性が繰り返し微分してゆくことに伴う様々な変化を考察した。同一的な生身の身体は多様な相互身体へと解体され、また、同一的な記号としての「線」は多様な身体的ディテールとしての「線」へと解体されるのである。

だが、有効性の微分によって解体されるのは身体と言語の同一性だけではない。技において使用される道具も、その名目的な同一性には回収されない多様性へと解体されるのである。この過程を、杖術において頻繁に練習される型のひとつ——S流では名付けられていないので、ここでは仮に、「杖を弾く型」と呼ぶことにする——を題材に検討したい。

7—1　火曜日の練習の概要

杖を弾く型を検討するに先立ち、これが練習される火曜日の練習を紹介したい。典型的な時間配分をタイムテーブルとして記述すれば、次頁の表のようになる。

火曜日の練習が行われる中学校の武道場は、天井が高く広々としていて、全面に柔道用のビニールで覆った畳が敷き詰めてある。中央には柔道の試合用に、赤色の畳で正方形が描かれている。練習のさいの正面は南側であり、南側の壁の西隅と東隅には大きな鏡が張られている。玄関は北側中央にあり、玄関横の北東隅には板張りの更衣スペースがある。更衣スペースには折り畳み式の長椅子がたくさん積んであるほか、移動式の台に載ったテレビが一台置いてある。長椅子の上や床には会員たちの荷物が置かれ、壁には杖が立てかけてある。私は着替えを済ませたのち、練習に参加する。土曜日の練習では最初から眼鏡を外しているが、火曜日の練習では杖術の対練が終わるまでは眼鏡をかけたまま行い、太極拳の対練が始まるときに眼鏡を外す。

七時になると、M先生は武道場の南側の壁を背にして立ち、会員たちはM先生と向かい合うように武道場の中央付近に立つ。お互いに「お願いします」と礼をしたのち、各自が間隔を十分にとって仰向けになり、気功体操が始まる。武道場内が静かになるので、中学校のすぐ外で行われている少年野球のトレーニングのかけ声がよく聞こえる。土曜日の練習と同様、練習が始まるときの会員数は四〜八名と少ないが、遅れて来る会員も多いので練習の最後には六〜十五名になる。

7:00 〜 7:30	気功体操
7:30 〜 8:00	太極拳の套路
8:00 〜 8:40	杖術の対練
8:40 〜 8:55	休憩
8:55 〜 9:10	太極拳の対練
9:10 〜 9:20	自由に動く練習

a．気功体操

火曜日の気功体操は、土曜日のものと同じであるが、より時間をかけて念入りに行われる。その間、遅れて来た会員が次々と練習に加わる。床に仰向けになっているときは、玄関のほうを見なくとも、床の揺れから誰かが来たことがわかる。

b．太極拳の套路

気功体操が終わると、土曜日と同様に太極拳の套路が行われる。火曜日は練習場が広いので、ほかの会員や壁に手足をぶつける心配なしに動くことができる。

c．杖術の対練

太極拳の套路が終わると、M先生は会員のほうを向き、「それでは、杖の練習を始めます」と言って礼をする。会員たちも合わせて礼をしたのち、各自が更衣スペースまで杖を取りに行く。

杖は長さ四尺（約一・三メートル）、直径二～二・五センチメートルの木製の棒で、材質は様々である。私が入会した一九九九年頃は、ホームセンターで売っている長さ二メートルのラワン製の丸棒の長さを詰めて、表面に紙ヤスリをかけたものをM先生が練習のたびに持って来ており、それを一本一〇〇〇円で売っていた。当初は多くの会員がそれを使用していたが、徐々に他の杖を使用する会員が増えてきた。二〇〇三年時点でもっとも多くの会員が使用しているのは、武道具店で売っている樫製の杖である。もっとも一般的なのは、二〇〇〇円程度の赤樫製と、二五〇〇円程度の白樫製である。Mさんが購入した杖は、樫の木の中心が杖の中心になるように削り出したもので、非常に強く、価格は二万円もしたそうである。Oさんは角材から削り出して柿渋を摺り込んだ自家製の杖を使用していた。私は一九九九年以来ずっとラワン製の杖を使用しており、表面がささくれ立つたびに紙ヤスリをかけていたが、二〇〇三年になってようやく赤樫製のものに新調した。ラワン製の杖に比べて赤樫製の杖は重くて強く、また、他の杖とぶつけてもささくれ立ちにくい。これらの杖は、各自が作ったり、購入したりした専用の長細い袋に入れて、袋に付いた帯を肩に掛けて持ち運ぶ。M先生は練習のたびに三～四本の杖を大きな袋に入れて持って来ており、杖を持っていないか忘れたかした会員に貸し

写真13　杖術の対練の練習風景a

ている。

杖を手に取った会員は、更衣スペースの入り口から少し離れた所にいるM先生の周囲に集まる。M先生も杖を手に取ると、手近にいる会員一人を相手に杖術の対練の型をやって見せたのち、その型の説明を行う（写真13：杖術の対練の練習風景a、写真14：杖術の対練の練習風景b）。

杖術の対練の型は、太極拳の対練の型と比べて次の特徴を持っている。

(1)型を開始するときに捕りと受けの双方が杖を持ち、型のなかで相手を攻撃したり相手の攻撃を逸らしたり受け止めたりする動作はすべて杖を用いて行うこと。

(2)型を開始するときの捕りと受けの距離が遠いこと。太極拳の対練の型は向かい合った足先の距離が約一メートルであったのに対し、杖術の対練の型では約一・五〜五メートルである。

(3)型の手順が多いこと。太極拳の対練の型では受けが攻撃し、捕りがその攻撃を外してすぐに投げるという手順が多い。それに対し、杖術の対練の型では、受けが

写真14　杖術の対練の練習風景b

攻撃し、捕りがそれを防いでから、次は捕りが攻撃し、受けがそれを防ぎ、再び受けが攻撃するというように、捕りと受けの攻防が一回で終わるのではなく、五回程度連続する。型の最後の攻撃は捕りが行い、その攻撃を受けは防ぐことができない。ただし、二〇〇二年より行われるようになった型は比較的短く、一〜三回の攻防で終わる。

(4)型の最後で捕りが攻撃するさい、受けの身体に当たる寸前で杖を止めること。太極拳の対練では、原則として突きや蹴りを相手の身体に当てることはないが、型の最後に捕りは受けを実際に投げる。それに対し、杖術の対練では、型の最初から最後まで杖を相手の身体に当てることはない。

杖術の対練の型は一九九九年以来ずっと三種類だけが練習されてきたが、二〇〇二年より新たに数種類が練習されるようになった。以前から練習されているものは「一本目」・「二本目」・「三本目」という名前が付いているが、新たに練習されるようになった型の名前は練習中に口にされたことがない。

Ｍ先生が会員の一人を相手に型の手本を見せ、説明を終えると、会員たちは組ごとに分かれて練習を行う。太極拳の対練のときと異なり、原則として二人組で、練習に来ている会員の数が奇数のときや初心者をまとめて指導するときだけ三人組や四人組が見られる。捕りと受けの交替のタイミングは、次のいずれかの方法がとられる。

⑴各組で決めた回数（三〜五回が一般的である）ごとに捕りと受けの役割を交替する。
⑵捕りか受けのいずれかが交替の意思表示をするまで同じ役割で練習する。

太極拳の対練とは異なり、杖術の対練では捕りだけが技をかけるのではなく、捕りと受けの技の応酬があるので、初心者は捕りだけを重点的に指導されるのではなく、捕りと受けの両方を同じぐらい指導される。また、杖術の対練では最終的に相手を投げることができたか否かという明瞭な基準が存在しないため、自分が納得するまで一方の役割を練習する目的で⑵の方法がとられることが多い。

会員たちが練習している間、Ｍ先生は教室内を歩き回って指導する。太極拳の対練のときと同様、Ｍ先生による指導は、肯定的にコメントする場合・直すべき点を指導する場合・会員に呼ばれて指導する場合に分けられ、それぞれの場合においてＭ先生が会員にアプローチする方法も太極拳の対練のときと同じである。また、会員に指導するさいに、Ｍ先生はその会員が対練をしていた相手と自分が対練をしながら動作を説明する点も共通している。

杖術の対練の指導には、太極拳の対練の指導と同様の特徴が見て取れるが、相違点も認められる。共通点としては、動作を途中で止めながら指導すること・特定の動作を指示するためにそれを反復したり、その方向を見たり、指差したりすること・わざ言語を多用すること・「対照実験」を行うことがあげられる。相違点としては次のことが指摘できる。

⑴「身体を相手の杖の線から外す」・「杖の線を畳の線に沿わせる」・「杖と身体を平行にする」など、杖を基準として、動作

がより厳密に指示されること。

(2)わざ言語としての「身体の線」が、「杖の線」・「畳の線」という目に見える実体的な線と重ね合わされること。

(3)動作を指示するさいに、M先生が杖を直接持ってあるべき場所に動かすことがあること。

組ごとの練習ではM先生による指導のみならず会員どうしの指導も行われるが、太極拳の対練のときと同様、会員による指導とM先生による指導では、直すべきものとして主題化される動作やその説明の方法などが異なっている。

一〇分から二〇分程度同じ型を練習した頃、M先生は滞りなく対練を行っている組に近づき、「ここは別のやってみよか」と声をかけ、一方の会員を相手に新しい対練の型をやって見せる。その組の近くで練習していた組の会員はM先生のほうを見ていて、自分たちも新しい型を始めることもあれば、そうしないこともある。ひとつの組で説明を終えた先生は、まだ新しい型を行っていない組へ移動して同じ説明を行う。このように、杖術の対練の練習は次の二つの局面よりなる。

(1)M先生が型を説明する。

(2)会員が組に分かれてその型を練習する。

杖術の対練では太極拳の対練のように練習時間の経過とともに過熱した雰囲気になることは比較的少ない。杖を相手の額やこめかみに当てないよう、双方が配慮しているためである。このようにして、火曜日ごとに、三～五種類程度の異なった型が練習される。

d. 休憩

八時四〇分ぐらいになると、M先生は更衣スペース前の東側の壁近くに座り、紙コップを人数分並べてお茶を入れ始める。会員たちはそれに気づくと、区切りのよいところで杖術の対練を切り上げて、M先生の周りに座って休憩する。AさんとZさんは持ってきたお菓子を更衣スペースから取って来て、開封して中央に並べる。前の方に座った会員が後ろの会員にお茶とお菓子を回す。このとき、Oさんは領収記録のノートを広げ、S流会費と武道場使用料を集める。休憩時間の会話の内容は様々である。試合や合宿が近いときはそれについての話がされることがある。また、その前の週末に試合があった火曜日は、M先生がビデオに録画してきた試合風景を見ることが多い。そのときは、M先生が持ってきたビデオカメラを更衣室にあるテレビに接続する。

e. 太極拳の対練

一五分ぐらい休憩し、話が途切れたとき、M先生は頃合いを見て立ち上がり、武道場の中央付近に移動する。それを見た会員たちも、紙コップやお菓子を片付けてM先生の周りに集まる。私はこのとき眼鏡を外し、更衣スペースにある窓の前に置く。

土曜日の練習と同様に、全員が集まらないうちに、M先生は手近にいる会員から太極拳の対練の技をかけてゆく。全員に一回ずつ同じ技をかけたのち、M先生は一人の会員を相手に技の説明をする。説明が終わると、会員たちは組ごとに分かれてお互いに技をかけ合う。このとき、M先生は歩き回って指導し、会員もお互いに指導する。しばらく練習が行われたのち、M先生は次の技を全員にかける。

土曜日の教室は床が薄い樹脂張りのコンクリートであったのに対し、火曜日の武道場は床が畳なので、M先生も会員も相手を比較的強く投げる。また、二〇〇二年からは、火曜日の練習では相手を投げたあとに腕の関節を固める動作も練習するようになった。

f．自由に動く練習

九時一〇分頃になると、M先生は武道場の全体に聞こえるように「そろそろ、できる人から自由に動く練習をしてください」と言う。多くの組は切りのよいところで対練を切り上げ、自由に動く練習に移るが、練習時間の終わりまで対練を続ける組もある。

火曜日の自由に動く練習は土曜日のそれとほぼ同じであるが、床が畳なので、活歩推手や散打の練習では、脚を払ったり脚をかけたりして相手を転ばせる場面がしばしば見られる。

九時二〇分になると、M先生は「そろそろ終わりにしよか」と言いながら武道場の正面の中央に移動し、会員たちのほうを向いて立つ。それに気づいた会員は、練習を切り上げてM先生の周りに集まる。全員が集まると、M先生は少し話をしてから、「ありがとうございました」と礼をし、会員たちも合わせて礼をする。

土曜日と同様に、M先生は九時三〇分までに武道場を閉める必要があるが、片付けるものが少ないので後片付けは土曜日ほど慌ただしくない。武道場を出た会員の一部は立ち話をするために校門の付近に残る。一〇分ほどすると、武道場の鍵を返してきたM先生が話に加わる。立ち話は一〇時三〇分頃に終わり解散する。

7―2　型の一般的な手順

太極拳の対練で練習される型の多くは名前が付いているが、先述したように、杖術の型で二〇〇二年以降に練習されるようになったものには名前が付いていない。そのような名前のない型のひとつで、二〇〇三年になって頻繁に練習されている型――仮に、「杖を弾く型」と呼ぶことにする――における有効性の微分を検討したい。

杖を弾く型のM先生による手本と説明は、次のようなものである。

(1)M先生と会員は、畳の縁の線に沿って約一・五～二メートル離れて向かい合う。M先生は左手で杖の下端、右手で杖の下端から三〇センチメートルぐらいの位置を持ち、右半身で中段に構える。杖の先端は相手の胸の高さにする。会員は、左手で杖の下端、右手で杖の下端から三〇センチメートルぐらいの位置を持ち、左半身で上段に構える。構え終わると、M先生は「捕りは下段、受けは上段」と言う。

(2)M先生が中段に構えた杖の先端を少し左にずらす。同じ動作を二、三回繰り返しながら、M先生は「ここで、すっと杖の先端を外して、相手を誘います」と言う。

(3)M先生が「上段を打ってください」と言う。会員は右足を踏み込みながらM先生の額を狙って杖を振り下ろす。

(4)M先生は杖を右に急に動かすことで、相手の杖を右側に弾き飛ばす。M先生は、「身体全体を使って、バネのように相手の杖を弾き飛ばす」と言う。

(5)M先生が目で合図すると、会員は杖をいったん引き寄せてから、すぐに、右足をさらに踏み出しながら杖でM先生の胸を突く。

(6)M先生は右足を半歩引いて身体を少し左に寄せながら、自分の杖を垂直に立てて、相手の突きを右側に逸らす。このとき、M先生の杖は一八〇度回転するため、杖の下端を持っていた左手はM先生の目の高さになり、下端から三〇センチメートルの位置を持っていた右手は杖の上をすべって、他方の端から三〇センチメートルの位置に移動し、M先生の腰の高さになる。M先生は「このとき、後ろ重心で、身体は相手の杖の線から外れている」と言う。

(7)M先生は杖を立てたまま、少しだけ自分の身体の中央に寄せるように平行に動かしてから、「杖がこの位置だと、相手が少し深く突き込んできたら危ない」と言う。実際に危ないことを示すために、M先生は自分の杖が動かないように左手で支えたまま、右手を杖から離して相手の杖の先端を持ち、相手の杖を自分に向けて引き寄せて、自分の右肩に先端を当てて見せる。

(8)M先生が右手を自分の杖に戻して、目で合図すると、会員は再び杖を引き寄せて先端をM先生の杖から外してから、M先生の胸をめがけて突き出す。

(9)M先生は、今度は右足を大きく踏み出して身体を右側に寄せながら、立てたままの杖を平行に移動させて相手の突きを左側に逸らす。このとき、M先生は腰を落としながら身体を左側に開く。

(10)M先生は、自分の杖の下端を右側から相手のこめかみの近くに移動させ、当たる寸前に止める。このとき、杖の下端から三〇センチメートルの位置を持っていた右手は肩の高さに移動し、杖の上端を持っていた左手は左腰につけるため、M先生の身体の前面を斜めに傾いた杖が身体に平行に沿うことになる。〈68〉

杖を弾く型が各組で練習されるさいに会員が間違いやすい動作と、それに対するM先生の指導の一例としては次のようなものがある。

(1)受けが最初に上段から杖を振り下ろすとき、間合いが遠すぎるために、杖の先端が相手の額に届かない。M先生は「そこやったら弾かへんでも相手に当たらへん」と言う。

(2)受けが最初に上段から杖を振り下ろすとき、杖の先端が左右にぶれてしまう。M先生は「はじめのうちは畳の縁の線に沿って練習したらええ」と言う。

(3)捕りが振り下ろされた杖を弾き飛ばすとき、十分に弾くことができないために相手の杖が右手に当たってしまう。M先生は「手先だけやなくて、身体全体で弾く」と言って、会員の一人に上段から打たせて自分で弾く動作をやって見せる。

(4)受けが打ち下ろした杖を弾かれてから再び突き出すまでに時間がかかってしまう。M先生は「引くのが遅いから相手に杖を持って行かれてしまう。弾かれるとわかった瞬間に引く」と言う。
(5)捕りが右足を引きながら杖を立てて相手の突きを右に逸らすとき、十分に杖を身体の右側に動かさない。M先生は「そのやり方では右肩が危ない」と言って、捕りの杖を手で持って、右肩をわずかに過ぎる位置まで右に平行に移動させる。
(6)受けが二回連続で突くとき、捕りの胸の中心を狙っていない。M先生は、「突きが甘い」と言う。
(7)捕りが最後の動作で杖の下端を相手のこめかみの近くに移動させたとき、杖の先端の位置がこめかみから外れてしまう。M先生は「この辺や」と言って、杖の先端を持って正しい位置に移動させる。
(8)捕りが最後の動作で杖の下端を相手のこめかみの近くに移動させるとき、杖が捕りの身体に平行に沿わずに、身体から離れてしまう。M先生は「杖は手で振らへんで、身体ごと相手に入り込む。右手はすっと上げるだけ、左手は自分の腰につけるだけ。最後は杖と身体が平行になる」と言う。
(9)捕りが最後の動作で杖の下端を相手のこめかみの近くに移動させたとき、両足先が前後に開かずに左側を向いてしまう。M先生は「もう少し腰を開いて、それぞれの足先と膝が同じ方向を向くように」と言う。

7―3　微分する道具

杖を弾く型の練習において、私がもっとも苦労したのが、相手の打ってくる杖を、「身体全体を使って、バネのように弾き飛ばす」ことであった。この動作は、右手右足を前に、杖を中段に構えてから、杖の先端を少し左にずらしつつ下げて隙を作った体勢から始まる。この隙に相手が真正面の上段から打ち込んできた杖を、自分の杖の先端を少し上げながら右に強く動かすことで弾き飛ばすのである。

私は、M先生にたびたび「弾き方が弱い、それでは右手の指が危ない」と言われていた。実際にそのとおりで、私は相手の打ち込みにある程度タイミングを合わせて杖を弾くことはできても、十分に強く弾けないのである。つまり、相手が打ってくるのに自分の杖を間に合わせて、下から相手の杖に当てることはできるのであるが、相手の杖はそのまま自分の杖の上をすべって、杖を持つ右手の指に当たってしまうのである。そのため、この型はすべての杖の型のなかでも、もっとも痛く、緊張する型だった。自分の右手を守るために、全力で杖を持ち上げて相手の杖にぶつけるため、この型の練習があった翌日には必ず、杖を引き上げる右腕の上腕二頭筋が筋肉痛になっていた。

にもかかわらず、M先生の杖を弾く動作と私の動作はまったく違っていた。M先生の動作は、とても小さく、杖の先端もあまり動かないが、相手の杖は「カーン」という音とともに大きく横に飛ばされる。それに対し、私の動作は、大振りで、杖の先端がかなり右側に開くのだが、相手の杖は「コン」と鈍い音を立てて、わずかに弾かれるだけである。

杖を弾く型に苦労しているのは私だけではなく、ほとんどの会員がうまく杖を弾くことができなかった。そのため、M先生は、様々な表現によって手を替え品を替え同じ動作を説明した。最初は、練習のたびに「身体全体を使って、バネのように弾き飛ばす」と繰り返すことが多かったが、次第にほかの表現も用いるようになった。「身体全体を大きく開くように」と、杖の動きに連動して自分の足先と膝も外側に開いているのを指摘したり、「足の方から杖に力が伝わるように」と、下半身の動きが重要であることを指摘したりした。また、「おへそを使って弾く」とも言った。だが、私はいずれの表現も自分の練習に役立てることはできなかった。

私がはじめて相手の杖をうまく弾くことができたのは、M先生が次のような指導をした日である。M先生は、中段に構えた状態から、いつもよりも少し極端に杖の先端を左下に動かして、「このとき、線が左側に開いている」と言い、次に、杖を右上に弾く動作をして、「このとき、線が閉じている」と言った。私は、この一連の動作を見て、M先生の杖の根元が、M先生の腹部の前を左から右に動いているのを認めた。つまり、M先生の杖は、根元が固定されて先端だけが右に動いていたのではなく、根元も先端も右に動いていたのである。これは、M先生の杖が、車のワイパーのような中心を固定した運動をしているのではなく、むしろ、平行移動に近い運動をしていたことを意味する。平行移動に近いとはいえ、根元の移動する距離のほうが先端の移動する距離よりも短いため、私はそれまで、これが中心を固定した運動ではないことを見て取れなかったのである。

杖を平行移動させると、相手の杖を弾くことがとても楽にできるようになった。つまり、左手で杖の根元をおへその前から右腰の前に移動させながら、右手で杖の先端を左から右に動かすと、少々早めに杖を動かしさえすれば、斜めの杖が自分の身体の全体を相手の打ち込みから守ってくれるのである。そのため、相手の打つ気配をわずかでも感じたときに自分の杖を動かせば、余裕をもって相手の杖を弾くことができる。

それに対し、杖の根元がずっと自分のおへその前にある状態で、杖の先端だけを左から右に動かして相手の杖を弾くためには、厳密なタイミングが要求される。杖を動かすタイミングが遅ければ、自分の杖の先端が左に開いて、身体の右半分が無防備の体勢のまま打ち込まれてしまう。逆に、タイミングが早ければ杖を空振りしてしまい、自分の杖の先端が右に閉じて、身体の左半分が無防備になった体勢に打ち込まれてしまう。タイミングがちょうどよくても、自分の杖の先端がまっすぐ相手のほうを向いた瞬間に、杖のわずか右側か左側を沿うように打ち込まれたなら、杖を持った右手が打たれてしまう。これほど厳密なタイミングを要求される動作を行おうとしていたのだから、自分がそれまで杖をうまく弾くことができなかったのも当然であった。

杖を平行移動させることのもうひとつの利点は、杖を弾く瞬間に、杖の後ろに自分の身体を置くことができることである。このとき、杖を弾く動作は、自分の身体の前で杖を振り回すことで相手の杖を左右に弾き飛ばすことよりも、自分の身体の前で杖を横一文字に構えて、相手の杖を真っ向から弾き返すことに近いのである。というのも、振り回された杖の後ろには自分の身体がないために腕力で相手の杖を弾かねばならないが、横一文字の杖の後ろには自分の身体があるため全体重をかけて相手の杖を弾き返すことができるからである。

もちろん、杖を弾く型では、実体的には自分の杖が横一文字になることはない。だが、ほんのわずかだけ杖の根元を右に動かすことで、これに近い力の出し方が可能になるのである。M先生が言っていた「線が左側に開く」・「線が閉じる」とは、それぞれ、杖の後ろに身体がないため、杖を横から振り回すような力の出し方しかできない体勢と、杖の後ろに身体があるため、杖の真後ろから全体重をかけた力の出し方ができる体勢のことを指していたのである。

こうして、杖を弾く型において私が追求すべき有効性は微分し、この有効性を追求するさいに依拠すべき身体的ディテール――杖の先端だけでなく根元も右に動かすこと、杖の後ろに身体があるようにすることなど――がいくつも特定できた。私がこの変化を経験したとき、私と同じ身体的ディテールを認めることのできたのは、M先生だけであった。だが、練習相手に自分の発見した身体的ディテールを認めることができない場合でも、押しつけがましくならないように、相手に聞かれたときや、相手が特に苦労しているときだけ、自分の発見を説明するようにした。

杖は一本の棒であり、道具としてはきわめて簡単なものである。だが、技の有効性を追求するさいに関与するのは、物体としての杖ではなく、身体的ディテールとしての杖なのである。そして、身体的ディテールとしての杖は、技の有効性の微分に相即して変化し、それに依拠して追求できる有効性も変化する。したがって、記号としての「線」の同一性が身体的ディテールとしての「線」の多様性に解体されたように、物体としての杖の同一性は、身体的ディテールとしての杖の多様性に解体されるといえるだろう。

第8章　構造の同一性の解体

追求されるべき有効性が微分することで解体されるのは、身体・記号・物体の同一性だけではない。ここでは、一見して実践を外部から拘束するかに見えるS流の様々な客観的構造の同一性が、身体的ディテールの多様性へと解体される過程を考察したい。取り上げる客観的構造は、太極拳と杖術の区分・S流と他流の区分・表象と実践の区分である。

8—1　技法間の区分の相対化

杖術の練習では、杖の線や畳の線など、目に見える実体的な線が練習のための重要な資源になっている。たとえば、太極拳の対練では、受けが最初に突くときの拳の軌跡がまっすぐであったかはわかりにくいことがあり、M先生もしばしば軌跡が曲がっていることを注意する。それに対し、杖術の対練では、杖という基準があるために、打ち下ろしたり突いたりするときの軌跡がまっすぐであったかは比較的わかりやすい。

また、習いたての対練の型を練習する場合や、捕りか受けのいずれかが初心者の場合は、最初に向かい合うとき、双方の身体の中心が畳の線の真上に来るように構える。そうすることで、杖を振り下ろすさいの正しい軌跡や、移動するさいの正しい足の位置がわかりやすくなるのである。また、M先生が型の手順を説明するさいも、どれだけの幅で相手の突きや打ちをかわしたかを示すために、最初に身体が畳の線の真上に来るように構えて、動作のあとで身体が畳の線からどれだけ左右に動いたかを指差す。

だが、杖の線がもっとも練習において重要なのは、それが「線」の感覚を質的に変えるからである。私は二〇〇〇年の冬から春にかけて、太極拳の対練の動作における両腕の感覚が、杖術の対練の動作における両腕の感覚に似ていることに気がついた。

問題の動作が含まれる太極拳の対練の型――名前は練習中口にされたことがないが、仮に、「金剛搗捶変化形」と呼んでおきたい――は、投げ方が金剛搗捶と似ているが、より短時間で終わる。というのも、金剛搗捶のように、相手の突いてくる腕をいったん絡め取ってから投げるのではなく、相手の突いてくる腕をわずかに外側に逸らすだけですぐに投げるからである。動作の手順は、次のようなものであった。

⑴受けが左半身から右中段突きをする。
⑵左半身で構えた捕りは、胸の高さに構えていた左腕を切り下ろすように左下に動かし、左前腕部を相手の突いてくる腕に斜めから当てることで、これを身体の左側に逸らす。同時に、相手の腕を逸らすことでできた隙間に割り込むようにして相手に接近し、右腕を上げて、ちょうど金剛搗捶におけるように相手の胸から首にかけてすり上げるように動かす。
⑶最後に、金剛搗捶と同様に、捕りは右脚を相手の右脚の裏にすべり込ませながら前進し、右腕で相手の胸をすり上げて相手の上半身を後ろにそらして投げる。

この型において私の注意を引いたのは、最後に捕りが相手を投げるときの動作である。このとき、捕りの左腕は、前腕部で相手の突きを左に逸らした状態を維持したまま、左下に開くように移動し、右手は、相手の胸と首を斜め前方にすり上げる（写真15～17：金剛搗捶変化形の連続写真）。

問題の動作が含まれる杖術の対練の型は「二本目」と呼ばれており、それは次のようなものである。

(1)捕りと受けが五メートルほど離れて向かい合う。受けは左半身で、杖の中程を持って腰の右側にぴったりつけるように水平に持つ。捕りは左半身で杖を上段に構える。

(2)捕りと受けはともに姿勢を崩さないまま二歩前進する。

(3)三歩目で、捕りは右足を踏み込みながら杖を相手の額に向けて打ち下ろす。受けは、右足を踏み出しつつ腰を左に平行移動させ、相手の打ち下ろす杖を左にかわす。同時に、受けは右手に持っていた杖に左手を添えて、杖の下端で相手の右膝頭を打つ。

(4)捕りは、打ち下ろしがかわされたとわかった瞬間に右足を後退させて右膝頭を引っ込めながら、打ち下ろしかけた杖を両手でたぐり寄せたのち、すぐに左足を踏み込みながら左手を前進させ、両手で持った杖の下端で受けの右のこめかみを打つ。受けは、両手に持った杖を身体の右側に立てて右のこめかみを守る。

(5)受けは杖を両手で持ったまま捕りの杖をすり抜けて、杖の下端で捕りの左のこめかみを打つ。捕りは受けが杖をすり抜けようとした瞬間に上半身を前に大きく傾けて受けの杖の下をくぐり抜け、受けの背後に立つ。

(6)最後に捕りが背後から受けの脇腹を杖で突き、先端を軽く当てる。

この型において私の注意を引いたのは、受けが最後に攻撃する動作である。受けは、自分の右のこめかみへの攻撃を受けるために杖を身体の右側面に立てるように動かし、すぐさま、右足を大きく踏み出しながら、身体の右側に下がっていた杖の先端を持ち上げて相手の左のこめかみを打つ動作を行う。打つとき、自分の頭の右側にあった左手は左腰へ

写真15　金剛搗捶変化形の連続写真①

写真16　金剛搗捶変化形の連続写真②

写真17　金剛搗捶変化形の連続写真③

と移動し、右腰の近くにあった右肘は相手の左のこめかみを打つように移動する（写真18〜20：杖の二本目の連続写真）。

したがって、金剛搗捶変化形の動作でも、杖の二本目の動作でも、左腕は左下方向へと斜めに移動しながら補助的な役割を果たし、右腕は相手の胸や頭の方へ斜めに上がりながら相手を倒す主たる役割を果たしていることになる。

私が最初に両腕の特殊な連関性の感覚に気づいたのは杖術の動作であった。それは、左手を腰に引きつけると右手が自然に相手の方へ上がり、右手を腰に引きつけると左手が自然に相手に向けて上がるという関係であった。このとき、杖はシーソーのように動くが、左右の腕はシーソーのように硬直しているわけではなく、また、腰はまったく回転せず、右手が上がるときは右斜め前、左手が上がるときは左斜め前に平行移動しているだけだった。両手の感覚は、あえていえば、相手の上段と自分の腰を含む大きく傾いた長い楕円形の円周上を動くような感覚であった。両手の動きには両腕の回転と両手首の回転が連動していた。そして、この両手の連関性の感覚は、杖を持たないときでも同じよ

写真18　杖の二本目の連続写真①

写真19　杖の二本目の連続写真②

写真20　杖の二本目の連続写真③

うに感じられた。このとき、両手の人差指と中指があたかも一本の杖であるかのように連動する感覚があった。私は二〇〇〇年の新年会のときにこの発見をM先生に話すと、M先生は「こうやってわかってくると面白くなってくるんや」と言った〈69〉。

私は、両腕の連関性の感覚に気づくまでは、太極拳の動作を行うさいには、金剛搗捶におけるように、右腕をうまく斜めに差し入れて、右腕だけに「線」を作るように努めていた。だが、両腕の連関性に気づいたとき、相手と接触した右腕で作った「線」が、自分の身体を通して左腕にも延長していることが感じられた。それはあたかも、両手で見えない杖を持っているかのようであったが、杖とは異なり、両手を結ぶ「線」は両腕のなかを通るため柔軟性を持っており、相手の身体を抱え込むようにして捕えることができた。この「線」で相手を投げるのは、両手の間に持った縄のようなもので相手の推すのを包み込んでしまうような感覚であった。この感覚と比較すれば、右腕だけの「線」で相手を投げる感覚は、バットのような硬い物で相手の推すのを別の方向へ跳ね返すようだった。このときはじめて、

写真21　金剛搗捶変化形において指先まで通った「線」

M先生が指導のさいにたびたび口にする「相手をふわっと包み込むように」という言葉の指示対象を、自分の身体的ディテールのうちに特定することができた。

太極拳と杖術は、名前のうえで異なることはもとより、練習日・練習時間・練習場所・使用される道具など、いくつもの実体的かつ客観的な相違点によって区別される。だが、太極拳と杖術のそれぞれの型においてて私が追求する有効性が微分してゆくなかで、私はこれら二つの型の振る舞いに、同一の身体的ディテールとしての、両腕を通る柔らかい「線」を発見したのである。それ以降、私は太極拳と杖術の様々な型の動作に同様の「線」を発見することができた。こうして、客観的には異なった型の練習において、同一の身体的ディテールに依拠して追求される有効性を追求することができるようになったのである。

したがって、相互身体的判断が可能であるためには、観察者と行為者は必ずしも同じ技を身に付けるべく努力している必要はないといえる。両者がまったく異なった技の有効性を追求していても、それぞれの追求する有効性が微分し、多様な身体的ディテールが特定されるとき、同じ身体的ディテールが特定されないとも限らないからである。

ほかの会員が両腕を通る「線」の感覚を持っているか否か、いいかえれば、身体的ディテールとしての「線」が両腕を通っているか否かを相互身体的に判断するのはそれほど難しいことではない。太極拳の型において、相手と接触している一方の腕だけに「線」があると、もう一方の腕は垂れ下がっていたり遊んでいたりするが、両腕に「線」があると、両腕がまんべんなく緊張し、緩やかな曲線を描くのである。また、「線」の感覚が両手の指先まで通っていないと、両手の指先と手首は緩んで垂れているが、通っていると、両手の五本の指先がきれいに伸びたうえ、手首が適度にそって緩みがなくなっているのである。このように指先まで「線」が通っている会員は、M先生のほか数人いた（写真21：金剛搗捶変化形において指先まで通った「線」）。

8―2　流派間の区分の相対化

第5章で述べたように、私はS流に入会する以前に何種類かの推手を経験し、その相違に驚かされたことがある。特にきわだった相違は、大学のサークルで経験した推手・河川敷でS先生と経験した推手・河川敷でM先生と経験した推手の違いであった。それぞれの推手において、異なった有効性が追求され、異なったやり方で有効性が微分し、そして、異なった身体的ディテールが特定されたのである。

この相違は、最初は、推手の相手の所属する太極拳の流派の相違に由来しているように思えた。だが、S流の練習で私の追求する有効性が微分してゆくにつれ、太極拳の流派の区分は、必ずしも、練習のなかで特定される身体的ディテールの区分に対応しないことがわかった。

大学のサークルでは、自分と相手との接点の感覚はほとんど意識せずに、ただ接点が決められた軌跡を描くことだけを意識して推手を行っていた。それに対し、S先生が教えてくれたのは、両足以外を自由に動かして相手のバランスを崩し合うゲームとしての推手であった。それに対し、S先生が教えてくれたのは、このゲームに勝つためには接点の感覚が重要で、そこにかかる圧力をつねに一定に保つように動かねばならない。つまり、自分で一方的に推すのでも引くのでもなく、接点の感覚から相手の動きを読んで、それに合わせて自分の力を少しずつ出したり抜いたりせねばならない。自分から力を出して推すのは、もうひと押しすれば必ず倒れるような体勢に相手を追い詰めたときだけである。私はこれらのことを教わったが、接点の感覚を意識することや自分から推さないことを実行するのは容易ではなかった。というのも、大学のサークルの推手ではいつもお互いに接点を推し合っていたため、相手と手首を接したら反射的に接点を推す癖がついていたからである。練習を繰り返すうちにかろうじて接点の感覚がわかるようになっても、両手の推手（双推手）では、接点が複数あるうえ、それらが手首・前腕部・肘・肩などへめまぐるしく変化するため、それぞれの接点で圧力を一定にすることはほとんど不可能だった。

私はS流に入会したのちも、日曜日には河川敷の練習会に時々顔を出していた。それはS流の他の会員についても同様で、土曜日や火曜日の練習では最後の時間に少ししかできない推手や散打の練習をお互いどうしで行ったり、他の教室の生徒と行ったりしていた。私は、M先生やS流の会員、さらにほかの流派の人々と推手をするなかで、S先生にも時々推手の相手をしてもらっていた。

二〇〇〇年の夏頃に、両腕を通る「線」の感覚がわかってから私は河川敷でS先生と推手をしたことがあった。左右それぞれの手首の接点の感覚をバラバラに頼りにして推手をしていたときと違って、S先生に一方的に翻弄されることはなくなったが、S先生はあいかわらず強かった。推手に一段落つくと、S先生は両手の関係について、「重い一輪車を両手で動かすように相手の身体を運んでしまう感じで」と、土砂を運ぶ大型の一輪車をジグザグに押して歩く身振りをしながら説明した。私は、S先生の口から同じ比喩をそれまでに何度か聞いたことがあったが、それを気にとめることはなかった。だが、M先生のいう「相手をふわっと包み込む」ような両手のつながりの感覚が身体的ディテールとして特定できるようになると、「重い一輪車を両手で動かす」という比喩は同じ身体的ディテールを説明するのにとても適切なものに思えた。

なぜなら、一輪車の二つのハンドルは固定されているため、ハンドルを握った一方の手を動かせば、それに連動して他方の手も必ず動く。これは、両手が「線」でつながっている身体的ディテールに似ている。さらに、重い一輪車を操作するためには、たえず自分の腰が二つのハンドルの中間あたりに位置するように調整することで、自分の腰の力がまっすぐに一輪車に伝わるように推さなくてはならない。これは、片手だけの「線」で相手を推すのではなく、両手の「線」で相手をまんべんなく包み込むように推すときの身体的ディテールに似ている。そして実際に、S先生の両腕と指先には、身体的ディテールとしての「線」がきれいに通っていたのである。

これは、とても面白い発見だった。M先生の推手の動きはまっすぐ相手に向かってゆくものであるのに対し、S先生の推手の動きは比較的、伝統的な太極拳の円の動きに近い。また、M先生とS先生がそれぞれ動きを説明するさいに用いる言葉も、「接点」と「線」のように異なっていた。にもかかわらず、M先生とS先生には共通した身体的ディテールを認めることができたのである。たとえ部分的な共通性ではあるにせよ、両者の身体的ディテールの重なり合いから、それに依拠することで追求される有効性の重なり合いも予想することができた。これは、観察者と行為者が、異なった流派で、異なった技の有効性を追求していても、同じ身体的ディテールを手がかりにした相互身体的判断が可能であることを示しているといえるだろう。

両腕の「線」の身体的ディテールが特定できたことで私が推手において追求する有効性は大きく変化したが、「線」が両腕と上半身だけを結ぶのではなく、腰をも結んでいることがわかったことで、推手で追求する有効性は再び大きく変化した。この感覚がわかったのは、二〇〇二年末のある火曜日にKさんと定歩推手をしていたときである。このとき、私は両腕の接点の感覚に集中できるように目を閉じて推手をしていた。S流では定歩推手で目を閉じることは珍しいことではなく、接点にかかる相手の力にできるだけ逆らわずに柔らかく動く練習をするときは、多くの会員が目を閉じている。私も目を閉じたのはこれが最初ではなかったが、このときは、とりわけ自分の両腕の力が抜けている気がした。そのまま推手を続けていると、両肘と腰の距離がとても近くなっていることに気がついた。同時に、それまでの推手では知らぬ間に両肘を腰から離して、脇を開けていたことが反省された。腕を上げて相手を推すときはもちろん、腕を下げて自分を守るときも十分に肘が下がっていなかったのである。

さらに推手を続けていると、腰と肘が連動することに気がついた。つまり、右腰を前進させたときに自然に右肘が前進し、左腰を前進させたときに自然に左肘が前進するのである。このつながりは、腰と肘の距離がほとんど接触するほど近いときも、腕を上げて手のひらを相手の胸や肩に当てているときも同じように感じられた。このように腕を腰と連動させると、両腕がとても自然に、軽々と動く。さらに、相手にとても倒されにくい。たとえば、お互いに右半身で定歩推手をしているときに自分の右腕で相手を推そうとすると、相手はその腕を左右に逸らして、右腕とともに前進している右腰を推そうとする。このとき、右腕だけを動かして相手を推そうとしていたなら、右腕を外されたときに右腰はその場に残ってしまうため、そこを相手に推されてしまう。だが、右腕と右腰を連動させて相手を推していたなら、右腕を外されたときに自然に右腰も同じ方向に移動するため、相手は推し返すことができないのである。だが、腰と腕の連動の感覚はまだそれほどはっきりしてはおらず、もっぱら、調子のよいときにゆっくりと対練や推手をしたり、套路を一人で練習したりしているときに感じられるだけである。

8－3　表象と実践の区分の相対化

第5章で述べたように、私にS流への入会を逡巡させることになった要因のひとつとして、入会案内のパンフレットに掲載されていた写真に写っている練習がとても危険そうに見えたことがあげられる。それは、M先生が相手を後ろに投げて、相手が身体をそらして今にも後頭部を地面に打ちつけそうになっている写真だった（一五四ページの写真1：入会案内パンフレットの写真）。実際、この写真を身体的危機の表象として解釈することは妥当であるように思われる。だが、太極拳の対練を続けるなかで、受け身ができるようになると、この写真が必ずしも身体的危機を表象しているわけではないことがわかった。

土曜日に教室にはじめて足を運んだとき、私は、床が薄い樹脂で覆っただけのコンクリートであることに気づいた。投げられたら痛そうだと不安になったが、M先生が実際に会員たちを投げる様子を見て少し安心した。なぜなら、上手そうな会員を投げるときのM先生の様子と、初心者を投げるときのM先生の様子はまったく異なっていたからである。

上手そうな会員を投げるときは、M先生は伸ばした腕で相手の上半身を真後ろに弾き飛ばす感じで投げていた。相手を後ろに投げる技は、金剛搗捶のように、捕りが自分の脚を受けの脚にかけて、受けが後ろに下がることができないようにしてから投げる技と、捕りが脚をかけないでそのまま投げる技があるが、M先生はどちらの場合でも同じように簡単に相手を投げていた。それを受ける会員は、いったんは上半身をそらされて後頭部を床に打ちそうな体勢になるが、どういうわけか頭を打たなかった。

初心者を投げるときも、M先生は伸ばした腕で受けを真後ろに投げるのであるが、受けの上半身がM先生の腕から離れる前にM先生は腕を曲げて、受けの頭を抱きかかえるようにした。受けの腰が床についてから、M先生はゆっくりと頭を放した。受けは尻餅をついた格好になり、頭を打たないのである。

私はM先生に後者のやり方で投げてもらっていたが、やはり怖かった。直接床に頭を打つ怖さはないが、一瞬だけ身体を後ろにそらされ、M先生に抱えてもらわなければ頭から落ちてしまう体勢になったとき、生殺与奪の権をM先生に完全に握られてしまった感じがする。この感覚が怖いのである。これは、M先生以外の会員に投げられたときも同じだった。その頃、よく私の相手をしてくれたのはベテランのMさんやOさんで、二人ともとても上手に私の頭を抱えてくれたにもかかわらず、やはり怖い。

M先生は、受け身のとり方を教えてくれた。自分が倒されそうになったとき、誰でも反射的に床に手をついて身体を支えようとするが、投げられたときにこれをすると手首を痛めてしまうので、やってはいけない。かわりに、膝と腰の力を抜くと、頭からではなく腰から着地できる。次に、後頭部を打たないように、首を前に曲げて「自分のおへそを見る」。柔道の受け身のように床を平手で叩いて衝撃を吸収してもよいが、そうしないで、投げられた勢いを利用して立ち上がれればなおよい、ということだった。

M先生や私の相手をしてくれた会員は、少しずつ頭を抱える度合いを減らしてゆき、私が自分で受け身をとる練習をさせてくれた。だが、たとえ比較的上手に受け身がとれても、背中が床に当たることに変わりはなく、そのたびに、骨盤・背骨・肩胛骨などの骨が突き出た部分が床に当たって痛いのである。痛さを避けるために、ついつい手をつこうとしてしまうので、なかなか受け身がとれない。私は何度か手をついてしまって、手首を軽く痛めたことがあった。

受け身が難しいもうひとつの理由として、相手に推されるのに抵抗して立っていようとしている間は、膝や腰の力を抜けないことがあげられる。立ち続けることと受け身をとることは両立しないので、技をかけられて、それ以上いくら力を入れて抵抗しようとしても相手にバランスを崩されてしまうと判断した瞬間に、立つ体勢から受け身の体勢への切り替えを素早く行う必要がある。そのためには、身体のバランスの崩れに敏感でなければならないし、いつでも膝と腰の力を抜けるようにしていなければならない。

　だが、これは対練で相手が向かって来るときにはとても困難である。相手が自分の胸や首を推してくるときは、倒されまいとして推された箇所で相手を推し返すことに注意が向けられてしまい、自分の身体全体のバランスや、自分の膝や腰のことなど忘れてしまうからである。そのため、自分の体勢やバランスについての判断から力を抜くまでのプロセスの全体が反射的にできなければならない。このような反射が、転びそうになったら手をついて自分の身体を受け止めるという反射に取ってかわらねばならないのである。

　バランスの判断から力を抜くまでを意識的に行っているうちは、できるだけ早く受け身をとるために、バランスが崩れないうちから下半身の力を抜いてしまうことがあった。このとき、私の身体の圧力が突然なくなるため、相手は、私が勝手に受け身をとろうとしていることがすぐにわかる。相手はそのまま技をかけることもあるが、多くの場合、それに気づいた時点で技をかけるのを中断してしまう。その結果、私は、技をかける途中の体勢で立ったままの相手の足元で、半ば尻餅をつくように受け身をとることになる。私がOさんと対練をしていてこのような状態になったとき、Oさんは、笑いながら「あれっ、まだ何にもしてへんで」と言ったことがあった。このように、技をかけるのを途中で止められたり、まだ技をかけられていないことを知らされたりすることで、私は、自分が相手の技に対して受け身をとったのではなく、一人で勝手に受け身をとってしまったことを知ることができた。こうして、少しずつ反射的に受け身をとることができるようになった。

　自分のバランスが崩されるとわかった瞬間に、反射的に膝と腰の力が抜けるようになると、背中の全体を使って柔らかく受け身がとれるようになった。つまり、力を抜くのが間に合わないと、腰や肩だけ床にぶつけて止まってしまうために痛いが、十分に余裕をもって力を抜くと、身体を丸めて腰で軽く着地したのち、背中から肩にかけて少しずつ、連続的に床に接触させることができるのである。こうして衝撃を分散させると、全体として痛くない。受け身をとることが痛くなくなったのは、多少は痛みに慣れたせいもあるかもしれないが、このように受け身において追求すべき有効性が微分することで、より効率的に受け身をとるための身体的ディテールが特定されたことが最大の要因のはずである。受け身に慣れてくると、腰から着地できないときでも受け身がとれるようになった。相手に素早く投げられると、こちらが力を抜く間もなく胸をそらされ、身体を掬われてしまい、腰から落ちるのではなく頭から落ちる体勢になってしまうことがある。このような場合でも、着地するまでに身体の力を十分に抜いて、背中の上半分を丸めて少しずつ着地させることで、頭を打たないことはもちろん、調子がよいときにはほとんど音がしないぐらいに柔らかく受け身をとることができるのである。

入会案内パンフレットの写真で受けが行っているのは、このような柔らかい受け身である。それは、受けの背中から首にかけての力と膝の力が十分に抜けていることからうかがえる。さらに、写真ではM先生の左手と受けの身体が離れていることから、受け身をとりやすいような投げが行われていることがうかがえる。もし、相手に受け身をとらせないつもりなら、左手を相手の首か顔に当てたまま真下に落としているはずだからである。

このように、私は受け身の有効性を追求するための身体的ディテールを新たに特定したことで、入会案内パンフレットの写真にも同じ身体的ディテールを認めることができるようになった。それによって、写真に見て取ることのできる振る舞いが追求しているはずの有効性が変化したのである。これは、写真に表象された身体に対する解釈枠組みの変化としてでなく、この身体に対する相互身体的判断の変化として理解すべきだろう。つまり、新たな身体的ディテールが認められたことで、新たな相互身体性のレベルにおいて相互身体的判断を行うことができるようになったのである。

相互身体的判断が写真に対しても可能であるということは、表象と実践の区分が身体的ディテールにおいては相対化されることを意味する。したがって、観察者と行為者が生身の身体の対面状況にいなくとも、行為者が何らかのメディアによって表象されていさえすれば、相互身体的判断は原理的には可能なのである。モースが「身体技法論」において、民族誌に記述されているだけの行為や、人づてに聞いた行為にも有効性を認めていることから、写真や絵画そしてビデオのみならず、文字や語りなど多様なメディアによる身体の表象も相互身体的判断の対象になりうることがうかがえる。

結論

本書の目的は技の有効性を表象することであった。理論編では、主観的視点と客観的視点それぞれの問題点——前者は技の有効性を行為者の考える有効性に還元してしまい、後者は技の有効性を客観的構造における弁別的価値に還元してしまう——を指摘して、これらの方法にかわるものとして相互身体的視点を提出した。そして実証編では、S流の参与観察において私がどのような機会に相互身体的判断を行うことができたかを考察することで、この判断の可能性の条件を明らかにした。ここでは、本書全体の文脈を踏まえて実証編の考察を総括したい。

私が行為者——S先生、M先生、S流の会員など——の技の有効性を相互身体的に判断することができたのは、次の二つの場合である。

まず、私自身が行為者と同じ技を身に付けるべく努力する過程で、みずからの振る舞いが追求すべき有効性の微分を経験したとき——有効性の認識が漠然とした観念的なものから、詳細に定義された具体的な身体的ディテールに依拠して追求すべきものに変化したとき——である。こうして特定された身体的ディテールは、追求されるべき有効性と目に見える振る舞いを媒介するものである。つまり、身体的ディテールにおいてこそ、志向性を持つ生きられた身体と生物学的身体は重なり合い、身体の主観的意味と身体の客観的存在は融け合いひとつになっているのである。そのため、私自身が依拠すべきものとして特定できた身体的ディテールと同じものを行為者の振る舞いに認めることができたとき、行為者がその振る舞いに依拠して追求している技の有効性を相互身体的に判断できたのである。

だが私は、行為者と同じ技を身に付けるべく努力していないときでも、その行為者の技の有効性を相互身体的に判断することができた。たとえば、太極拳と杖術という異なった技を身に付けようと努力していたときに、私は両者に共通する身体的ディテールとしての「線」を認めることができた。そして、河川敷の推手の会のS先生の振る舞いにも同じ「線」を認めることができた。また、受け身の練習において特定できた身体的ディテール――膝や背中の力の抜け具合など――を、私は受け身の写真に認めることもできた。このように、私が技の有効性を相互身体的に判断できる範囲は、特定の技の種類にも、特定の流派にも、生身の身体による実践一般にも限定されないのである。

これら二つの場合を総合すれば、技の有効性を相互身体的に判断するための条件とは、観察者と行為者が同じ技を身に付けるべく努力しているか否かを問わず、ただ、観察者が何らかの有効性を追求するために依拠すべきものとして特定できた身体的ディテールと同じものを行為者の振る舞いに認めることであるといえる。観察者は、この身体的ディテールにおいて、社会的意味を帯びた身体でも、実践する生身の身体でもなく、相互身体――有効性を追求するさいの振る舞いにおいて等しい身体、主客の融合の仕方において等しい身体――が行為者と共有されていることを認めるのであり、相互身体的判断のためにはそれだけで十分なのである。

モースが「身体技法論」において様々な日常的行為に有効性を認め、これを技法として発見できたのは、彼が暗黙のうちにこの条件を満たし、相互身体的に判断していたためであるといえる。したがって、彼が行為に認めた前論理的に同一的な内容とは、彼自身と行為者に共通の身体的ディテールにほかならないのである。たとえば、彼がオーストラリア兵の踵の上にしゃがみ込む行為に有効性を認めることができたのは、彼自身が何かに腰掛けて身体を休めるための有効性を追求しているときに依拠している身体的ディテール——適当な高さがあって、上に腰掛けても壊れたりせず、しかも、表面が乾いている物に体重を預けていること、それによって両脚や膝にかかる身体の重みが軽減されていること——をこの行為に認めることができたためである。同様に、カビール人がトルコ・スリッパを履いて降下する行為や、女性がハイヒールを履いて歩く行為に有効性を認めることができたのも、モース自身が試行錯誤したり、よく観察したりすることで、これらの履物を履きこなすために依拠すべき身体的ディテール——靴を脱がさないための足の動かし方、転ばないための体勢の維持の仕方など——を特定し、これらの身体的ディテールがカビール人や女性の振る舞いに認められたためである。そして、逸話のなかのペルシア王が指を用いて食事を摂る行為に有効性を認めることができたのも、モース自身が食事の楽しみを追求するために依拠すべき身体的ディテール——敏感な指先で食物を触覚的に楽しむこと——がこの振る舞いに認められたためである。逆に、これらの日常的行為のいずれかに、モースが何らかの有効性を追求するさいに依拠すべき身体的ディテールが認められなかったならば、その行為に有効性が認められることもなかっただろう。たとえば、ペルシア王が指を使わずに呪文を唱えて料理を浮かせて口に運んでいたなら——そうすることでペルシア王がどれほど食事を楽しんだかが逸話のなかで説明されていたとしても——モースがその振る舞いに有効性を認めることはなかったはずである。

モースは、自身で暗黙のうちに相互身体的判断を行っていたのみならず、行為者どうしで行われる相互身体的判断をも暗黙のうちに捉え、これを威光模倣として概念化していたといえる。なぜなら、彼によれば、威光模倣における模倣者と模倣対象者の関係——これを「模倣関係」と呼ぶことにしよう——が成立するためには、模倣対象者の社会的な信頼や権威を模倣者が認めていることに加えて、模倣対象者の行為が成功し証明されたこと——その行為が有効な技であること——を模倣者が認めねばならないからである。このように、模倣対象者の社会的な信頼や権威に還元されない有効性をその行為に認めるためには、模倣者は相互身体的に判断するほかない。したがって、模倣関係のありようは、模倣者による相互身体的な判断のありようにかかっているのである。

このような観点から理論編で検討した諸理論を振り返ったなら、これらの理論が技の有効性を表象できなかった理由が見えてくる。いずれの理論も、模倣者による模倣対象者の行為の有効性に対する相互身体的な判断が、模倣関係を規定する重要な要因のひとつであることを理論化していないのである。その結果、模倣関係は超越的な観察者が読み込んだ客観的構造のうちに固定されるほかなくなってしまう。こうして模倣関係が固定されたとき、技の有効性は、この関係を規定する要因のひとつとしてではなく、この関係によって一方的に規定されるものとして捉えられざるをえないはずである。そのとき、技の有効性は、客観的構造によって表象可能な限りの有効性に還元されてしまうだろう。

たとえば、ブルデューによれば、ハビトゥスは客観的構造における特定の状況において規則化され、この状況の構造的ヴァリアントである局面との弁証法的関係において実践を生成する。そのため、ハビトゥスの生成する実践の有効性は、客観的構造における弁別的価値としてしか表象されない。また、ジャートンによれば、カンフーの技はカンフー教室に固有の無時間的に自明なリフレクシヴィティの網目のなかで身に付けられる。そのため、時間のなかで変化する自明ではないカンフーの技の有効性は、すべて本質的に表象不可能なアートとして片付けられてしまう。また、生田によれば、技を身に付けることはわざ世界の「世界全体の意味連関」を身体全体で理解することであり、レイヴとウェンガーによれば、技能に熟練することは実践共同体における「熟練のアイデンティティ」を身に付けことである。これら二つの理論においては、技の有効性は共同体の構造の関数として捉えられるため、この構造それ自体を変化させるような技の有効性は捉えることができないのである。

＊　　＊　　＊

だが、現実の模倣関係は、観察者が読み込んだ客観的構造に一方的に規定されることはないはずである。これは、私とM先生の関係に見て取ることができる。私が最初にM先生を模倣したのは河川敷の推手の会においてであったが、この会の客観的構造が私にM先生を模倣させたわけではない。そもそも、推手の会は緊密な共同体というよりも、武術を練習する人々が共通の関心のもとに集まった、緩やかなアソシエーションとしての性格が強かった。そのため、私にM先生だけを模倣させるような特定の固定的な構造はほとんど認めることができなかった。とはいえ、M先生やS先生をはじめ、自分の武術教室を主宰している人々は全体として、推手の会で一目置かれていた。私を含めて多くの参加者が、これらの先生の権威を認め、また、これらの先生のコメントやアドバイスを信頼していたことは確かである。

だが、私がM先生を模倣した決定的な要因は、M先生の推手の技の有効性を相互身体的に判断できたことである。いいかえれば、私自身が推手における有効性を追求するために依拠すべき詳細かつ具体的な身体的ディテール――どこを推しているのかが相手にわからないように推すこと、接点をすり抜けるように相手の体幹部に接近することなど――をM先生の推手の振る舞いに認めることができたとき、はじめて、私はM先生を模倣すべき対象として認識したといえる。したがって、私とM先生の模倣関係を最終的に決定したのは、推手の会の客観的構造がM先生に付与する抽象的な信頼や権威ではなく、私がM先生に認めることのできた具体的な身体的ディテールなのである。

S流に入会後の私とM先生の関係についても同じことがいえる。私は、S流の技において追求されるべき有効性の微分を練習中に幾度も経験することで、河川敷において特定できた身体的ディテールがまだまだ観念的なものにすぎなかったことを知ることになる。そして、新たな身体的ディテールをM先生の振る舞いに認めるたびに、新たな相互身体性のレベルにおいてM先生を模倣するようになったのである。たとえば、M先生による技の手本を漠然と模倣するのではなく、M先生の右前腕を通る身体的ディテールとしての「線」を模倣するようになった。さらに、右前腕だけの「線」を模倣するのではなく、右側の体側をつなぐ長い「線」を模倣するようになった。他方で、太極拳における「線」と杖術における「線」を個別に模倣するのではなく、両腕を通る「線」という共通性において模倣するようになった。のみならず、この両腕を通る「線」という共通性において、流派を異にするS先生をも模倣するようになったのである。このように、S流の指導者としてのM先生はS流の客観的構造によって信頼や権威などの社会的意味を付与された同一的な生身の身体であるのに対し、模倣対象としてのM先生は、私が新たな身体的ディテールを認めるたびに更新される多様な相互身体――私が認めることのできた身体的ディテールに依拠して、私と同じように有効性を追求する身体――であり、この資格において、S流の客観的構造の内部そして外部の差異を相対化するのである。

私が追求すべき有効性の微分に相即して変化したのは、M先生だけではなかった。私が関与するあらゆる身体や事物――S流の会員の身体、「線」という記号、杖という物体、型の手順、練習のタイムテーブルなど――は、客観的な同一性であることをやめ、私の身体的ディテールとして再発見されたのである。たとえば、練習相手の身体はただ力ずくで投げるべき対象から、「線」を取って投げるべき対象に変化した。また、M先生の身体と同様に、ただ漠然と模倣すべき対象から、「線」の作り方を模倣すべき対象に変化した。「線」そのものも、言語記号としての「線」から、技における自分と相手の関係性を制御したり（「線」を作る・「線」を取る）、自分と相手の技の習得の程度を比較したり（両腕を通る「線」の有無・相手の「線」の取り方の巧拙）、模倣対象としての相手を特定したりするための、身体的ディテールとしての「線」に変化した。また、杖は相手の打ち込みに合わせて身体の前で振り回すべきものから、相手の打ち込みの一瞬前に平行に移動させて身体を守るべきものに変化した。型の手順は、私の動作を一挙手一投足すべてにわたって規定するものから、「線」の取り方などの要点だけを規定するものに変化した。練習のタイムテーブルは、太極拳と杖術という相互に無関係な練習を組み合わせたものから、同じ「線」の作り方を二つの異なった方法で練習するためのものに変化した。

このように、私が追求すべき有効性の微分に相即して、世界の客観的構造はすべて身体的ディテールとして再発見された。これに伴い、これらの客観的構造の総体としての客観的世界が、実際は、私が特定できた身体的ディテールの総体よりなる世界にほかならなかったことが明らかになったのである。身体的ディテールとは有効性を追求するために依拠すべきものとして定義された振る舞いであるから、この世界では、身体や事物そのものと、その使用法は切り離すことができない。そのため、この世界のあらゆる身体や事物は、特定の有効性を追求するための特定の振る舞いを私の身体から直接的に誘発するといえる。たとえば、それぞれのS流の会員は、私にとってのその会員の「線」の取りやすさや投げやすさと切り離すことはできない。杖という物体は、その独特の長さと重さを利用して相手の打ち下ろしを弾く動作と切り離すことはできないのである。このように表情を帯びた世界を、本書の「はじめに」で述べた意味での「身体的リアリティ」と呼ぶことができるだろう。〈70〉

＊　＊　＊

技の有効性を相互身体的に判断するための条件とは、観察者が何らかの有効性を追求するために依拠すべきものとして特定できた身体的ディテールと同じものを行為者の振る舞いに認めることであった。したがって、S流における技の有効性を相互身体的に判断するために、私はS流に入会してS流の会員たちと同じ技を身に付けようと努力する必要は、原理的にはなかったことになる。

逆に、S流に参加していない観察者でも、何らかの活動――ほかの武道や武術流派でも、スポーツやダンスでも――において追求すべき有効性の微分を幾度も経験して数多くの身体的ディテールを特定していたならば、S流における技の有効性を私よりも詳細に捉えることが、原理的には可能であったはずである。相互身体的判断の可能性の条件は、S流とその外部という客観的区分に規定されるのではなく、このような区分を相対化する身体的ディテールに規定されることを踏まえれば、S流に参加しているか否かで相互身体的判断の可能性が限定されないのは当然といえるだろう。

だが、このことは他方で、S流に入会してS流の会員たちと同じ技を身に付けようと努力しても、それによって、S流の技の有効性を相互身体的に判断するための優先的権利を約束されたわけではないことを意味する。実際に、私はS

流の参与観察に約四年半を費やしたにもかかわらず、表象できたのは、おそらく、S流の会員たちやM先生が追求している技の有効性のごく一部でしかないのである。

たとえば、M先生はS流の練習で会員相手に推手をするときも、河川敷でほかの流派の人々と推手をするときも、勝つことのほうが圧倒的に多い。私が推してもほとんど動かすことのできない身体の大きく安定した相手でも、M先生はどんどん追い詰めて後ろに下がらせてしまうことがよくある。その様子を目の当たりにしたとき、私は、M先生が推手を行うときに依拠している身体的ディテールとしての「線」が、私の依拠している「線」よりもはるかに効率的な有効性の追求を可能にするものであることを痛感させられる。

また、M先生が素早く杖を振り下ろすと、杖を振り始めてすぐに風を切る音がして、杖を止めるべき場所ではピタリと止まる。それに対し、私が風切り音を出そうとすれば、杖の振り始めではなく、軌跡の中程で音がするうえ、杖に勢いがつきすぎて止めるべき場所で止まらなくなってしまう。逆に、止めるべき場所に正確に止めようとすれば、風切り音はほとんど出ない。M先生はおそらく、私とは異なる方法で杖の独特の長さと重さを利用していると思われる。

さらに、S流の会員のうち何名かは、套路と型稽古そして推手を行っているのみならず、散打の練習をしたうえで他の流派との交流試合に出たことがあるが、私は、まだ試合に出たことはない〈71〉。試合とその外部は客観的な区分にすぎず、必ずしも身体的ディテールの区分には対応しないが、にもかかわらず、試合における技の有効性を追求したなら、それまで特定できなかった身体的ディテールを数多く特定できるように思われる。これが特定できないうちは、たとえ目の前の会員がこれらの身体的ディテールに依拠して技の有効性を追求していても、私はその有効性を相互身体的に判断することができないのである。

S流における技の有効性を相互身体的に表象するためには、このようにきわめて多くの時間と労力をかけた調査が要請される。これを踏まえたなら、S流の技の微分する有効性をすべて表象することをあきらめて、かわりに、主要な有効性だけを抽出して表象するための客観的構造をあえて導入する可能性を今一度検討する余地があるかもしれない。

S流とは武術教室であり、武術の技が目指すのは究極的には相手に勝つことであると考えたなら、S流の技がもっとも強力に追求している有効性が、相手に勝つことの有効性であると仮定することが可能であるかに見える。この仮定が正しければ、実践のなかで技の有効性がどれほど微分しようとも、それらはすべて、勝つための有効性を実現するための手段であることになる。このとき、勝つための有効性という根本さえ表象できたなら、枝葉末節の微分的な有効性を表象できなくとも、S流の技の有効性を事実上十分に表象できたことにならないだろうか。

事実、私はS流の会員になる以前も、会員になってからも、相手に勝つための技の有効性を追求してきたことは疑いようがない。河川敷の推手の会でSさんやS先生にはじめて相手をしてもらったときに驚いたのは、それまで大学の太極拳サークルで練習していた推手の技が、自由に動く推手では勝つために有効ではなかったためであった。これは、私が大学のサークルで動作の決められた推手を練習しながらも、相手に勝つための有効性を追求していたことを示している。河川敷でS先生に教えてもらった、お互いのバランスを崩し合うゲームとしての推手では、私はもちろん相手に勝つことを追求したし、これはS流に入会してからの推手でも変わらない。S流の型稽古でも、私は自分が捕りのときは相手をできるだけうまく投げるように、受けのときはできるだけ相手に投げられないように努力してきたのである。

だが、重要なのは、勝つことの内実は変化してきたということである。今から振り返れば、大学のサークルの推手において私が無意識のうちに相手とかなりの力で推し合っていたのは、相手に勝つことを、相手に推し負けないこととして追求していたためであったと思われる。だがそのために、私は相手との接点の圧力を意識したり、相手が推すのに合わせて少しずつ力を抜いたりすることができなかった。しかし、河川敷の推手で私がこのことを自覚してから、勝つことの内実は少しずつ変化した。たとえば、たえず接点の圧力を一定にするように動き、接点を外すことができない体勢に相手を追い込んだときにだけ力を入れて勝つことを追求するようになった。S流に入会して、太極拳の型稽古において相手の胸の中心に前腕を当てることで相手の「線」を取れるようになると、推手においても同様に「線」を取ることで勝つことを目指すようになった。また、入会して半年ほど経ち、太極拳と杖術の型稽古で両腕を通る「線」が感じられるようになると、推手においても両腕の連関性を意識して、相手を包み込むように推すことで勝つことを目指した。

このように、相手の「線」を取って勝つことを追求するようになると、たとえ結果的に相手の足を動かしたり、相手のバランスを崩したりできても、それが力ずくの動作の結果ならば自分が勝ったとは思えなくなる。とりわけ、初心者や力の弱い女性を相手に練習しているときは、力ずくで勝つことは恥ずべきことだと感じるようになった。このような場合、私は通常よりもいっそう力を入れずに、巧妙に「線」を取って勝つことを心がける。他方で、私よりも上手だったり力が強かったりする相手に対しては、つい力が入ってしまい、「線」を取れないまま組み合って膠着してしまうことがある。このような場合は、少々力ずくで勝っても、勝てないよりはましであるという気持ちになるが、これはM先生が一貫していましめるところである。型稽古においても、相手に「線」を取られたときは無理に抵抗するのではなく、素直に投げられたほうがお互いにとってよい練習になることをM先生はたびたび指摘する。捕りの側は、相手を投げることができたか否かで自分の「線」を確認することができ、受けの側は、取られた「線」にこだわって推し返さないことで、相手に逆らわないように自分の身体を変化させることを学ぶのである。

推手で勝つことの内実の変化は、定歩推手から活歩推手への移行において顕著である。定歩推手では、相手の足を動かしたほうが勝ちと決められており、誰にも勝ち負けが明らかであるため、力ずくで勝つことしかできない初心者でも参加して楽しむことができる。そのため、河川敷の練習会では主として定歩推手が行われていた。それに対し、S流では、定歩推手のみならず、より動きの自由度の高い推手――相手の「線」を取ったほうが一歩踏み込んで推してよい定歩推手や、双方が自由に足を動かしてよい活歩推手――も練習される。ところが、動きが自由になるほど、どのようにして勝つべきかを自分で判断せねばならなくなる。たとえば、相手の「線」を取れたとき一歩踏み込んでよい推手では、

「線」がわからない初心者はいつ踏み込めばよいのかわからない。また、活歩推手では、相手を倒したり投げたりしたほうが勝ちであることは明らかだが、よほどの力の差がない限り、実際にこれを行うためには相手の「線」を取らなければならない。そのため、初心者どうしが活歩推手を行うと、力どうしのぶつかり合いになり膠着してしまうことが多い。このような事情を考慮して、M先生はすべての会員に同じように推手を練習させることはあまりしない。最初は全員に定歩で練習するよう言い、しばらく経ってから、ある程度「線」がわかっている会員どうしが練習している組に対してだけ、「ここは、そろそろ足を動かして」と言って回る。そのように言われた組は、双方で取り決めて、一歩踏み込む推手から完全な活歩推手へとルールを変えてゆくのである。

このように、私はS流においてたえず相手に勝つことを目指してきたが、ルールの範囲内でなりふりかまわず勝つことではなく、自分がその時点で特定することのできた身体的ディテールに依拠して勝つことを目指してきたのである。実に、勝つための基準をルールなどの客観的構造に求めてこれを固定してしまうのではなく、自分の身体的ディテールに求めてこれをたえず更新してゆくことこそ、練習の本質であるといえるだろう。そのため、勝ち負けを判定するための客観的構造——推手のルール・散打試合のルール・S流の構造における会員の位置など——に照らして捉えられる範囲の技の有効性しか表象しなかったなら、練習の練習たるゆえんが見えなくなってしまう。ここに、どれほど多大な時間と労力が要請されようとも、S流の技の有効性が相互身体的に判断されねばならない必然性がある。[72]

＊　＊　＊

相互身体的判断は、「身体技法論」においてモースが暗黙的に従っていた方法であるが、本書における技の有効性の表象は、「身体技法論」におけるそれとはいくつかの点で異なっている。第一に、対象とする技の局面の違いを指摘できる。モースは日常生活の諸局面全般で身に付けられる技を取り上げたのに対し、私は武術教室という特定の局面で身に付けられる技を取り上げたのである。第二に、技の有効性と技の名前の対応関係の相違を指摘できる。技の有効性を、モースは技の名目的な同一性――しゃがむ技法・ハイヒールで歩く技法・指を使って食事を摂る技法など――に対応させて表象したのに対し、私は、技の名目的な同一性に回収できない、微分する多様性として表象したのである。

ここで、第一の相違点から、第二の相違点が必然的に帰結するか否かを問うことができるだろう。つまり、日常生活の諸局面で身に付けられる技の有効性を相互身体的に判断したとき、認められる有効性はつねに技の名前に対応しているのだろうか。そして、武術の技の有効性を相互身体的に判断したとき、認められる有効性はつねに技の名前に対応しないのだろうか。そうではないはずである。なぜなら、次の三点において、日常生活の諸局面で身に付けられる技と武術の技はなんら変わらないからである。

第一に、本書冒頭で述べたように、われわれは日常生活のあらゆる局面において、そのつど技を身に付けている。そして、日常的な技の有効性には認められず、武術の技の有効性にだけに認められるような本質的特徴は存在しないように思われる。たとえば、相手に勝つための有効性は、武術の技のみならず、スポーツの「技能」も、受験の「テクニック」も等しく追求している。また、これらの技を上達させるためには、客観的ルールの範囲内でなりふりかまわず勝つのではなく、特定の身体的ディテールに依拠して勝つべく努力せねばならないことも共通している。

第二に、日常生活において技が指導される場面でも、多くの場合、S流における「線」のようなわざ言語を認めることができる。たとえば、理論編第3章で紹介した、走る技が指導されるさいの「腰を高く」という言葉がそうである。このような言葉は、技において追求されるべき有効性が微分することで特定された身体的ディテールを指していると考えられる。そのため、日常的なわざ言語の使用と武術におけるそれとを本質的に区別することはできないはずである。

第三に、たとえどれほど日常的で平凡な技であっても、それを身に付けたとき身体的リアリティは変化する。たとえば、本書の「はじめに」で例示したように、子供が自転車に乗る技を身に付けたとき、子供にとっての遊び場との距離や、貯金箱のお金の価値や、親との関係はすべて変化しうるのである。したがって、享受される身体的リアリティの変化という観点から日常的な技と武術の技とを区別することはできないだろう。

このように、日常的な技と武術の技とを本質的に区別することはできない。したがって、武術の技と同様に、日常的な技についても、その名目的な同一性に回収できない、微分する有効性を表象する余地があるはずである。これは、「身体技法論」でモースが特定した技法が、すべて洗い直されなければならないことを意味するだろう。

たとえば、モースは、オーストラリア兵のしゃがむ振る舞いに認めることのできた身体的ディテールを手がかりに、この身体的ディテールに依拠して追求されるべき有効性を相互身体的に判断することができた。だが、モース自身が追求すべき有効性が微分することで、新しい身体的ディテールが特定されたなら、オーストラリア兵のしゃがむ振る舞いにも新しい身体的ディテールが認められた可能性がある。そのとき、この新しい身体的ディテールに依拠して追求されるべきものとして、新たな有効性が相互身体的に判断されたはずである。こうして、名目的な同一性としてのしゃがむ行為は、身体的ディテールの多様性へと解体され、それに依拠して追求されるべき有効性も、しゃがむ行為という名目的な同一性には還元できないものに変化するのである〈73〉。

だが、技の有効性の認識を相互身体的に深めることが比較的容易な局面と、そうでない局面が予想される。比較的容易だと思われるのは、S流におけるように、名目上は同じ技でも、多様な身体的ディテールに依拠した多様な有効性が追求されうるという認識が行為者の間で共有されている局面である。このような局面では、多くの場合、技の有効性が微分することで特定された身体的ディテールを指示し、また、身に付けられた技を身体的ディテールの観点から比較するためのわざ言語が備わっている。労働・学習・余暇を問わず、およそ技が意識的に身に付けられるすべての局面がこれに当てはまるだろう。とりわけ、武道・武術・スポーツ・ダンス・芸道・伝統芸能・演劇・楽器演奏・運転・料理・伝統工芸・芸術制作・職人仕事など、身体運動が大きな比重を占める局面においては、客観的に同一の事物を用いて、名目的に同一の行為を行っている行為者であっても、実際は多様な身体的ディテールに依拠して多様な有効性を追求している様子を比較的容易に表象することができるだろう。

日常的な起居動作や家事など、技がもはや意識的に身に付けられることがない局面においては、名目上は同じ行為の有効性が微分する様子を捉えることは難しくなる。このような局面を対象とする観察者は、行為者によって意識されていない身体的ディテールを新たに名付けるか、過去において——起居動作を身に付けた時期や、家事を習っていた時期など——用いられていた身体的ディテールの名前を適用する必要があるだろう。さもなければ、「身体技法論」におけるように、行為の名目的な同一性に対応する同一的な有効性が追求されているのを認めるだけにとどまってしまうはずである。〈74〉

相互身体的判断が一見して不可能に見えるのは、観察者と行為者の身体が生物学的ないし生理学的に異なる場合である。たとえば、女性の出産にかかわる行為の有効性を、男性の観察者が認識しようとする場合や、身体に障害を持つ人の行為を、同じ障害を持たない観察者が認識しようとする場合である。だが、このような圧倒的な身体的差異を前にしてなお、行為の有効性を相互身体的に判断することは可能なはずである。なぜなら、相互身体的判断とは、観察者と行為者の間で生身の身体が共有されていることを前提した判断ではなく、相互身体が共有されていることを前提した判断だからである。

振り返れば、私とM先生は、体格において異なり、武術の経験年数においても異なっている。これらはいずれも客観的に測定可能な身体的差異である。さらに、S流の技との関係も、私とM先生では異なっている。M先生はS流で練習すべき技の選別や技の動作のアレンジを、自分の身体の「自然な動き」（二〇〇〇年の新年会にて）に照らして行ったのに対し、私の身体は与えられた技を練習しているだけである。〈75〉これらの身体的差異にもかかわらず、私は、技の有効性の微分によってもたらされた身体的ディテールを手がかりに、M先生がS流の技において追求している有効性を相互身体的に判断することができた。

男女の性別や障害の有無による身体的差異は、私とM先生の身体的差異よりも大きいかに見えるが、観察者が何らかの有効性を追求するさいに特定された身体的ディテールと同じものが、行為者の振る舞いに認められないとも限らない。この新たな相互身体性のレベルにおいて、行為者がその振る舞いに依拠して追求している有効性を認め、さらには、享受している身体的リアリティを垣間見ることができるだろう。

このように、あらゆる日常的実践において身に付けられる技の有効性についての認識を相互身体的に深めることが可能なはずである。そのためには、一見して自明な有効性を追求しつつも、それが想像だにできない仕方で微分する可能性に対してつねに開かれてあること、そして、一見してささいな振る舞いを繰り返しつつも、それが依拠すべき重要な身体的ディテールとして特定される可能性に対してつねに開かれてあることが有効だろう。細部に宿る神を認めることで、世界全体が享受されるからである。

注

はじめに

〈1〉 本文中にあげたもののほかにも、「技」の類義語は数多い。たとえば、「能」・「業」・「芸」・「能力」・「秘訣」・「骨」・「技倆」・「伎倆」・「技巧」・「うでまえ」・「ちから」・「技法」・「コンピタンス」・「メティエ」などがある（『角川類義語辞典』）。

〈2〉 ここで列挙した様々な身に付けるべき「何か」の名前は、それぞれ独自のニュアンスを持ち、実践のありようを生き生きと描き出している。だが、それを踏まえたうえであえて分類するなら、次のようにおおまかに分けることができるだろう。

第一に、目に見えるひとまとまりの動作に対する名前がある。これに当てはまるのは、運転の「技能」・コミュニケーションの「スキル」・受験の「テクニック」・社会生活の「マナー」などである。自動車教習所で指導される運転の「技能」のように、これらは往々にして分類され体系化され、項目ごとの評価の対象になる。

第二に、個々の具体的な動作をすべて制御する抽象的な原理に対する名前がある。この原理は、精神的本質として表現される場合と、身体的本質として表現される場合がある。前者には、商売の「勘」・料理の「コツ」・勉強の「要領」・人間関係の「呼吸」・文学の「趣味」・ファッションの「センス」などが当てはまる。後者には、ダンスに必要な「身体」・楽器演奏の「腕」・音楽鑑賞の「耳」・絵画を観る「眼」・料理を味わう「舌」などが当てはまる。

第三に、ひとまとまりの動作を制御する原理が複数まとめられて量的に捉えられたものに対する名前がある。これに当てはまるのは、仕事の「ノウハウ」・語学の「実力」・スポーツの「技術」などである。これらは、第二の場合のようにすべての動作を制御する原理ではなく、第一の場合に名付けられるようなひとまとまりの動作を総合したものであるため、それが及ぶ範囲は有限である。そのため、いったん身に付ければ済むものとしてではなく、漸進的に蓄積されるべきものとして理解される。

この三分類を踏まえるなら、「技」という言葉は、第一の場合と第二の場合に当てはまるといえる。つまり、「技」は一方で、柔道における「投げ技」や「寝技」のように、目に見えるひとまとまりの動作を名付け、分類するのに使用される。だが他方で、「あの人には技がある」と言う場合や、「匠の技」と言う場合のように、多様な具体的活動に共通する本質として使用される。したがって、技は、生活の諸局面に幅広く存在する身に付けるべき「何か」を代表する名前として、ひとまず妥当だと思われる。

もっとも、「技」のほかにも分類をまたいでいる名前はたくさんある。たとえば、「技能」と「技術」は、ここでは微妙なニュアンスの違いに着目して異なる分類に含めたが、日常生活ではほぼ互換的である。また、マルセル・モースのいう「身体技法」(理論編にて詳述)も日常生活に幅広く存在するものと定義されているため、これを用いることもできるだろう。だが、「技」という言葉は、他の言葉や漢字と組み合わせて多様なニュアンスを持つ言葉を新たに造ることができるため、すでにいくつか組み合わされている言葉よりも潜在的に幅広いニュアンスを持っているといえる。さらに、日常語としての定着度や簡潔さを考え合わせれば、やはり「技」に代表させるのが適切だろう。

また、上述の三分類とは別様の分類の仕方もありうる。というのも、身に付けるべき「何か」は、ヴィトゲンシュタインのいう「家族的類似性」[Wittgenstein 1968＝1995: 57]によって相互に結び付いているからである。家族のすべての構成員を貫く本質的な類似性はないにもかかわらず、「家族」としての類似性を認めることができるように、本書では、身に付けるべき「何か」の類似性を「技」と呼びたい。

〈3〉 技を身に付けた身体にとって、世界が、特定のやり方でかかわることを誘いかけてくる性質を、「アフォーダンス」[Gibson 1979＝1985: 137]と言い換えてもよいだろう。そして、環境からの誘いかけの全体よりなる「身体的リアリティ」を、「アフォーダンスのセット」としての「ニッチ」[ibid: 139]と言い換えることができる。

これらの概念を創出したギブスンは次のように述べる。

> 環境のアフォーダンスとは、環境が動物に提供する（offers）もの、良いものであれ悪いものであれ、用意したり備えたりする（provide or furnish）ものである。アフォードする（afford）という動詞は、辞書に在るがアフォーダンスという名詞はない。この言葉は私の造語である。アフォーダンスという言葉で私は、既存の用語では表現し得ない仕方で、環境と動物の両者に関連するものをいい表したいのである。[ibid：137]

たとえば、水平で広くて平坦で固い面は、四足動物や二足動物にその上に立ったり、走ったりすることをアフォードする。他方、水や沼の面は沈んでしまうためこれらの行為をアフォードしない。だが水や沼の面でも、ミズスマシに対する支えはアフォードする。

すべての動物は、このように身体的・生態学的特徴に応じたアフォーダンスに囲まれており、これらを利用することで生活している。特定の動物種が利用するアフォーダンスのセットがニッチである。これは、その動物種にとって利用される限りでの環境であるため、客観的環境そのものではない。ギブスンは次のように述べる。

> アフォーダンスは、主観的—客観的の二分法の範囲を超えており、二分法の不適切さを我々に理解させる助けとなる。それは環境の事実であり、同時に行動の事実でもある。それは物理的でも心理的でもあり、あるいはそのどちらでもないのである。アフォーダンスは、環境に対する、そして観察者に対する両方の道を指示している。[ibid：139]

このように、本書が捉えようとする世界と身体の関係は、ギブスンのそれと似ているが、ひとつ留保を付ける必要がある。ギブスンは、アフォーダンスを生物学的種を単位にして区別しているが、本書では、身に付けられた技を単位に区別するのである。

たとえば、ギブスン的なアプローチでは、ドアの下の小さなくぐり戸は、ネコにとって通り抜けることをアフォードするが、ヒトにとってはアフォードしない。また、床から一メートルほどの高さにドアノブが付いている閉じたドアは、ヒトにとって通り抜けることをアフォードするが、ネコにとってはアフォードしない。このように、アフォーダンスは環境と生物学的種の関数として捉えることができる。

しかし、鍵のかかったドアは、鍵開けの技を身に付けた人間にとって通り抜けることをアフォードするが、そうでない人間にとってはアフォードしない。このように、生物学的種としては同じヒトでも、個々の人間が身に付けた技に応じてアフォーダンスは異なるはずである。

したがって、後天的教育によって様々な技を身に付けうるヒトに関しては、アフォーダンスとそのセットとしてのニッチは、生物学的種としてのヒトの関数としてではなく、個々の人間が身に付けた技の関数としてより正確に捉えることができるだろう。ここに、ギブスン的アプローチと本書のそれとの接合点がある。なぜなら、本書は、個々の人間にとってのニッチすなわち身体的リアリティを変化させるものとしての技を焦点化するためである。

人間にとってのアフォーダンスが身に付けた技に依存していることを踏まえたなら、ヒト一般にとってのアフォーダンスを論ずることができるのは、人間が技を身に付けない局面、ないし、人間が技を身に付けても変化しない局面に限られるだろう。日常生活の全体から、このような局面を抽象できる限りで、ギブスン的アプローチは有効だといえる（そして実際に、このような局面は少なくない。たとえば、ギブスンのテーマである視覚情報にもとづく空間認知の研究［Gibson 1979＝1985］や、注〈27〉で紹介する「ダイナミック・タッチ」［Turvey 1996＝2001］は、個々の人間が身に付けた技の如何にかかわらず、ヒト一般が環境から受け取るアフォーダンスを抽出している）。だが、このような局面を超えてこのアプローチを適用することは、ヒトという生物学的種を過度に実体視して、生物学的還元主義に陥ることである。

序

〈4〉　これは、調査期間全体にわたって私がうかがい知ることができたM先生の型稽古についての考えを、私がまとめたものである。

第1章

〈5〉　山本哲士は、ブルデューの「作品」としての完成は一九八〇年頃であるが、その理論方法や視角は一九七〇年までに十分に確立されていたことを指摘する［山本 1994: 46］。

〈6〉ナイスによれば、仏語版に比較して英語版では、「とりわけ実践的な論理の概念と象徴資本に関して議論はより徹底され、議論の提示される順番が変更され、スペースの都合も部分的には関係して、仏語版がそれで始まるエスノグラフィー的な諸章は短縮されている。」［Nice, Translator's foreword, in Bourdieu 1972＝1977: vii］

〈7〉『概要』英語版テクストは全四章よりなり、各章のタイトルは次のとおりである。

第一章　客観主義の客観的限界

第二章　構造とハビトゥス

第三章　生成的スキーマと実践的論理——制限された発明——

第四章　構造・ハビトゥス・権力——象徴権力論のための基礎——

〈8〉小田亮によれば、構造の概念がレヴィ＝ストロースによって本来意図されたものとして理解されたなら、構造決定論という問題はそもそも発生のしようがない。つまり、構造決定論が問題になるのは、構造が、単一の閉じられた体系に潜在する規則として理解されるからである。だが、レヴィ＝ストロースのいう構造とはそもそも、単一の体系を構成する規則ではなく、複数の体系を媒介する変換の規則である。したがって、構造とは、どのような体系が媒介されるかによってそのつど変化する開かれたものである。（小田は、新たな体系が付加されることによって構造全体の意味がまったく変わってしまう様子を、新たな句が付加されることでそれまでに詠まれてきた句全体の意味がまったく変わってしまう俳諧連歌に譬える［小田 1989, 1994, 2000］）。だが、本章の関心は、身体的実践への接近を果たしたブルデューの実践理論が提出されるべくして提出された理論的文脈を明らかにすることであるため、あえて、レヴィ＝ストロース本来の構造概念ではなく、ブルデューによって理解されたレヴィ＝ストロースの構造概念に依拠することにした。

〈9〉象徴構造が行為者たちによって意識されていないことについては、もうひとつの説明が可能である。すなわち、客観的構造とは、レヴィ＝ストロースが行ったように、行為者たちの主観的認識の断片を収集して、それらを全体化することで構築されるものであった。したがって、もし、行為することで物質的・象徴的利益を最大化することを行為者たちが意識していたなら、それは最初に客観的構造が構築された時点ですでにその構造に反映されていなければならない。だが、ブルデューによれば、行為が物質的・象徴的利益を最大化しようとしていることは、時間と戦略の再導入によってはじめて認識される。したがって、客観的構造に表れる限りでの行為者たちによるみずからの行為の認識は、物質的・象徴的利益に無関心な、それ自体のために行われるものでなければならないはずである。

〈10〉「父方平行イトコ婚」とは、男性が父親の兄弟の娘と結婚すべきであるという規則である。カビール族の神話においては、リネージ（血族）を脅かす不浄や不名誉は、女性を介してリネージに侵入するため、女性は男性よりも価値が低く害をなす存在とされる。だが、男性にとって父方平行イトコの女性は、相対的にもっとも害の少ない女性である。なぜなら、自分の父の兄弟の娘として、自分との間に一人も女性を介さない関係にある女性だからである。そのため、父方平行イトコとの結婚はもっとも祝福される結婚であり、息子を兄弟の娘と結婚させることは、父親のみならずそのリネージ全体にとって名誉なことである。[Bourdieu 1972=1977: 44-45]

〈11〉ブルデューによれば、小カビリアのアグバラ村のある大家族では、二一八の初婚の男性のうち、同じ部族内での婚姻は六六％、同じリネージ（血族）内の婚姻は六％、父方平行イトコとの婚姻は四％にすぎなかったという［Bourdieu 1972=1977: 209-210, n. 85］。ブルデューはこの現象を様々な無意識の戦略のせめぎ合いの結果として解釈する。つまり、カビール族の父親は、息子を自分の兄弟の娘と結婚させることで獲得できる名誉という象徴資本と、息子を別の相手――他の部族の娘、他のリネージの娘など――と結婚させることによって獲得できる物質的資本や象徴資本を無意識のうちに比較して、より大きい利益をもたらす相手を選択する。他方で、母親は、息子を自分のリネージの娘と結婚させて家族内における自分の勢力を拡大したり、日常的なつきあいのある非公式な人脈のなかの娘と結婚させて、日常的な人間関係を維持したりしようとする[ibid: 45]。このような複数の無意識の戦略のせめぎ合いのなかでこそ婚姻相手は選択されるのであるが、男性どうしの公式の会話やインフォーマントの語る言説のレベルでは、もっとも名誉ある父方平行イトコ婚やその他の例外的な婚姻だけが突出して語られる。そのため、婚姻相手はあたかも無意識の構造の機械的実行によって選択されるかのような観を呈するのである［ibid: 52-53］。

〈12〉引用部分からうかがえるように、ブルデューのいう「実践」とは、抽象的な理論の実行としての行為に対する「現実の行為」を指していると同時に、実利を無視した象徴的行為に対する「実利を追求する行為」をも指している。

〈13〉ブルデューは『概要』において、ハビトゥスを規則化する構造を、「特定の環境を構成する構造」以外に、「客観的条件」[ibid: 77]・「客観的構造」[ibid: 78]など様々な概念で表現するが、後述する「構造的ヴァリアント」という概念の重要性を踏まえて、以降は本章の表記を「客観的構造」に統一することにする。なお、この概念は『概要』以降の著作で「社会空間」として精密化される。

〈14〉ブルデューは、「ディスポジション」という言葉のニュアンスについて次のように述べる。

> ディスポジションという言葉は、ハビトゥスの概念によって対象化されるものを表現するのに特別にふさわしいように見える……それは第一に秩序づける行為の結果を意味し、構造といった言葉に近い意味を持つ。それは同時に、存在のありかた、(特に身体の)習慣的な状態、とりわけ、傾向、気質、性癖、嗜好を意味する。[ibid: 214]

英語のdispositionの意味は日本語の「傾向」に近いのに対し、仏語のdispositionは「第一に秩序づける行為の結果」を意味する。つまり、日本語の「配置」や「布置」に近いのである。それと同時に、英語のdispositionや日本語の「傾向」と同様に、「存在のありかた、(特に身体の)習慣的な状態」をも意味する。そのため、仏語のdispositionは、それ自体が「規則化」されているために「規則的」な実践を生成できるハビトゥスの性格、いいかえれば、それ自体が「構造化された構造」であるがゆえに「構造化する構造」でもある性格を的確に表しているといえる。

〈15〉客観的構造の「局面」という概念は、のちに『ディスタンクシオン』などの著作で「界(champ, field)」として精密化されることになる。

〈16〉「構造的ヴァリアント」の概念を厳密に理解するなら、ブルデューは身体化と客観化の弁証法を捉えることに成功しているとはいえない。というのも、弁証法的関係とは、定義上、矛盾した二項が相互に働きかける関係であり、二項のうちの一方が他方に一方的に働きかける関係ではないからである。前者の関係においては二項が相互浸透することで矛盾が弁証法的に止揚されるが、後者の関係においては二項のうちの一方が他方に回収されるにすぎないため、二項はそもそも矛盾していなかったことになるのである。かたや、構造的ヴァリアントとは、特定の母型的構造から派生したものであるが、この派生のプロセスは、定義上、母型の構造を損なうことなくヴァリアントに引き継がせるものでなければならない。したがって、構造的ヴァリアントは母型から一方的な働きかけを受けているといえる。

このような弁証法的関係と構造的ヴァリアントの関係の相互排他性を踏まえるなら、次のことがいえるだろう。まず、客観的構造から派生した局面は、構造的ヴァリアントとしての性質上、客観的構造の構造を損なうことなく引き継いでいなければならないため、客観的構造と局面の間に矛盾は存在しない。同様に、集合的ハビトゥスの構造的ヴァリアントとしての個人的ハビトゥスは、集合的ハビトゥスの構造をそのまま引き継いでいるはずであり、両者間に矛盾は存在しない。ところで、集合的ハビトゥスは客観的構造によって一方的に規則化されているため、ここにも矛盾は存在しない。したがって、局面と個人的ハビトゥスは、実体的には相互にどれほど異なっていようと、客観的構造の潜在的構造を共有していることになり、両者の間に弁証法的に止揚されるべき矛盾は存在しないことになる。

このとき、実践は個人的ハビトゥスと局面に共有されている潜在的な構造の予定調和的一致としてのみ認識されることになる。これは、この潜在的な構造の源である客観的構造の決定論に陥ることである。

〈17〉「スポーツ的局面」という耳慣れない言葉を使ったのは、客観的構造の構造的ヴァリアントを指すのに「局面」という言葉を用いてきたこれまでの本章の記述との整合性のためである。客観的構造の構造的ヴァリアントのひとつを指す点で、「スポーツ的局面」は、後述する「スポーツの空間」の概念、あるいは、より一般的に用いられる「スポーツの界（場）」の概念と事実上同じである。

〈18〉英語圏にブルデューの実践理論を積極的に紹介しているルイク・ワカンは、シカゴの黒人ゲットーにあるボクシングジムの練習にみずから参加しつつ、三年間もの長期にわたるフィールドワークを行い、そこでの発見を実践理論によって説明している［Wacquant 1992, 1995］。

ボクシングジムの周囲が無法地帯であるのに比較して、ジムの内部は独特な規律が行き届いていること、この規律は日常のトレーニングのみならず、特に試合前の生活時間・食事内容・性生活など多岐にわたる禁欲を要求すること、スパーリングでは相互了解的な手加減が不可欠なことなど、彼の記述はきわめて興味深い。これらの記述の多くは、ボクサー自身の身体と練習相手・対戦相手の身体にとって、ボクシングの技がどのような意味において有効であるかについての記述なのである。たとえば、規律を守ることが有効な技の習得につながる、禁欲を破ると技の有効性が発揮できない、スパーリングで有効な技のためにはリラックスが必要である、などである。

しかし、ワカンがボクシングジムで行われていることを「ボクサー的ハビトゥス（Pugilistic Habitus）」［Wacquant 1992: 224］あるいは「ボクサー的身体資本（Pugilisitic Bodily Capital）」［Wacquant 1995: 66］の獲得として分析するとき、これらの技の有効性の表象の豊かさは削ぎ落とされてしまう。なぜなら、ハビトゥスあるいは資本とは、ブルデューによる定義からして行為者本人には知りえないものであるため、この過程の表象に、行為者にとっての技の有効性の表象が掬い上げられる可能性は排除されているからである。そのため、ワカンは有効な技が習得される過程を次のようにしか表象できない。

有能なボクサーに必要な身体的感性を獲得することは遅々とした、長期にわたるプロセスである。それは意志の力や情報の意識的な伝達によって達成することはできない。そうではなく、言語的媒介も体系化も不可能な、ボクシング実践に内在的な精神的・身体的図式を知らず知らずのうちに身体化することを要求するのである。［Wacquant 1995: 72］

ボクサー的ハビトゥス・ボクサー的身体資本は、「ボクシング実践に内在的な精神的・身体的図式」として表象されている。この図式は本質的に「言語的媒介も体系化も不可能」であるため、行為者が技の有効性について語ることはすべて、非本質的なものと見なすほかない。その結果、技の有効性は観察者が措定した図式の身体化の程度という一元的な尺度のなかでの弁別的価値に還元されてしまうのである。

〈19〉 二〇〇〇年十月三日に行われた、ピエール・ブルデューの来日記念講演「ネオ・リベラリズムと新しい支配形態」を聞きに行ったおり、私は論文ドラフト（'Language and Practice in a Martial Arts Class: An Experimental Description of *Kata* Training'）を持参し、講演後にブルデュー氏に論文をお渡しして、コメントを乞うた。この論文は、のちに「武術教室における言語と実践――型稽古の記述のこころみ――」［倉島 2001］として出版されることになる論文のドラフトを、ブルデュー氏にお渡しするために一部修正のうえ英訳したもので、本書の原形のひとつといえるものである。

日本語の論文ドラフトは、「身体の線」をはじめとする比喩的な言語使用、つまり「わざ言語」を手がかりにした学習者による言語的反省が、武術教室S流における型稽古にとって本質的に重要であることを指摘するものだった。ブルデュー氏に読んでいただくにあたって、私の捉えようとするS流の型稽古という現象と、氏のハビトゥス概念が捉えようとする現象の相違を明確にするための章を追加した。そこでは、言語的かつ反省的な実践によって技が習得される型稽古という現象を、非言語的かつ前反省的な実践を生成する原理としてのハビトゥス概念によっては捉えることができないことを指摘した。ブルデュー氏に論文の概略を説明すると、彼は「私の仕事の批判的な読解は大歓迎だ」と、握手とともに論文を受け取ってくださった。のみならず、二〇〇〇年十月九日付けで、電子メールで次のようなコメントを送ってくださった。

倉島哲様

武術教室における言語と実践についての論文を注意深く読みました。個人的な差異を捉えることができるように、型稽古の描写をより精確にしたほうがよいと思います。他方で、あなたのハビトゥスの捉え方は少々簡略化されすぎていて、学習過程における反省に私が与えている役割を無視しています。私が実践的反省（*practical reflections*）を分析している、『パスカル的省察（*Pascalian Meditations*）』（特に一五九〜一六三頁）をご覧になるとよいかもしれません。

私にこの論文を下さったことを感謝します。そして、あなたが研究で多くの成功を収めることを祈っています。

ピエール・ブルデュー

（原文は英語）

一度会っただけの大学院生の論文を丁寧に読み、コメントまで寄せてくださったことに対して、私はいたく感激した。ブルデュー氏の人柄がうかがえる出来事であった。

たしかに、ブルデュー氏にご指摘いただいたとおり、渡した論文ドラフトでは（そして、ドラフトにもとづき出版された論文［倉島 2001］でも）型稽古におけるわざ言語の役割についての記述は一般的なものにとどまっており、練習する個々人がどのように異なったやり方でわざ言語を経験しているかは記述できていなかった。この指摘を受けて以来、私はわざ言語の役割を具体的に記述するための方法論をいっそう自覚的に追求するようになった。本書の第4章ならびに実証編で提出する「相互身体的判断」という方法は、この問題に対する私なりの答えである。

　また、ブルデュー氏にご教示いただいた『パスカル的省察』の該当頁は、第四章「身体的知識」の最終節、「不適合、不調和、不発」であった［Bourdieu 1997＝2000：159–163］。そこでは、ハビトゥスと状況がつねに調和しているわけではなく、両者の間に齟齬が生じうることが論じられていた。たとえば、行為者の社会的位置が急激に変化した場合や、資本主義化などによって社会そのものが急激に変化した場合、ハビトゥスはヒステレシス効果のために周囲の状況の変化についてゆくことができない。このとき、ハビトゥスのディスポジションによって生成される行為は状況にそぐわないものとなり、不発に終わってしまう。そのため、行為者は無意識のうちに自動的に実践を生成してくれるハビトゥスに身を任せることができなくなり、みずからの行為を意識的に反省しつつ修正することを余儀なくされる。無意識のハビトゥスと意識的な反省という、実践を生成する二つの様式の関係を説明するために、節の最後から二つ目の段落で「実践的反省」の概念が提出される。

　意識と無意識の二元論のように、ハビトゥスのディスポジションと意識的な意志が、実践の決定にあたってそれぞれどれだけ相対的な比重を占めているかを問題にする思考の習慣に服従せねばならないのだろうか。……しかし、実際は、区別をつけることは困難であり、規則に従うことの意味を考察した何人かの研究者は、たとえどれほど精確で説明を尽くした規則であっても（たとえば法律や数学の規則のように）、その適用のすべての状況に対応できないこと、したがって、あらゆる規則はつねに遊びや解釈の余地を不可避的に残すことを観察した。この残余はハビトゥスの戦略に任されることになる。……逆に、ピアニストの即興や体操選手のいわゆる自由形は、つねに、われわれの言うところの、ある種の注意（presence of mind）――ある種の思考の形態、ひいては、実践的反省（*practical reflection*）の形態――を伴っている。それは、生み出されたばかりの行為や姿勢を即時に評価し、身体の誤った位置を修正し、そして、不完全な動作から回復するために必要な、状況や行為における反省で

ある。(学習の振る舞いについては、このことはなおさら当てはまる。)[ibid: 162]

引用部分に続く最終段落では、活動の種類や社会的位置に応じて、「実践感覚の自動性に身を任せることができる程度」が異なることが指摘される。たとえば、「成り上がり者」や「没落者」はみずからのハビトゥスが生成する実践をいちいち監視して意識的に修正せねばならないため、ぎこちない振る舞いを余儀なくされるのに対し、「ふさわしい地位にいる者」はみずからのハビトゥスに身を任せ、「生まれの良い者の自然さ」をもって振る舞うことができる[ibid: 163]。

したがって、無意識のハビトゥスと意識的な反省は、様々な比率で混合しつつ実践を生成する二要因として位置づけられているといえる。つまり、あらゆる実践は、前者の比重が高い実践から後者の比重の高い実践までのスペクトル分布のなかに位置づけることができるのである。そのため、意識的に規則に従うことで生成されたかに見える実践であっても、そこに無意識的なハビトゥスの働きを認める必要があり、逆に、ハビトゥスの働きによって無意識のうちに生成されたかに見える実践であっても、そこに「ある種の注意」すなわち「実践的反省」を認めねばならない。「学習の振る舞い」においては、とりわけ実践的反省が重要であるというブルデュー氏の指摘は重要であろう。だが、氏は実践的反省を、ハビトゥスが実践を生成するさいに付随する意識の形態として位置づけるだけで、この意識の形態の固有の役割を描き出してはいない。いいかえれば、ハビトゥスだけによって生成された実践と、ハビトゥスと実践的反省の両者によって生成された実践の相違は理論化されていないのである。ハビトゥスが実践を生成するさいにつねに実践的反省が付随するというだけなら、実践的反省の概念は実践理論の論理構造に何も付け加えないまま、事実上、ハビトゥスの無意識性や自動性に対する疑問や批判を退けるためのアリバイとして機能するにとどまるだろう。

したがって、ブルデュー氏は実践における反省に一定の役割を認めているが、これを十分に解明することはなかったといえる。そのため、反省と言語の内在的関係や、この関係如何に応じた実践の変化は考察されていない。本書は、わざ言語を手がかりにした反省によって生成される実践を、無意識的実践からも、意識的に規則に従った実践からもりにした反省と、規則に照らしたフィードバックとの区別については、注〈67〉を参照。

区別するのみならず、その固有の論理を描き出す。詳細は、第3章ならびに実証編を参照。また、わざ言語を手がか

第2章

〈20〉ガーフィンケルの思想の変遷を辿るにあたり、マイケル・リンチの著作［Lynch 1993］はたいへん参考になった。なお、「解釈的エスノメソドロジー」と「記述的エスノメソドロジー」は私の造語である。

〈21〉二〇〇三年の著作は、ガーフィンケルがそれまでに書き溜めていた論文を弟子のアン・ウォーフィールド・ロールズが編集したものである。そのため、ガーフィンケルが記述的エスノメソドロジーに移行した年は二〇〇三年よりかなり早いと思われる。だが、本章の考察の主眼は、もっとも実践に肉薄したエスノメソドロジーが技の有効性を表象できるか否かを検討することにあるため、遅くとも二〇〇三年にはこの記述的エスノメソドロジーが完成されていたことを確認するだけで十分としたい。

〈22〉山田富秋・好井裕明の提唱する「批判的エスノメソドロジー」は、本書とは異なった方法でガーフィンケルの記述的エスノメソドロジーの問題点を克服することで、必ずしも自明ではない仕方で流動する実践を綿密に記述するための方法論を打ち立てたといえる。その過程で彼らは、記述的エスノメソドロジーの諸概念を巧みに読み替えている。その一例として、実践の具体的レベルにおける個性原理を記述するさいに必要とされる「エスノメソドロジー的無関心」という概念を、彼らがいかに読み替えているかを紹介したい。

山田は、個性原理の経験的記述という記述的エスノメソドロジーの方法について、次のような問題点を指摘する。

……問題は、身体を通して状況に入り込むことを可能にするメンバーのコンピタンスにある。ガーフィンケルはそれを博物誌的に発見するものとして表現するが、コンピタンスをローカルな歴史性や政治性から切り離し、「発見して」記述できるものと考えたとたんに、予測不可能な他者に対して、どのように応答していくかという対話的コミュニケーションと権力の問題は消え去り、その代わりに、当該状況をコンピタンスに読み取るメンバ

ーの方法あるいはメカニズムを記述する問題が前面にでてくるのである。ここには……科学的な客観主義がふたたび形を変えて忍び込んでいるかもしれない。つまり、社会現象はメンバーのコンピタンスという実践を通してアクセスできるものである以上、それはある意味で誰にでも開かれている。ところがそれを観察者にとって経験的に記述可能なものであると主張すると、観察者であるエスノメソドロジストと、実際に当該状況にコミットしているメンバーとのあいだに一線が引かれてしまうのである。これは……科学者と日常生活者とを分離し、科学者の認識上の地位を特権化する科学主義ではないだろうか。むしろ、どちらも同じように身体を通したメンバーの実践に携わることで、当該現象をアクセス可能にしているのだから、両者に違いがあるとしたらそれは権力現象なのである。

このように考えていくと、ガーフィンケルの唱える「独特の様式への適合性要件」の方法や「個性原理」も超越論的現象学が陥ったのと同じアポリアを抱えていることがわかる。それは「この私」が出会う「この現象」のユニークさを「個性原理」の記述という客観主義的で科学的な記述にすり替えてしまうという問題である。そして「個性原理」として記述してしまえば、それはパーソンズと同じ受動的認識になってしまうだろう。［山田 2000: 81-82］

実践における個性原理が経験的に記述可能であるという前提に立つことは、日常生活者の認識に対してエスノメソドロジストの認識を特権化することなのである。このような特権に安住していては、他者との能動的・身体的・対話的なかかわり合いのなかではじめて立ち現れてくるはずの社会現象を、脱歴史化・脱政治化された平板なものとしてしか記述できなくなってしまう。このような方法にかわって、山田は次のような方法を提唱する。

エスノメソドロジストは……理論的態度を捨て、自分の身体を通してローカルな状況に入り込むことによって、それを可能にしているメンバーのコンピタンスを何らかのかたちで獲得するのである。そして今度は獲得したコンピタンスを相対化することによって、それを「発見する」のである。これはいわば、超越論的自我を措定しない身体論的な実践的現象学ということになる。その意味では、「エスノメソドロジー的無関心」は普通理解されているように、科学的関心や世俗的関心をいったんかっこでくくるという操作ではない。むしろそれは実践的現実に入り込んでいかなければ、なにが起こるかわからない「能動的理解」を方針とするということの表明であろう。［ibid: 78-79］

エスノメソドロジー的無関心について、好井は次のように述べる。

エスノメソドロジー的無関心とは、調査者、分析者としてのわたしが、エスノメソドロジー的な解読作業をするとしても、対象となる現実に対して特別な位置に立てることはなく、つねにその現実をわたしがあらたに創造しつつある〝螺旋運動〟のなかにしか立てないのだということを積極的に認識させる手続きとして理解すべきなのである……。［好井 1999: 159］

山田の提唱する「身体論的な実践的現象学」としてのエスノメソドロジー、あるいは、好井の提唱する「螺旋運動」としてのエスノメソドロジーは、実践における個性原理が無時間的に自明であるという記述的エスノメソドロジーの前提を解体するものである。そうすることで、個性原理が一枚岩であるという前提のもとでは決して見えてこない、常識の自明性のなかにひそむ非対称的な権力作用を明るみに出し、批判することが可能になる。これらの論者がみずからの立場を「批判的」エスノメソドロジーと形容するのはこのためである。

批判的エスノメソドロジーは、これまで主に被差別部落や障害者をめぐる差別・排除の実践を考察することで、日常性に隠蔽された権力作用を異化しようとしてきた。この点で、武術教室における実践を技の有効性の表象という視点から考察する本書とは、考察の対象とそのさいの視点が異なっている。だが、本書と批判的エスノメソドロジーは方法論的関心においては近いといえる。すなわち、実践の無時間的な自明性を前提することなく実践を記述する方法を探究し、それを観察者と行為者の身体的な相互性に求めた点が共通しているのである。本書では、この身体的な相互性を「相互身体的判断」として定式化し、その可能性の条件を探究する。このような相互性が、山田・好井の描き出したような権力作用とどのような関係にあるかは、注〈74〉を参照。

〈23〉 ジャートンの研究とは異なった方法でエスノメソドロジーと暗黙知理論を組み合わせた研究が最近増加していることを指摘しておきたい。ジャートンが、実践の自明性を暗黙知のうちに回収してしまったのに対し、最近増加している研究は、逆に、暗黙知を実践の自明性のなかに解消しようとする。このような研究としては、ルーシー・サッチマン［Suchman 1987＝1999］、上野直樹［上野 1999］、福島真人［福島 2001］のものがある。

　もっとも、これらの研究も、暗黙知を完全に実践の自明性に解消できたことを自負しているわけではない。つまり、従来暗黙知とされていたものが、かなりの程度、実践のなかでの物や人の自明な配置を資源として利用することで成立する知識であることが指摘されたにすぎない。この点で、ジャートンの研究の意義は現在も失われていないといえる。また、ここであげた諸研究は、第3章で検討する状況的学習パラダイムに依拠したものとして位置づけることも可能である。

第3章

〈24〉 わざ理論は状況的学習パラダイムに含めることができるが、これは、生田が状況的学習パラダイムに意図的・非意図的に従ったということではない。生田はみずからの日本舞踊のフィールドワークと芸道・武道の諸言説を手がかりに、独自にわざ理論を構築したのであり、それが結果的にレイヴとウェンガーの構築した状況的学習論と同じ論理構造を持つことになったのである。

〈25〉 もっとも、わざ理論と状況的学習論に相違点を認めることも可能である。福島真人によれば、生田とレイヴらはともに抽象的知識の内面化という学習観を乗り越えようとするが、重点の置き方に違いがある。生田は、抽象的知識の内面化を乗り越えようとし、「わざ」という、身体全体によってその意義が理解されたうえでの知識を描き出す。それに対し、レイヴらは抽象的知識の内面化という学習観を乗り越えようとし、日常的な仕事がそのまま学習であるような実践共同体を描き出す。したがって、レイヴらの実践共同体は生田のわざ世界という哲学的色彩の強い概念を社会学的に具体化したものと見なしうる［福島 1995：30-32］。

〈26〉 仮に、これらの事態で描かれていることを実際に行っていると主張する指導者や学習者が実在したとしても、彼らが想像のなかで参照しているところの測定値や目標値は、いかなる科学的客観性も持っていない。なぜなら、科学的客観性とは科学的に正当と認められた手続きに従うことによってのみ獲得されるのに対し、想像のなかで科学的測定を行うことは科学的に正当な手続きとは認められないからである。したがって、どれほど客観的に測定可能な腰の高さの想像にもとづいて「腰を高く」という言葉が使用されたとしても、そのつど実際の測定が行われたのでない限り、この言葉は客観的基準にもとづいて使用されたとはいえないことになる。

〈27〉人間が環境を知覚するさいの諸細目の範囲を第三者が限定してしまうことの問題性は、アフォーダンス研究の蓄積を見れば明らかである。たとえば、マイケル・ターヴェイの「ダイナミック・タッチ」[Turvey 1996＝2001]によれば、「人は、物の空間的な配置や他の諸々の特性を、視覚の助けなしに、振ったり持ち上げたりすることで知覚することができる。最近行われた数々の実験によって、このような種類の知覚——それは筋の状態と密接に関連しているのだが——が可能なのは、神経システムが回転体の物理を巧みに利用しているからである」[ibid: 173]。

〈28〉さらに突き詰めれば、探り杖を使用することは、身体の織り込まれた世界がそれ自身を知るための活動であるといえるだろう。これは、メルロ＝ポンティが「世界の肉」の概念で表象しようとしていた事態であると思われる。

〈29〉ポラニーはこのように先人の潜入を「なぞる」ことを「開拓的な潜入」と呼び、この潜入を助ける比喩的な用語法を「金言（maxim）」と呼ぶ。これらはおおまかに、生田の「わざ世界への潜入」とわざ言語に対応する。

〈30〉レイヴらが新参者の到達すべき状態として「十全的参加（full participation）」という用語を用いるのは、実践共同体が観察者によって恣意的に読み込まれた観念にすぎないのではないか、という批判をあらかじめ退けるためである。レイヴらは次のように述べる。

> 中心的参加（central participation）といってしまうと、共同体に個人の「居場所」に関しての中心（物理的にせよ、政治的にせよ、比喩的にせよ）が一つあることになってしまう。完全参加（complete participation）といってしまうと、何か知識や集約的実践の閉じた領域があって、新参者の「修得」についての測定可能なレベルがあるかのようになってしまう。[Lave and Wenger 1991＝1993: 11-12]

しかし、「十全的参加」という用語の選択は実践共同体における中心—周辺という構造化をぼかすだけで、その論理構造を変えているとはいえない。すなわち、現実の共同体に実践共同体という観念が重ね合わされてしまった以上、学習者による技の習得は、学習者がこの観念におけるみずからの位置を自覚してゆく過程として表象されざるをえないことに変わりはないのである。

〈31〉 ブルデューの実践理論も、わざ言語論・正統的周辺参加論と同じ論理構造を持つといえる。彼は、すべての行為が本質的に戦略的であり、行為者を取り巻く超越的な意味体系としての客観的構造の内部での物質的・象徴的利益の最大化へと客観的に方向づけられていると考える。そのため、彼の理論は客観的構造の再生産を説明する反面、実践のダイナミズムを捉えることができない。

〈32〉 著者紹介の一部を引用する。

現在、麗澤大学助教授。早稲田大学、日本大学各講師。元早稲田大学ボクシング部コーチ。ピストン堀口ジム特別コーチ。東部カルチュアスクール「セーフティ・ボクシング」各講師。東海大学医学部研修員。著書に「アマチュア・ボクシング——技術編——」がある。

〈33〉 原文では随所に「(図1-12-a)」などの図への参照指示が挿入されているが、引用では省略した。

〈34〉 原文の図への参照指示は省略した。

〈35〉 肘の角度が正しいときに特定の内的感覚が喚起されると考えることは、一見したところヴィトゲンシュタインの私的言語批判に耐えられないかに見える。だが、ヴィトゲンシュタインの私的言語批判とは、内的感覚の存在を否定するものではなく、言語と内的感覚の対応関係の正しさを検証することが無意味であることを指摘するものである。本文で描いた肘の角度と内的感覚の対応関係は、訓練によって形成される関係で、検証されるべき関係ではない。

〈36〉 もっとも、『トレンディ・ボクシング』では、このような誤解が起こりにくいように周到な配慮がなされている。たとえば、本文中の「イメージレッスン」の引用部分から明らかなように、「半身」であるべきことが繰り返されている。そのため、たとえ正面を向いたまま狭い路地を通り抜ける習慣のある人でも、半身の姿勢をとろうとするだろう。

また、「構え方」の三カ条に続く記述で、第五カ条として、「⑤上体、特に肩をリラックスさせる」［豊嶋 1992: 32-33］があげられている。そのため、たとえ腕相撲のときに肩を緊張させる習慣のある人でも、肩のリラックスを心がけるだろう。挿絵も豊富で、ボクシングの正しい構えのみならず、イメージされるべき日常的な姿勢も図示されている。

〈37〉たとえば、試合後のスポーツ選手のインタビューでは、指導において用いられたり、自分で心がけたりした特定のわざ言語が有効であったと語られることがある。有効性の変換という視点は、日常的にはこのような「動機の語彙」的な使い方をされることが多い。

〈38〉わざ言語と習慣的に結合した動作が、必ずしもひとつだけの有効性を持つわけではないことを、実証編では、言語記号としての「線」の同一性と、身体的ディテールとしての「線」の多様性として考察した。

第4章

〈39〉マルセル・エナフ氏の来日の折、私は「身体技法論」も「贈与論」と同様に現代的読解が可能ではないか、とお尋ねしたことがある。エナフ氏は、モースのいう「身体技法」とは社会的に決定された慣習的な身体の使い方として自分は理解しているが、と述べたのち、私が自分の考え（本書理論編第4章の内容）を説明するのを丁寧に聞いてくださった（二〇〇三年十二月十九日）。

〈40〉レヴィ＝ストロースは、モースの「身体技法論」を次の二点において評価する。第一に、「各社会が個人にたいし一定の厳格な身体の用法を義務づけるしかたの研究が人間の科学に決定的な価値を有することを確認」したこと。この点で、モースはルース・ベネディクト、マーガレット・ミードらアメリカ人類学の問題意識を先取りしていたといえる。第二に、「身体技法の内在的重要性をも強調」したこと。この点について、レヴィ＝ストロースは次のように述べる。

モースがその緊急の必要性を強調した広大な仕事には、未だだれ一人として手をつけていない。すなわち、それは歴史を通じ、とりわけ世界をこえて、人間がその身体について過去に行ない、あるいは現在も行ないつづけている目録を作成し、それを記述する仕事である。われわれは人間の巧知の産物を収集したり、文字または口伝による記録を作成したりする。しかし、この人間の身体という道具は、普遍的ではあっても各人の処分に委ねられていて、それのもつ可能性はきわめて多数かつ多様であるので、われわれは、われわれの特殊な文化の要求に含まれるつねに部分的で限定されたものを除いては、これらの可能性を無視しつづけるのである。[Levi＝Strauss [1950] 1968＝1973：4]

本書では、「身体技法論」に身体技法の列挙以上のものを認めようとするが、レヴィ＝ストロースの指摘するように、身体技法の列挙それ自体にも意義を認めることができる。ただし、身体技法を列挙しようにも、問題は、「われわれの特殊な文化の要求に含まれるつねに部分的で限定された」身体利用の可能性を、いかにして超え出て、他者における身体利用の可能性に目を向けるかである。本書では、相互身体的判断によってこれが可能になると提案したい。

〈41〉 本文中のモースの引用部分はすべて、邦訳［Mauss［1950］1968＝1976］を尊重したが、原著［Mauss 1950］と英訳［Mauss 1950＝1979］を参照しつつ、原文をより忠実に反映させるべく引用者の判断で訳文を一部変更してある。

〈42〉 「汽船」に見立てた「平泳ぎ」と、水を飲み込まない「各種のクロール」の関係は、文化的意味を帯びた伝統的行為と、そのような意味を脱色された合理的行為の関係として捉えることができる。これらの行為が同じ内容を持っているか否かは、スポーツ社会学において、近代スポーツを「伝統スポーツ」や「民族スポーツ」と比較するさいに問題になる。

近代スポーツは、勝利至上主義がもたらす多くの問題——過度のトレーニング・薬物使用・選手や審判の買収——を抱えていること、そして、スポーツマンシップやフェアプレイといった個人倫理は、この問題に十分な歯止めをかけることができないことは、多くのスポーツ社会学者の指摘するところである。このような現状を相対化するために提出された概念が、「伝統スポーツ」ないし「民族スポーツ」である。それは、共同体の伝統的慣習、宗教的・呪術的儀礼、地域的・民族的アイデンティティなどと結び付いたスポーツであるとされ、これらの意味が脱色されて勝利至上主義がむき出しになった近代スポーツに対するアンチテーゼとして位置づけられる。

「伝統スポーツ」の一例として、デンマークの社会学者ヘニング・アイヒベルクは、フランスはブルターニュ地方のコマーナ教区の一七七七年の記録に残っている「パルドン祭」をあげる。それは、村の若者たちが重い十字架や教会の旗を立てようとしながら行進する祭である。アイヒベルクがこの祭に認める特徴は、次のように整理できる。

(1)競技の時間は祝祭の時間であり、それは繰り返しのリズムを持つ。
(2)競技の空間は村人たちの日常の空間であり、「自分たちの場」という集合的な空間的アイデンティティを確立する。
(3)関心の対象は笑い・カーニバリズムのなかで集団的にバイブレーションする身体である。
(4)競技は、実際にそれに参加する若者たちだけではなく、共同体の成員全員の一体感を創り出す。
(5)競技の結果は客観的に測定されない。
(6)競技のなかにおける時間や空間、関係性といった身体的プロセスは、共同体の神話や生の意味づけに関係する価値に関係する。
(7)競技を「正しく」遂行する制度は客観化されておらず、地域の自己決定に依存する。

［Eichberg 1991＝1997：157］

それに対し、近代スポーツにアイヒベルクが認める特徴を整理すれば、次のようになる。

(1)競技は祝祭の時間ではなく、「仕事」に対する「余暇」の時間に行われ、また、繰り返しのリズムではなく、たえず記録の向上を目指すような直線的時間を持つ。
(2)競技の空間は標準化されて、日常の空間から分離している。
(3)人々の関心は、素早くダイナミックな実践に向けられる。
(4)客観的業績の生産が重視される。
(5)客観性のためにジェンダー、年齢、体重が階級化され、社会的一体感は破壊される。

⑹「より速く、より高く、より強く」といった、一元的な生産性の神話を持つ。
⑺官僚主義的・商業的に組織されたヒエラルヒー的制度を持つ。

[ibid：162]

アイヒベルクは、「パルドン祭」と比較することで、近代スポーツの数多くの特徴を描き出すことに成功しているといえる。だが逆の見方をすれば、「パルドン祭」がこれほど多くの点で近代スポーツと異なっているなら、それを近代スポーツと比較することは適切だったのか、という疑問が浮かぶ。すなわち、「パルドン祭」は、競技として近代スポーツと比較できたのと同様に、民俗的な宗教儀礼として他の民俗儀礼と比較することも、慣習として他の共同体の慣習と比較することもできたはずである。「パルドン祭」そのものに、これが競技なのか、儀礼なのか、慣習なのかを判断するための客観的な根拠を求めることは不可能だろう。だが重要なのは、アイヒベルクがほかならぬ競技という内容を認めたことで、「パルドン祭」を近代スポーツと比較できたという事実である。

〈43〉三重の視点の構成要素のひとつとして、「生物学的視点」ではなく「生理学的視点」が数えられる場合がある。「身体技法論」では両者はほぼ互換的に用いられているため、ここでは、「生物学的視点」に統一したい。

〈44〉科学的方法を適用する前提として対象が比較可能でなければならないことは、たとえば、統計的手法においては母集団の画定とサンプリングの必要性として、実験的手法においては、対照実験と実験環境のコントロールの必要性として表れる。母集団を画定してのちは科学的方法が適用できるが、母集団の画定のさいの根拠は、最終的には、それ自体としては非科学的な一般常識や社会通念に求めるほかない。対照実験において、対照群の性質と規模を決定するさいの根拠も同様である。

〈45〉この誤解が生じたもうひとつの原因として、「威光（prestige）」という言葉の一般的な意味をあげることができる。仏語の prestige は、一般的には「威厳」ないし「威信」と訳され、『ロベール仏語大辞典』によれば、「魅惑する能力、注目すべき行為によって、他者の想像にすばらしい状況ないしはそのように判断される状況を課する能力」とある。だが、これは一七五〇年以降の用法で、古語ないし文語的用法としては、一五一八年以降の用法で「超自然的、呪術的な原因による幻影」、一六八八年以降の用法として「魅惑的な技巧、眩惑的な容姿」とある。さらに、一七五〇年以降の用法でも、類義語として magie（呪術）があげられている。（*Le grand Robert de la langue Française*, Édition Augmentée, 2001）

したがって、仏語の「威光模倣」つまり imitation prestigieuse には、模倣者が模倣対象者の見せかけのために魅惑ないし眩惑されるという契機を多少なりとも認めることができるだろう。その反面、模倣者が模倣対象者における実質的な何か――たとえば、模倣対象者の技の有効性――を認識するという契機は、排除されてはいないものの、相対的に弱いといえる。だが、本文中で示したように、モースが描いている imitation prestigieuse にとっては、後者の契機こそ本質的なのである。

なお、日本語の「威光」の意味は、「人がしぜんにおそれ敬い、それに従おうとするような勢いや力。権威。威力。」（『日本国語大辞典第二版』二〇〇〇）である。仏語の prestige に比べると、見せかけによる魅惑や眩惑というニュアンスは弱いが、かわりに、畏敬や服従の自然性というニュアンスが強いことが指摘できる。自然な畏敬や服従による模倣とは、何らかの特定の契機に起因しない模倣である。そのため、日本語の「威光模倣」においても、模倣者が模倣対象者における実質的な何かを認識するという契機は背後に退いているといえる。

〈46〉モースが身体技法の意識的な習得を重視していたことは、第四章の次の一文にも読み取れる。

社会があればこそ、意識の介入する余地がある。無意識があるがゆえに、社会の介入する余地があるのではない。社会があればこそ、既成の運動の確実さと、感情と無意識に対する意識の支配があるのである。［Mauss［1950］1968＝1976：156］

〈47〉「心理学的勢い」は、邦訳［Mauss［1950］1968＝1976：131］では、「心理学的《要素》」と訳されている。原語は le *momentum* psychologique であり、どちらとも解せるが、ここでは「勢い」や「慣性」という物理学的現象の比喩として *momentum* が用いられていると解釈した。というのも、モースは第四章で、心理学的要素を記述するのに物理学的比喩を用いているからである。

両者（社会的要因と生物学的・生理学的要因―引用者）を媒介する心理学的な歯車の厚みはどんなものであろうか。私は意図的に歯車と言うのである。コント主義者ならば社会的なものと生物学的なものの隙間はないと言うだろう。私に言えることは、ここで私は心理学的事実を媒介する歯車と見なしているということ、そして、創造と変革の時期を除けば、原因とは見なしていないということである。［Mauss［1950］1968＝1976：155］

〈48〉「心理学的勢い」は一見しただけでは意味のわかりにくい概念である。だが、この具体例とおぼしき事例が第四章に述べられている。

冷静は、なによりも過度な運動を抑制し、禁止する機構である。この抑制によって、当初選択された目的に向けられた整合的な運動から整合的な反応が生ずることができるのである。襲いかかる精神の動揺に対するこのような抵抗は社会生活や精神生活におけるなにか基本的なものである。［Mauss［1950］1968＝1976：155］

これは、「視覚教育、歩行教育――登ったり、下降したり、走ったり――」など、あらゆる身体の教育に共通する目的としての「冷静」の涵養について述べた箇所であるため、呪術だけに特化した記述ではない。だが、ここで述べられている「冷静」を「心理学的勢い」の一例として理解することは可能だろう。

〈49〉気休めとして有効な行為の形式を心理学的に特定することの困難さを知るためには、宗教的瞑想や「科学的」なメンタルトレーニングが気休めにならない場合もあり、「鰯の頭も信心」でささいなことが気休めになる場合もあることを思い起こせばよい。何かが気休めとして有効であったか否かという事実が先にあって、心理学的説明は後付けである。

〈50〉「相互身体」とは、生身の身体のことではなく、有効性を追求するさいの振る舞いにおいて等しい身体を指すことに注意してほしい。そのため、後述するように、相互身体的判断は観察者と逸話の登場人物の間にもなされうる。

〈51〉しゃがむことができるか否かによって、身体的に享受される世界が完全に異なってしまうことを、モースは次のように指摘している。

試しに、みなさんがしゃがんでごらんなさい。みなさんは、たとえば、すべての伝統的格式に従ってモロッコの食事を摂るときに味わうような苦痛をなめられるでしょう。[Mauss［1950］1968＝1976：144]

しゃがむことができる人々にとってはおいしく楽しい食事でも、しゃがむことができない人々にとっては苦痛でしかない場合もあるのである。

〈52〉ペルシア王による金のフォークの慇懃な拒否は、ナポレオン三世の強硬な対外政策に対するささやかな批判として解釈できる。このような解釈に比べれば、同じ行為にペルシア王にとっての「楽しみ」への関心しか認めないモースの解釈は、安易な脱政治化を行うものである。だが、ここでは、このような政治的な視点も可能であったにもかかわらず、モースがそのような視点に立たずに、相互身体的な視点に立ったことを重視したい。

〈53〉モースは、ヨガのサンスクリット原典を研究したという［Mauss［1950］1968＝1976：156］。

〈54〉また、「道教の呼吸法」や「ヨガ」は、日常的空間とは区別された空間で行われることが多い。そのため、狩猟前の呪術行為に認められたような、日常的行為における有効性の追求との関連が不明瞭である。したがって、これらの行為に、「心理学的勢い」として記述できるような有効性を認めることは比較的難しいだろう。

〈55〉もっとも、モースが自分の相互身体的判断を客観的で確実なものではありえないことを承知していたことは明らかである。これは、木登り帯を使用することの有効性があとになってわかったという告白や、カビール人の降下の技法がなんとも合点がいかないことの告白からうかがえる。だが、この限界をモースは十分に検討することはなかった。

第5章

〈56〉実証編は、調査の開始（一九九九年五月）より本書のもとになる博士論文を書き終えるまで（二〇〇三年十月）に行った参与観察にもとづいているが、参与観察そのものは本書原稿を入稿しようとする現時点（二〇〇六年六月）でも継続している。S流の練習は、四年半の調査期間中に変化してきたように、この二年半ほどの間にも変化した。そのため、実証編の内容は現在のS流を必ずしも反映していない。

〈57〉　S流に入会してからわかったことであるが、M先生は、日本の武術としては、このほかにも空手と合気道を習ったことがあるという。

〈58〉　のちにM先生に聞いたことであるが、このパンフレットの写真（写真1）は、動きのイメージがわかりやすいように、パソコンで動きの流れの線を強調してあるという。

〈59〉　ここでは、記述の便宜のために卒業論文の内容をポラニーの暗黙知理論になぞらえて整理したが、卒業論文では暗黙知理論に言及していない。それは、暗黙知理論という権威を持つ枠組みを外部から当てはめて解釈しなくとも、武術の実践者の言説そのものから暗黙知理論に事実上等しい論理構造を導きうることを示したかったからである。

第6章

〈60〉　のちに、紙コップに名前を書くためのペンがロッカーの上に置かれるようになり、コップに自分の名前を書く習慣が全員に定着した。それまでは、自分の飲みかけのお茶の入ったコップがどれかわからずに、新しいコップを出してしまうことがあったが、名前を書くようになってからこのようなことはなくなった。

〈61〉　武術の時間の最初に礼をしないのは、気功の時間と武術の時間が休憩時間をはさんだひと続きの練習として位置づけられているからである。多くの会員は、時間が許すときには両方に続けて出ている。

〈62〉　「三十六式」という名前は、套路に含まれる技の数を表している。M先生によれば、S流で練習されている「三十六式」は、もとは、北京体育大学の先生が陳式太極拳の套路をコンパクトにまとめて学びやすくした「陳式簡化太極拳三十六式」である。M先生は、陳式太極拳の伝統的な套路である老架式と新架式の一路と二路を数年にわたり中国の先生から習ったのち、日本の女性の先生に「陳式簡化太極拳三十六式」を数カ月間習ったという。この套路には太極拳のエッセンスが詰まっているため、M先生はS流の教室を始めて以来、この套路だけを教材として使っている。しかし、それは「陳式簡化太極拳三十六式」そのままではなく、M先生が独自に研究してアレンジしたものである。

私は、本書のもとになった博士論文を執筆したのち、中国の新郷とイギリスのマンチェスターで陳式太極拳の伝統的な套路を合わせて数カ月にわたって現地調査する機会に恵まれた。そのとき、S流の「三十六式」に含まれる技と、伝統的な套路に含まれる技を比較し、M先生のアレンジの仕方を推測することができた。その結果、S流の技は、手足を動かすおおまかな手順こそ伝統的な技と似ているものの、手足を動かす軌跡はかなり異なっていることがわかった。また、上半身と下半身の連動のさせ方や、重心移動の仕方など、動作の根本にかかわる部分でも大きな違いが見られた。全体的な印象としては、S流の技はもとの陳式太極拳の技よりも、そのつどの姿勢の正面の「線」が強く意識され、この線上に手足が位置することが多い。

〈63〉 套路のあとの練習がこのような形式で行われるようになったのは、二〇〇一年からである。それ以前は、気功体操以前と同様に対練が行われたのち、練習の最後の約二〇分間に推手が行われた。

〈64〉 「散打」ではなく「散打の練習」と言われているのは、「散打」とはルールの定まった中国武術の試合の一形態を指す言葉だからである。用法としては、「散打大会」や「散打の優勝者」がある。S流の自由に動く練習のもっとも進んだ段階として行われていることは、一見したところ試合に似ているが、試合のようにルールが厳密ではないうえ、双方とも試合のときほど必死に相手を倒そうとはしないため、「散打の練習」なのである。それに対し、「定歩推手」・「活歩推手」は中国武術の試合形態を指すと同時に、練習形態も指している。そのため、自由に動く練習の最初の二つの段階をそれぞれ「定歩推手の練習」・「活歩推手の練習」と言うことは可能であり、実際にそのように言われることもあるが、多くの場合、たんに「定歩推手」・「活歩推手」と言われる。

〈65〉 二〇〇一年までは、午後一〇時三〇分ぐらいに立ち話が解散したあとも、若い会員はM先生と一緒に武術の練習をするために車で街灯のある河川敷の公園に行くことがあった。土曜日には、河川敷の練習は午前二時まで続くこともあった。

〈66〉 これは、自然科学的な意味での「対照実験」や「合理性」ではないことは明白である。なぜなら、M先生の動作の仕方の変化がどのような結果の変化をもたらすかを知るために対照実験を行うとすれば、M先生の動作の仕方以外の条件をすべて同じにしなければならないからである。だが、M先生の相手が一度目に突くときと二度目に突くときでは、相手の予備知識や動作の予測が変化することは避けられない。本書で「対照実験」と「合理性」という言葉を「 」付きの比喩として用いているのはこのためである。なお、私は、M先生やほかの会員が、M先生による型の動作の説明の仕方を「対照実験」あるいは「実験」という比喩で表現するのを聞いたことがない。

〈67〉このときのM先生の言葉は、私の「線」の感覚に対するポジティブ・フィードバックやポジティブ・サンクションではない。なぜなら、フィードバックあるいはサンクションとは、特定の情報と特定の行動の結び付きが客観的に明らかなときに、この関係を客観的に表象するための概念だからである。かたや、M先生の「線」という言葉と私の「線」の感覚の結び付きは客観的に明らかではない。この結び付きは、M先生の「線」という言葉が指しているのが、私の追求すべき有効性の微分によって特定された身体的ディテールとしての「線」を指すはずだという、私自身の判断によって創り出されたものなのである。

理論編第3章で紹介したヴィトゲンシュタインの指摘するように、どのような規則も無限の解釈の可能性に開かれているのであり、彼が「道しるべ」の例で示したことは、「線」という言葉にそのまま当てはまる。道しるべが進むべき方向を意味しえないように、「線」という言葉も身体的ディテールとしての「線」を意味しえないのである。

にもかかわらず、道しるべが行うべき行為を意味しているかに見えるのは、ヴィトゲンシュタインによれば、慣習が共有されているからである。しかし、S流では、まさにこの慣習が共有されていないことが技や型の習得を難しくしている。すなわち、各人各様の習慣的な動きの癖があるために、二人の会員が同じわざ言語に従おうとしても、多くの場合、まったく異なった動作がなされてしまう。そのため、M先生の言葉が行うべき行為を意味していると錯覚されることはほどんどなく、S流の会員たちは、M先生の言葉が客観的に意味するとおりに動けば上達するという楽天的な考えを持つことができない。

第7章

〈68〉この説明は、M先生が特定の日にこの型について行ったものではなく、私が目にした複数の説明から典型的な説明を組み立てたものである。

第8章

〈69〉注〈67〉にあるように、これはフィードバックではない。具体的に何がどのように「わかってくる」かを判断できるのは私だけだからである。

結論

〈70〉本書でいう「身体的リアリティ」は、アフォーダンス理論における「ニッチ」といいかえることができる。だが、ニッチは生物学的種ごとに固有のものとされるのに対し、身体的リアリティは、同じヒトという生物学的種であっても、どのような技を身に付けているか――そして、その過程でどのような身体的ディテールに依拠し、どのような有効性を追求しているか――に応じて異なったものが享受される。アフォーダンス理論についての詳細は注〈3〉を参照。

〈71〉試合に一度でも出たことのあるS流の会員は十名前後である。

〈72〉観察者が時間と労力をかけて行為者と同じ技を身に付けながらも、相互身体的視点に立たないことがあるが、これはもったいないことである。このようなもったいない研究の一例として、ルイク・ワカンのボクシングジム研究をあげることができる。ワカンについての詳細は注〈18〉を参照。

〈73〉観察者は、自分自身が何らかの有効性を追求するさいに依拠している身体的ディテールしか、行為者の振る舞いに認めることができないこと――したがって、観察者が異なれば、行為者が依拠している身体的ディテールの認識も、それによって追求される有効性の認識も、享受される身体的リアリティの認識も異なってしまうこと――を認めることは、方法的な態度としてきわめて重要だろう。いいかえれば、観察者は、行為者の振る舞いに認めた身体的ディテールを手がかりに相互身体的判断を下しつつ、異なった相互身体性のレベルにおいて別様の判断が下された可能性を留保しておかねばならないのである。このような方法的態度が潜在しているのを認めることができる研究をいくつか紹介しておきたい。

発達心理学者の高木光太郎は、過去に経験したことを語ることで想起するかわりに、過去の経験における「身構え」を再現することで過去を現在のものとして直接経験する可能性を指摘する。このような「反-想起」による過去の現前は、クロード・ランズマン監督のホロコースト（ナチスによるユダヤ人絶滅作戦）についてのドキュメンタリー映画『ショアー』に顕著である。この映画の冒頭では、絶滅収容所の生存者であるシモン・スレブニクが、小舟で小川をのぼりながら歌っている。ランズマン監督は、スレブニクとのインタビューにおいて、彼が収容所に囚われていたときにのぼらされていたまさにその小川をのぼりながら、歌わされていたまさにその歌を歌うよう求めたのである［高木 1996：227–228］。高木は次のように述べる。

ランズマンは変わらない現場と、変わらない身構えが出会うことによって「絶滅作戦」を直接知覚可能なものとして顕在化させようとしている。幼い子供であっても、スクリーンの向こうで動いている人のシルエットを見るだけで、その人が重いモノを持っているのか、軽いモノを持っているのか、あるいは、柔らかいモノを持っているのか堅いモノを持っているのかをすぐに見て取ることができる。われわれは他者の身構えを知覚することによって、他者が向かい合っている対象をも同時に知覚できるのである。スレブニクが歌うこのシーンでは、ホロコーストの現場と再会した彼のシルエットつまり身構えを通して、ホロコーストを直接知覚可能なものとして示すことが目指されている。［ibid：229–230］

スレブニクは、当時と同じ環境において、同じ身構えをとることによって、ホロコーストという出来事を想起するのではなく、それを現在のものとして直接知覚するのである。そして、スレブニクの様子を見ている映画の観客もまた、スレブニクの身構えに同じ出来事を直接知覚することができる。

だが、小舟の上で歌うスレブニクの身構えは、すべての観客に同じようにホロコーストの直接知覚をもたらすのだろうか。観客個々人のホロコーストについての経験や知識、そして、歌ったり小舟を操ったりする技を身に付けている程度に応じて、身構えの知覚が変化することは否定できないだろう。本書の用語を用いれば、映画の観客は、スレブニクの身構えという身体的ディテールを手がかりに、この身体的ディテールに依拠してスレブニクが追求している有効性を相互身体的に判断することができるが、別様の判断がなされた可能性はつねに残るのである。高木は、このような可能性を踏まえているからこそ、ランズマンによって「目指されている」ものを分析していると思われる。

生態人類学者の菅原和孝は、南アフリカのボツワナで狩猟採集生活を営むグイ・ブッシュマンの調査を行い、かれらが過去の出来事を語るさいに、当時の身体の配置をそのつど執拗に再現すること、そして、出来事の語りの継承が身体の配置の継承と不可分であることに着目し、「身体配列」の概念を提出する。身体配列が再現されることで、過去の出来事を語る言葉は神話化された記号の反復であることをやめ、生き直された出来事における「身体化された思考」の表現へと変化するのである〔菅原 2002, 2004〕。

菅原は、グイの人々に身体配列を見出すのみならず、みずからの経験をも身体配列として理解しようとする。大学闘争の時代に、彼と何人かのクラスメートは、「もっともアクティブな全共闘シンパとして、クラスをひっぱっていた」Kの振る舞いに「釈然としないものをかぎつけ」て、彼を問い詰めるべく食堂に誘ったという。

「明日こそは、Kの本心を問いたださなければ」前の晩そんなふうに打ち合わせて、Kを食堂に誘ったのであった。そのときKはきつねうどんを注文した。うどんの湯気でレンズが曇るのを避けるために、彼は度の強い眼鏡をはずしてテーブルの上に置き、うれしそうに箸をとった。それを見たとたん、私は、突然わけのわからない哀しみに襲われた。そのあと友人がKに対して辛辣な批判をはじめたが、私はほとんど一言も発することができなかった。

こう書いていて、あのがらんとした食堂の片隅のテーブルを囲んだわれわれ四人の「身体配列」がまざまざと目の前に浮かび上がることに驚く。おそらくそのとき私は、「人間はものを食べなければならない」というあたりまえのことに圧倒されたのであろう。しかも、そのときふと眼鏡をはずすといった何気ない所作に、人間の根本的な無力さを感じたのだろう。〔菅原 2004：291〕

菅原と彼の友人たちは、四人でひとつの身体配列を共同的に創り上げていたにもかかわらず、「度の強い眼鏡をはずしてテーブルの上に置き、うれしそうに箸をとった」というKの振る舞いに対して、菅原だけが「突然わけのわからない哀しみに襲われた」。このとき菅原は、Kの振る舞いという身体的ディテールを媒介として、「ものを食べなければならない」存在、「根本的な無力さ」を抱えた存在としての相互身体を、Kだけと共有していたといえる。身体的ディテールを介して二人だけに共有された相互身体は、四人に共有された身体配列よりも限定的なものとして、身体配列の共同性を脅かしているといえないだろうか。もしそうなら、身体配列は人間どうしの共同性の身体的な根源であると同時に、この共同性を分裂させる他者性の契機としての身体的ディテールを、それ自体のうちに胚胎していることになる。

引用部分に続いて、菅原は自分が経験したような「身体の直接経験」を語り合うことのできる共同性を創り出すことの必要性を指摘し、その具体例として、アルコール依存症や摂食障害などの自助（セルフヘルプ）グループをあげる。これらのグループは、身体配列の共同性に回収できない身体的ディテール――アルコールや食物との関係におけるそれなど――を自らの振る舞いのうちに発見した人々が、自分の抱えている身体的ディテールを新たな身体配列の共同性のなかに組み入れる試みとして位置づけることができるかもしれない。

〈74〉日常的な行為や事物に依拠して追求されるべき有効性を、行為や事物の名目的な同一性に対応する限りでしか認めないことは、日常的な自明性に埋もれている差別や権力に観察者自身が巻き込まれてしまうことである。たとえば、「馬の耳に念仏」や「猫に小判」ということわざは、「念仏」や「小判」によって当然追求されてしかるべき特定の有効性を追求できない者を「馬」や「猫」に等しい存在と見なすものである。このような構造は、差別や権力の発生の契機として重要であると思われる。このような観点から、相互身体的視点を批判的エスノメソドロジーと結び付けることが可能だろう。批判的エスノメソドロジーについての詳細は注〈22〉を参照。

〈75〉M先生によるS流の技の創出については、実証編第6章の「6―1　土曜日の練習の概要」における「a．太極拳の対練」、ならびに、注〈62〉を参照。

あとがき

本書の内容は、調査当時の私がS流の技において追求していた有効性とそのさいに依拠していた身体的ディテールにもとづいているため、現在の目から見れば、自分の技の未熟さや身体の硬さが随所に見て取れる。だが、これを修正してしまっては実証編の意味がなくなってしまうため、恥を忍んでそのままにしておくことにした。

読者のみなさんには、私のS流における経験はどのように映るだろうか。「身体技法論」のモースが世界各地の民族誌的記述に有効な技を読み取ったように、願わくは、読者のみなさんも本書の記述に有効な技を読み取ってほしい。いいかえれば、S流における私の振る舞いの記述に、読者自身が何らかの有効性を追求するさいの身体的ディテールを認め、私が追求していた有効性を相互身体的に判断してほしい。

その結果、読者のみなさんは私の上達の遅さにあきれるかもしれないし、私がささいな問題に立ち往生していることにじれったさを感じるかもしれない。あるいは――可能性の低いことであるが――私の上達の早さをうらやむかもしれないし、私の発見を何かのヒントとして役立てるかもしれない。また、S流の技の有効性を読者自身の経験した武道や武術ないしスポーツなどの技の有効性と比較するかもしれない。

このような比較を読者のみなさんにしてもらうことができたなら――比較の結果はどうであれ――本書の目的は十分に達せられたことになる。本書の記述に、読者自身の技と比較できるだけの有効性を持つ技を相互身体的に認めてくれた読者に、私は感謝するほかない。

謝辞

自由な研究環境をととのえてくださったうえ、私をあたたかく見守ってくださった宝月誠先生、井上俊先生、松田素二先生に感謝いたします。

宝月先生には学部生のときに指導教官になっていただいて以来、ずっとお世話になり続けました。幾度もゼミで発表させていただき、そのたびごとに厳しくかつあたたかいコメントをいただきました。先生のおかげで、私は社会学者としての基礎体力を身に付けることができたと思います。

井上先生には、修士課程に入学してから博士課程を単位取得退学するまで指導教官になっていただきました。ゼミでは、社会学の知識のみならず、社会学者に求められる技芸に触れることができたと思います。私が繰り返し締め切り直前に送りつける論文を、そのたびごとに丁寧に読んだうえコメントしてくださったことは忘れられません。先生のおかげで、私は本書の基礎となる考えを形成することができました。また、私の難解な言葉遣いを多少は改善することができた気がします。さらに、先生は私の考えを日本スポーツ社会学会で発表する機会を作ってくださいました。おかげで、私はスポーツ社会学や体育学など幅広い分野の研究者との交流のなかで自分の考えをまとめることができました。

松田先生には、博士課程に進学して以来現在まで私の指導教官になっていただきました。ほとんどゼミに出席せずに勝手に研究を進めながらも、締め切りの直前になると先生に原稿のチェックをお願いする私に、先生は辛抱強く付き合ってくださいました。深夜に電子メールでお送りした締め切り直前の論文を快くチェックしていただいたときのことは忘れられません。先生の励ましがあってこそ、私は断片的な考えをひとつの体系としてまとめ上げることができました。また、先生は私の考えを国立民族学博物館の共同研究で発表する機会を作ってくださいました。この共同研究では、人類学の研究者との交流のなかでそれまでの自分の考えの問題点に気づくことができ、また、本論文の基調をなす「実践」という概念にはじめて触れることができました。

私の参与観察を快く承諾してくださった武術教室S流のM先生ならびにS流のみなさんに感謝いたします。M先生は、覚えの悪い私に武術の技を辛抱強く指導してくださったのみならず、武術の捉え方についても数多くの有益なヒントをくださいました。技の奥深さや身体の不思議さを観念として振りかざすのではなく、学ぶ側がそれに気づくよう仕向ける先生のご指導から、私は多くを学ばせていただきました。先生の独自のご指導がなければ、私は「技の有効性の微分」という本書の中心をなす概念を生み出すことができなかったはずです。また、運動の不得手な私が何年にもわたり武術の練習を継続することができたのは、S流のみなさんが協力して創り上げられている雰囲気がよかったおかげです。私は、二十代の後半をみなさんと過ごしたことで、人間的にも数多くのことを学ばせていただきました。

社会学研究室でご指導いただいた落合恵美子先生と田中紀行先生、日本スポーツ社会学会でご指導いただいた松村和則先生と清水諭先生、国立民族学博物館の共同研究でご指導いただいた田辺繁治先生と菅原和孝先生そして田中雅一先生、関西社会学会でご指導いただいた好井裕明先生と山田富秋先生そして高橋由典先生、ほか、ここではお名前をあげることのできない数多くの先生方のご指導と励ましがあってこそ、本書は完成にこぎつけることができました。ここに感謝いたします。

学部生のとき以来、九年にわたってお世話になった社会学研究室のみなさんに感謝いたします。大学院生のみなさんは、ゼミでは厳しいコメントをくださり、論文執筆に行き詰まったときにはあたたかい励ましをくださいました。とりわけ、近森高明氏と芝村龍太氏そして石原俊氏には公私ともどもたいへんお世話になりました。事務を担当していただいている松居和子さんは、提出論文の必要部数や締め切りをいつも的確に教えてくださいました。締め切りの前日に松居さんからいただいたお電話によって幾度救われたか知れません。

世界思想社編集部の中川大一さんと望月幸治さんは、出版の機会を与えてくださったうえ、遅い原稿を辛抱強く待ってくださいました。ここに感謝いたします。

本書の執筆期間中私を支え続けてくれた妻の村田泰子に感謝いたします。彼女の助けなくして、本書を完成させることはできなかったはずです。

最後に、私を育ててくれた父母に感謝を捧げます。

なお、本書の執筆には文部科学省科学研究助成（二〇〇一～二〇〇二年度）のご支援を、出版には独立行政法人日本学術振興会平成十八年度科学研究費補助金（研究成果公開促進費）のご支援を賜りました。

well and Sage, 1984.（小口信吉・藤田弘人・泉田渡・小口孝司訳『身体と文化——身体社会学試論——』文化書房博文社，1999.）

————, *Regulating Bodies: Essays in Medical Sociology*, Routledge, 1992.

Turvey, Michael T., 'Dynamic Touch', *American Psychologist*, 51 (11), 1996, pp. 1134-1152.（三嶋博之訳「ダイナミック・タッチ」佐々木正人・三嶋博之編訳『アフォーダンスの構想——知覚研究の生態心理学的デザイン——』東京大学出版会，2001，pp. 173-211.）

Wacquant, Loïc J. D., 'The Social Logic of Boxing in Black Chicago: Toward a Sociology of Pugilism', *Sociology of Sport Journal*, 9 (3), 1992, pp. 221-254.

————, 'Pugs at Work: Bodily Capital and Bodily Labor Among Professional Boxers', *Body & Society*, 1 (1), 1995, pp. 65-93.

Wenger, Etienne, *Communities of Practice*, Cambridge University Press, 1998.

Wittgenstein, Ludwig, *Philosophical Investigations*, Basil Blackwell, 1968.（黒崎宏訳『『哲学的探求』読解』産業図書，1997.）

sitaires de France, [1950] 1968, pp. IX-LII.（有地亨・伊藤昌司・山口俊夫訳『社会学と人類学Ｉ』弘文堂，1973，pp. 1-46.）
Lynch, Michael, *Scientific Practice and Ordinary Action: Ethnomethodology and Social Studies of Science*, Cambridge University Press, 1993.
Margolis, J., ‘Pierre Bourdieu: Habitus and the Logic of Practice’, in R. Shusterman ed., *Bourdieu: A Critical Reader*, Blackwell Publishers, 1999, pp. 64-83.
Mauss, Marcel, ‘Esquisse d’une théorie générale de la magie’ [1902-1903], in *Sociologie et anthropologie,* Presses Universitaires de France, [1950] 1968.（有地亨・伊藤昌司・山口俊夫訳「呪術の一般理論の素描」『社会学と人類学Ｉ』弘文堂，1973，pp. 47-217.）
——— ‘Essai sur le don. Forme et raison de l’échange dans les sociétés archaïques’ [1923-1924], in *Sociologie et anthropologie,* Presses Universitaires de France, [1950] 1968.（有地亨・伊藤昌司・山口俊夫訳「贈与論——太古の社会における交換の諸形態と契機——」『社会学と人類学Ｉ』弘文堂，1973，pp. 219-400.）
——— ‘Les techniques du corps’ [1936], in *Sociologie et anthropologie,* Presses Universitaires de France, [1950] 1968.（有地亨・山口俊夫訳「身体技法」『社会学と人類学II』弘文堂，1976，pp. 121-156，Ben Brewster tr., ‘The Notion of Body Techniques’, in *Sociology and Psychology,* Routledge & Kegan Paul, 1979, pp. 95-123.）
Merleau-Ponty, Maurice, *La phénomenologie de la perception*, Gallimard, 1945.（竹内芳郎・小木貞孝・木田元・宮本忠雄訳『知覚の現象学１・２』みすず書房，1967-1974.）
———, *Les sciences de l’homme et la phénomenologie, Les relations avec autrui chez l’enfant, Les cours de Sorbonne,* Centre de documentation universitaire, 1962, *Eloge de la philosophie,* Gallimard, 1953, *L’oeil et l’esprit*, Gallimard, 1964.（滝浦静雄・木田元訳『眼と精神』みすず書房，1966.）
Polanyi, Michael, *Personal Knowledge*, The University of Chicago Press, [1958] 1962.（長尾史郎訳『個人的知識——脱批判哲学をめざして——』ハーベスト社，1985.）
———, *The Tacit Dimension*, Routlege & Kegan Paul, 1966.（佐藤敬三訳『暗黙知の次元——言語から非言語へ——』紀伊國屋書店，1980.）
Shilling, Chris, *The Body and Social Theory*, Sage, 1993.
Suchman, Lucy, A., *Plans and Situated Action*, Cambridge University Press, 1987.（佐伯胖監訳『プランと状況的行為——人間-機械コミュニケーションの可能性——』産業図書，1999.）
Sudnow, David, *Ways of the Hand: A Rewritten Account*, The MIT Press, [1978] 2001.
Turner, Bryan S., *The Body and Society: Explorations in Social Theory*, Black-

Elias, Nobert, 'On Human Beings and Their Emotions: A Process-Sociological Essay', in M. Featherstone, M. Hepworth, B. S. Turner eds., *The Body: Social Process and Cultural Theory*, Sage, 1991.

Elias, Nobert and Eric Dunning, *Quest for Excitement*, Liepman AG., 1986.（大平章訳『スポーツと文明化——興奮の探求——』法政大学出版局，1995.）

Foucault, Michel, *Surveiller et Punir: Naissance de la Prison*, Gallimard, 1975.（田村俶訳『監獄の誕生——監視と処罰——』新潮社，1977.）

Garfinkel, Harold, 'Color Trouble', *Opportunity*, 1940 → *Primer for White Folks*, B. Moon ed., Garden City, Doubleday Doran, 1946, pp. 269-286.（秋吉美都訳「カラートラブル」山田富秋・好井裕明編『エスノメソドロジーの想像力』せりか書房，1998，pp. 10-29.）

————, 'Studies of the Routine Grounds of Everyday Activities', *Social Problems*, 11 (3), 1964, pp. 225-250.（北澤裕・西阪仰訳「日常活動の基盤——当り前を見る——」『日常性の解剖学——知と会話——［新版］』マルジュ社，1995.）

————, *Studies in Ethnomethodology,* Polity Press, [1967] 1984.

————, *Ethnomethodology's Program: Working Out Durkheim's Aphorism*, Rowman & Littlefield Publishers, 2003.

Gibson, James J., *The Ecological Approach to Visual Perception*, Houghton Mifflin Company, 1979.（古崎敬・古崎愛子・辻敬一郎・村瀬旻訳『生態学的視覚論——ヒトの知覚世界を探る——』サイエンス社，1985.）

Girton, Geroge D., 'Kung Fu: Toward a Praxiological Hermeneutic of the Martial Art', in Harold Garfinkel ed., *Ethnomethodological Studies of Work*, Routledge & Kegan Paul, 1986, pp. 60-91.

Harker, Richard, Cheleen Mahar and Chris Wilkes eds., *An Introduction to the Work of Pierre Bourdieu: The Practice of Theory*, Saint Martin's Press, 1990.（滝本往人・柳和樹訳『ブルデュー入門——理論のプラチック——』昭和堂，1993.）

Hénaff, Marcel, 'Rethinking the Social Bond: Ceremonial Gift Exchange and Spheres of Recognition', 京都大学人間環境学研究科における12月19日の講演資料，2003.

Lave, Jean and Etienne Wenger, *Situated Learning*, Cambridge University Press, 1991.（佐伯胖訳『状況に埋め込まれた学習——正統的周辺参加——』産業図書，1993.）

Lévi = Strauss, Claude, *Anthropologie structurale,* Librairie Plon, 1958.（荒川幾男他訳『構造人類学』みすず書房，1972.）

————, *La Pensée sauvage*, Librairie Plon, 1962.（大橋保夫訳『野生の思考』みすず書房，1976.）

————, Introduction, in Mauss, M., *Sociologie et anthropologie*, Presses Univer-

1988, pp. 272-290.)
———, *Le sens pratique*, Les Editions de Minuit, 1980.（今村仁司・港道隆・福井憲彦・塚原史訳『実践感覚１・２』みすず書房，1988-90.）
———, *Questions de sociologie*, Les Editions de Minuit, 1980, 2ème ed., 1984.（田原音和監訳，安田尚他訳『社会学の社会学』藤原書店，1991.）
———, *Ce que parler veut dire: l'économie des échanges linguistiques*, Libraire Artheme Fayard, 1982. (*Language and Symbolic Power*, John B. Thompsoned, Gino Raymond and Matthew Adamson tr., Polity Press, 1991, 稲賀繁美訳『話すということ――言語的交換のエコノミー――』藤原書店，1993.）
———，加藤晴久編，加藤晴久他訳『ピエール・ブルデュー――超領域の人間学――』藤原書店，1990.
———, *Raisons pratiques*, Editions du Seuil, 1994. (*Practical Reason*, Stanford University Press, 1998.)
———, *Méditations pascaliennes*, Editions du Seuil, 1997. (*Pascalian Meditations*, Stanford University Press, 2000.)
———, and Loïc J. D. Wacquant, *An Invitation to Reflexive Sociology*, The University of Chicago Press, 1992.
Butler, Judith, *Excitable Speech*, Routledge, 1997.
———, *Bodies That Matter: On the Discursive Limits of "Sex"*, Routledge, 1993.
Caillois, Roget, *Les jeux et les hommes* (*Le masque et le vertige*), édition revue et augmentée, Gallimard, 1967.（多田道太郎・塚崎幹夫訳『遊びと人間』講談社学術文庫，1990.）
Coulter, Jeff, *The Social Construction of Mind*, Macmillan, 1979.（西阪仰訳『心の社会的構成――ヴィトゲンシュタイン派エスノメソドロジーの視点――』新曜社，1998.）
———, *Mind in Action*, Humanity Books, 1989.
Crossley, Nick, 'Body Techniques, Agency and Intercorporeality: On Goffman's Relations in Public', *Sociology*, 29 (1), 1995, pp. 133-149.
Dreyfus, Hubert, and Paul Rabinow, 'Can There be a Science of Existential Structure and Social Meaning?', in Richard Shusterman ed., *Bourdieu: A Critical Reader*, Blackwell Publishers, 1999, pp. 84-93.
Eichberg, Henning, 'A Revolution of Body Culture? Traditional Games on the Way from Modernization to "Postmodernity"', in J.-J. Barreau, G. Jaouen eds., *Éclipse et Renaissance des Jeux Populaires*, Rennes, 1991, pp. 99-129.（清水諭訳「身体文化の革命？――近代化からポスト近代化への途上における伝統的なゲーム――」『身体文化のイマジネーション――デンマークにおける「身体の知」――』新評論，1997，pp. 122-171，John Bale, Chris Philo eds., *Body Cultures*, Routledge, 1998, pp. 128-148.）

宮島喬『文化的再生産の社会学——ブルデュー理論からの展開——』藤原書店，1994.
柳川昌弘『空手の理』福昌堂，1991.
————『続・空手の理』福昌堂，1992.
山田富秋「言語と行動——会話分析の可能性をめぐって——」『東北大学社会学部紀要』45，1983，pp. 123-142.
————『日常性批判——シュッツ・ガーフィンケル・フーコー——』せりか書房，2000.
山田富秋・好井裕明『排除と差別のエスノメソドロジー——「いま - ここ」の権力作用を解読する——』新曜社，1991.
山田富秋・好井裕明編『エスノメソドロジーの想像力』せりか書房，1998.
山本哲士『ピエール・ブルデューの世界』三交社，1994.
好井裕明『批判的エスノメソドロジーの語り——差別の日常を読み解く——』新曜社，1999.
Austin, John Langshaw, *How to Do Things with Words*, Oxford University, 1960.（坂本百大訳『言語と行為』大修館書店，1978.）
Baccus, M. D., 'Multipiece Truck Wheel Accidents and Their Regulations', in Harold Garfinkel ed., *Ethnomethodological Studies of Work*, Routledge & Kegan Paul, 1986, pp. 20-59.
Bakhtin, Mikhail M.,（Бахтин, Михаил M., Волошинов, Валентин H.）*Марксизм и философия языка: Основные проблемы социологического метода в науке оязыке,* 1929.（桑野隆訳『マルクス主義と言語哲学——言語学における社会学的方法の基本的諸問題——［改訳版］』未來社，1989.）
————，（Бахтин, Михаил M.）*Творчество Франсуа Рабле и народная культура средневековья и Ренессанса,* 1965.（川端香男里訳『フランソワ・ラブレーの作品と中世・ルネッサンスの民衆文化』せりか書房，1973.）
Bourdieu, Pierre, *Esquisse d'une théorie de la pratique: précédé de trois études d'ethnologie Kabyle*, Librairie Droz, 1972. (Richard Nice tr., *Outline of a Theory of Practice*, Cambridge University Press, 1977.)
————, 'Comment peut-on être sportif ?' 国際スポーツ史学会議（HISPA）での基調報告，1978.（田原音和監訳「人はどのようにしてスポーツ好きになるのか」『社会学の社会学』藤原書店，1991，pp. 223-250.）
————, *La distinction. Critique sociale du jugement*, Les Editions de Minuit, 1979.（石井洋二郎訳『ディスタンクシオン——社会的判断力批判——Ⅰ・Ⅱ』藤原書店，1990.）
————, 'Programme pour une sociologie du sport' 実践的教育手法訓練センター（CEMEA）「身体的生とゲーム」研究グループの報告，1980，*Choses dites*, Les Editions de Minuit, 1987, pp. 203-216.（石崎晴己訳「スポーツ社会学のための計画表」『構造と実践——ブルデュー自身によるブルデュー——』新評論，

――――『ブッシュマンとして生きる――原野で考えることばと身体――』中公新書，2004．

菅原和孝・野村雅一編『コミュニケーションとしての身体』大修館書店，1996．

高木光太郎「「状況論的アプローチ」における学習概念の検討――正統的周辺参加（Legitimate Peripheral Participation）概念を中心として――」『東京大学教育学部紀要』32，1992，pp. 265-273．

――――「身構えの回復」佐々木正人編『想起のフィールド――現在のなかの過去――』新曜社，1996，pp. 219-240．

田原音和『科学的知の社会学――デュルケームからブルデューまで――』藤原書店，1993．

豊嶋建広『トレンディ・ボクシング――あなたも手軽にできる――』ベースボール・マガジン社，1992．

中井正一「スポーツ気分の構造」『中井正一評論集』岩波文庫，1995，pp. 76-89．

西阪仰『心と行為――エスノメソドロジーの視点――』岩波書店，2001．

――――『相互行為分析という視点――文化と心の社会学的記述――』金子書房，1997．

浜日出男「エスノメソドロジーの原風景――ガーフィンケルの短編小説「カラートラブル」――」山田富秋・好井裕明編『エスノメソドロジーの想像力――「いま‐ここ」の権力作用を解読する――』新曜社，1991．

林大造「マルセル・モースにおける拡散した道徳――「モノに宿る力」への焦点化の意味――」『社会学雑誌』19，神戸大学社会学研究会，2002，pp. 92-106．

廣松渉『新哲学入門』岩波新書，1988．

――――『身心問題』青土社，1989．

――――『表情』弘文堂，1989．

――――『世界の共同主観的存在構造』講談社学術文庫，1991．

廣松渉編『資本論を物象化論を視軸にして読む』岩波書店，1986．

福井憲彦・山本哲士編『アクト 1　象徴権力とプラチック――ブルデューの世界――』日本エディタースクール出版部，1986．

福島真人「解説・認知という実践――「状況的学習」への正統的で周辺的なコメンタール――」J. レイヴ・E. ウェンガー，佐伯胖訳『状況に埋め込まれた学習――正統的周辺参加――』産業図書，1993，pp. 123-165．

――――「序文――身体を社会的に構築する――」福島真人編『身体の構築学』ひつじ書房，1995，pp. 1-66．

――――『暗黙知の解剖――認知と社会のインターフェイス――』金子書房，2001．

福島真人編『身体の構築学――社会的学習過程としての身体技法――』ひつじ書房，1995．

藤田隆則「古典音楽伝承の共同体――能における保存命令と変化の創出――」福島真人編『身体の構築学』ひつじ書房，1995，pp. 357-414．

源了圓『型』創文社，1989．

――――「情報化と身体の変容――身体的メディア・リテラシーに向けて――」『京都社会学年報』9，2002，pp. 165-176.
――――「武術教室における身体技法の習得――「線」の感覚を手がかりに――」田辺繁治・松田素二編『日常的実践のエスノグラフィ――語り・コミュニティ・アイデンティティ――』世界思想社，2002，pp. 142-167.
――――「意味から慣習へ――「わざ言語」再考――」出会いと文化研究会編『出会いと文化』晃洋書房，2003，pp. 158-186.
――――「身体資源の把握をめぐって」『資源の分配と共有に関する人類学的統合領域の構築　中間成果論集』文部科学省科学研究費補助金特定領域研究（代表：内堀基光）の中間作業報告，2004，pp. 369-375.
――――, 'Body Technique and Sociological Epistemology', in Kazuyoshi Sugawara, ed., *Construction and Distribution of Body Resources: Correlations Between Ecological, Symbolic, and Medical Systems*, Head Office of the Project on "Distribution and Sharing of Resources in Symbolic and Ecological Systems: Integrative Model-building in Anthropology", 2005, pp. 110-125.
――――「身体技法への視角――モース「身体技法論」の再読と武術教室の事例研究を通して――」『文化人類学』70 (2)，2005，pp. 206-225.
黒田鉄山『消える動きを求めて――鉄山パリ合宿記――』合気ニュース，1997.
黒田鉄山・甲野善紀『武術談義』壮神社，1988.
桑野隆『未完のポリフォニー――バフチンとロシア・アヴァンギャルド――』未來社，1990.
甲野善紀『表の体育，裏の体育――身体を通した本質的人間把握のために――』壮神社，1986.
――――『武術を語る――身体を通しての"学び"の原点――』壮神社，1987.
――――『人との出会いが武術を拓く』壮神社，1991.
――――『甦る古伝武術の術理――井桁崩し：その誕生と展開――』合気ニュース，1993.
――――『稽古の日々から――術理発見秘録――』BAB ジャパン出版局，1996.
西郷由布子「芸能を〈身につける〉――山伏神楽の習得過程――」福島真人編『身体の構築学』ひつじ書房，1995，pp. 101-142.
佐々木正人『知性はどこに生まれるか――ダーウィンとアフォーダンス――』講談社現代新書，1996.
佐々木武人・柏崎克彦・藤堂良明・村田直樹『現代柔道論――国際化時代の柔道を考える――』大修館書店，1993.
塩田剛三『養神館合気道「極意」』講談社，1991.
菅原和孝「身体化された思考――グイ・ブッシュマンにおける出来事の説明と理解――」田辺繁治・松田素二編『日常的実践のエスノグラフィ――語り・コミュニティ・アイデンティティ――』世界思想社，2002，pp. 61-86.

参考文献

生田久美子『「わざ」から知る』東京大学出版会，1987.
────「「わざから知る」その後」福島真人編『身体の構築学』ひつじ書房，1995，pp. 415-456.
井上俊「武道のディスクールにおける「自然主義」」濱口惠俊編『日本型モデルとは何か──国際化時代におけるメリットとデメリット──』新曜社，1993，pp. 287-302.
────「「武道」の発明」『スポーツと芸術の社会学』世界思想社，2000，pp. 69-111.
井上俊・西山哲郎「スポーツとメディア・イベント──「武道」の形成とスポーツの「武道」化──」津金澤聰廣編『近代日本のメディア・イベント』同文舘出版，1996，pp. 115-139.
上野直樹『仕事の中での学習──状況論的アプローチ──』東京大学出版会，1999.
鵜飼正樹「大衆演劇における芸能身体の形成」福島真人編『身体の構築学』ひつじ書房，1995，pp. 297-355.
大塚忠義『日本剣道の歴史』窓社，1995.
────『日本剣道の思想』窓社，1995.
小田亮『構造主義のパラドクス──野生の形而上学のために──』勁草書房，1989.
────『構造人類学のフィールド』世界思想社，1994.
────『レヴィ=ストロース入門』ちくま新書，2000.
ガーフィンケル，H. 他，山田富秋・好井裕明・山崎敬一編訳『エスノメソドロジー──社会学的思考の解体──』せりか書房，1987.
柄谷行人『マルクスその可能性の中心』講談社学術文庫，1990.
────『探究Ⅰ』講談社学術文庫，1992.
倉島哲「「自然」としての武道」京都大学文学部文化行動学科卒業論文，1997a.
────「社会学理論における身体観の二元論──自然主義的身体観と社会構築主義的身体観を超えて──」『京都社会学年報』5，1997b，pp. 215-222.
────「身体技法論──ハビトゥス・わざ・暗黙知──」京都大学大学院文学研究科修士論文，1999.
────「はじまりの認識論のために──モース「身体技法論」に見る認識の発生論──」『京都社会学年報』7，1999，pp. 179-192.
────「ハビトゥス概念の批判的検討──『プラチック理論の概要』のテキストから──」『ソシオロジ』45 (2)，2000，pp. 3-19.
────「武術教室における言語と実践──型稽古の記述のこころみ──」『スポーツ社会学研究』9，2001，pp. 71-82.

ヤ　行

ラ　行

ワ　行

タ　行

ナ　行

サ　行

事項索引

事項名そのままの形で現れなくとも、関連性の高いページは記載している。

マ　行

マルクス, カール Marx, Karl　107
ミード, マーガレット Mead, Margaret　263
メルロ=ポンティ, モーリス Merleau = Ponty, Maurice　261
モース, マルセル Mauss, Marcel　12, 15, 16, 18, 26, 27, 35, 79, 103-115, 117-136, 228, 231, 232, 240-242, 246, 263, 264, 267-269, 277

ヤ　行

柳川昌弘　155
山田富秋　257-259
山本哲士　248, 249
好井裕明　257, 259

ラ　行

ランズマン, クロード Lanzmann, Claude　274
リンチ, マイケル Lynch, Michael　257
レイヴ, ジーン Lave, Jean　2, 13, 14, 77, 78, 90-93, 102, 108, 233, 260, 261
レヴィ=ストロース, クロード Lévi = Strauss, Claude　26-28, 30, 31, 33, 35, 36, 49, 103, 104, 106, 249, 263, 264
ロールズ, アン・ウォーフィールド Rawls, Anne Warfield　257

ワ　行

ワカン, ルイク Wacquant, Loïc　252, 253, 273

人名索引

ア　行

アイヒベルク, ヘニング Eichberg, Henning　265, 266
アリストテレス Aristoteles　114
アンデルセン, ハンス・クリスチャン Andersen, Hans Christian　8
生田久美子　14, 15, 77, 78, 80, 81, 83-93, 96, 102, 108, 233, 260, 261
ヴィトゲンシュタイン, ルートヴィヒ Wittgenstein, Ludwig　15, 78, 93, 94, 95, 246, 262, 272
上野直樹　260
ウェンガー, エティエンヌ Wenger, Etienne　2, 13, 14, 77, 90, 91, 233, 260, 261
ウォン, アーク Wong, Ark　66, 69
エナフ, マルセル Hénaff, Marcel　104, 263
小田亮　249

カ　行

ガーフィンケル, ハロルド Garfinkel, Harold　2, 13, 14, 50-56, 58-60, 64-69, 257, 258
ギブスン, ジェームズ Gibson, James J.　246-248
クーン, トマス Khun, Thomas　13
倉島哲　155, 253, 254
クロスリー, ニック Crossley, Nick　106, 107
黒田鉄山　150-152, 155
甲野善紀　155
ゴフマン, アーヴィング Goffman, Erving　107
コント, オーギュスト Comte, Auguste　268

サ　行

サッチマン, ルーシー Suchman, Lucy　260
サドナウ, デイヴィッド Sudnow, David　64
塩田剛三　155
ジャートン, ジョージ Girton, George G.　66-76, 78, 233, 260
菅原和孝　275, 276
スレブニク, シモン Srebnik, Simon　274
ソシュール, フェルディナン・ド Saussure, Ferdinand de　48

タ　行

ターヴェイ, マイケル Turvey, Michael　248, 261
高木光太郎　273, 274
デュルケム, エミール Durkheim, Emile　26, 51, 55, 59, 60, 103, 104
豊嶋建広　96, 263

ナ　行

ナイス, リチャード Nice, Richard　25, 249
ナポレオン, シャルル・ルイ　Napoléon, Charles Louis　132, 269

ハ　行

ハイデガー, マルティン Heidegger, Martin　70
バッカス, M・D Baccus, M. D.　64
浜日出男　52, 53
林大造　104
福島真人　260
ブルデュー, ピエール Bourdieu, Pierre　2, 12-15, 21-26, 28-30, 32-39, 41-51, 57, 79, 92, 103-105, 108, 116, 118, 132, 233, 248-256, 262
ベネディクト, ルース Benedict, Ruth　263
ヘフディング, ハラルド Høffding, Harald　132
ポラニー, マイケル Polanyi, Michael　2, 13, 15, 71, 75, 77, 78, 83, 84, 87-90, 128, 155, 261, 270

著者紹介

倉島　哲（くらしま　あきら）

1974年長野市生まれ。1997年京都大学文学部文化行動学科卒業。京都大学大学院文学研究科行動文化学専攻博士課程単位取得退学。日本学術振興会特別研究員，京都大学人文科学研究所助教を経て，現在，関西学院大学社会学部教授。マンチェスター大学客員研究員，パリ第五大学客員研究員，日本スポーツ社会学会理事・研究委員長を歴任。博士（文学）。

論　文

「わざをめぐる言葉――マンチェスターの太極拳を題材に――」（横山俊夫編『ことばの力――あらたな文明を求めて――』京都大学学術出版会，2012）

「マルセル・モース――挑戦としての贈与――」（大澤真幸編『3・11後の思想家25』左右社，2012）

「身体技法とハビトゥス」（井上俊・伊藤公雄編『社会学ベーシックス8　身体・セクシュアリティ・スポーツ』世界思想社，2010）

身体技法と社会学的認識

2007年2月10日　第1刷発行
2023年4月10日　第6刷発行

定価はカバーに
表示しています

著　者　倉《くら》島《しま》　哲《あきら》

発行者　上原寿明

世界思想社
京都市左京区岩倉南桑原町56　〒606-0031
電話　075(721)6500
振替　01000-6-2908
http://sekaishisosha.jp/

（印刷　太洋社）

ISBN978-4-7907-1232-9

『身体技法と社会学的認識』の
読者にお薦めの本

身体・セクシュアリティ・スポーツ 〈社会学ベーシックス8〉
井上俊・伊藤公雄 編

〈からだ〉の社会学――生の基層へ。モース「身体技法」からバトラー『ジェンダー・トラブル』，マーフィー『ボディ・サイレント』，ハーグリーヴス『スポーツ・権力・文化』まで，身体をめぐる社会の諸相を浮き彫りにする23の名著解題。

2,000円（税別）

不揃いな身体でアフリカを生きる 障害と物乞いの都市エスノグラフィ
仲尾友貴恵

福祉制度が実動しないタンザニアで、「ふつう」に働けない障害者たちは、いかに生計を立ててきたのか。植民地期から現在までの彼らの姿を追う。障害学、都市下層研究、地域研究の枠組を越え、路上に「居る」障害者たちの生活世界を描く。

3,600円（税別）

集合的創造性 コンヴィヴィアルな人間学のために
松田素二 編

人が危機と困難に立ち向かう時，問題解決力の核心には創造性がある。これまで創造性は，心理学や教育学を中心に，個人的な性質や能力として研究されてきた。本書は社会学＝人類学的なアプローチにより，集合的，共同的な創造の在り方を提起する。

2,800円（税別）

身体化の人類学 認知・記憶・言語・他者
菅原和孝 編

身体の直接経験に還帰せよ！　身体化された実践を徹底して究明し，「文化」＝「精神」の表象に覆い隠されてきた生のもっとも根源的な基盤を照らし出す！　身体化を新しい世界認識の軸に据え，数学から精神医療までを捉えなおす世界初の試み。

4,800円（税別）

定価は，2023年4月現在